suhrkamp taschenbuch 3215

Die Liebe, das Verlangen, die Lüste – kaum etwas hat die Menschen, quer durch die Zeiten, mehr fasziniert als der Eros. Aber mit der angenehmen erotischen Erfahrung gehen seit jeher unangenehme Irritationen einher: Wie lassen sich die überbordenden Lüste mäßigen? Was ist das richtige Maß im Umgang mit den Lüsten? Denn die am erotischen Spiel Beteiligten laufen Gefahr, zu bloßen Sklaven der Lust zu werden. Oder sie werden um der Lust willen nur »benutzt«, verletzt, entwürdigt.

In der Antike kümmerte sich die Philosophie um solche Fragestellungen, die der modernen Philosophie keiner Beachtung mehr würdig zu sein scheinen – ohne daß man sagen könnte, die entsprechenden Erfahrungen seien modernen Menschen fremd. Wer Erotik und Asketik wieder zum Gegenstand einer bewußten Lebensführung machen will, kann sich inspirieren lassen von der antiken Philosophie, für die der richtige Umgang mit den Lüsten ganz selbstverständlich ein grundlegender Bestandteil der Lebenskunst war.

Wilhelm Schmid, einem breiten Publikum bekannt geworden durch sein Buch »*Philosophie der Lebenskunst*« (1998, stw 1385), skizziert die antike Landschaft des Denkens der Lüste, in deren Umfeld die Philosophie überhaupt erst »geboren« worden ist. Er folgt dabei Überlegungen des französischen Philosophen Michel Foucault (1926-1984) und interpretiert das wichtigste Werk der antiken Philosophie des Eros, Platons *Symposion*, neu. Denn hier wird ein Denken entfaltet, das große Bedeutung für die abendländische Kultur gewinnen sollte: Entgöttlichung des Eros und seine Anbindung an das Subjekt, das für ihn nun Verantwortung trägt; Umwendung der Macht der Lust in das Verlangen nach Wahrheit; Orientierung des Lebens an der Idee der Schönheit, die zum Leitstern für die philosophische Lebenskunst wird.

Wilhelm Schmid, geb. 1953, lebt in Berlin, lehrt Philosophie als Privatdozent in Erfurt und ist Gastdozent in Tiflis/Georgien. Veröffentlichungen im Suhrkamp Verlag: *Schönes Leben? Einführung in die Lebenskunst* (2000); *Philosophie der Lebenskunst – Eine Grundlegung* (1998); *Was geht uns Deutschland an?* (1993); *Auf der Suche nach einer neuen Lebenskunst* (1991).

Wilhelm Schmid
Die Geburt der Philosophie
im Garten der Lüste

*Michel Foucaults Archäologie
des platonischen Eros*

[handschriftliche Notizen:]

1. Artikel Landschaft der Perlen der Lüste

*Eros als Gott –) Eros in Subjekt
Kunst –) Wahrheit*

Suhrkamp

Umschlagabbildung:
»Liebespaar«, Vasenmalerei auf einer Weinkanne,
dem Schuwalow-Maler zugeschrieben, um 430 v. Chr.
Foto: Bildarchiv Preußischer Kulturbesitz, Berlin

suhrkamp taschenbuch 3215
Erste Auflage 2000
© 1987 Athenäum Verlag GmbH, Frankfurt am Main
Suhrkamp Taschenbuch Verlag
Druck: Nomos Verlagsgesellschaft, Baden-Baden
Printed in Germany
Umschlag nach Entwürfen von
Willy Fleckhaus und Rolf Staudt

1 2 3 4 5 6 – 05 04 03 02 01 00

Inhalt

Das Exempel des Begriffs »tokos en kalō« in Platons Symposion

»Sōkratēs hybristēs«

Anhang

Vorwort

Dieses Buch erwuchs aus einem einjährigen Studienaufenthalt in Paris. In der Entwicklung der modernen französischen Philosophie, in Strukturalismus und Poststrukturalismus hatte ich seit längerem schon die eigene Erfahrung und Wahrnehmung, das eigene Denken wiedergefunden. In besonderem Maße galt mein Interesse jedoch Michel Foucault, der allein schon durch seine Verknüpfung von Philosophie und Historiographie mich immer anzuziehen vermochte. Das Feld der Geschichte war für ihn Quelle und Ort der philosophischen Reflexion, und wie sich zeigte, erwies sich diese Verknüpfung als fruchtbar für beide Seiten: Was die Philosophie an Stofflichkeit gewann, erbrachte der Historiographie einen beträchtlichen methodischen Zugewinn. Doch Foucaults Philosophieren transzendierte nicht nur die Grenzen zur Historie, sondern ebenso zur Poesie. Seine philosophischen Aussagen kamen in einer poetischen Schönheit zur Sprache, die die althergebrachte »Grenze« zwischen Philosophie und Poesie vergessen zu machen in der Lage war. Foucault erreichte, wie Gilles Deleuze sagte, »den Punkt, an dem die Philosophie zur Dichtung wird«.

Darüber hinaus war es die Aktualität dieses Philosophierens, Aktualität im wirklichen Sinne des Wortes, die neuerliche Konvergenz von Theorie und Praxis, die politische Dimension, die mich fesseln konnte. Innerhalb der französischen Philosophie, und in besonderer Weise bei Foucault, fand jene Auseinandersetzung mit der Moderne statt, die man sich spätestens nach den Erfahrungen von 1968 und den Erfahrungen der Folgen wünschen mußte. Foucault hatte seine philosophische Aktivität entwickelt im Vor- und Umfeld dieser Ereignisse, sein Denken traf in dieser

Hinsicht zusammen mit der Erfahrung einer ganzen Generation. Programmatische Form gewann diese Problematisierung der Moderne in Foucaults Vorlesung von 1983 über Kants Schrift »Was ist Aufklärung?« von 1784. Die Aufnahme gerade dieses Ansatzes hierzulande erschien mir wenig überzeugend.

Es war mir versagt, Foucault selbst noch zu erleben. Er starb überraschend am 25. Juni 1984, und es blieb mir nurmehr, den Umkreis seines Wirkens kennenzulernen, nicht aber sein Wirken selbst. Es entging mir also, wie eine Hörerin seiner Vorlesungen es beschrieb (Katharina von Bülow: »L'art du dire vrai«), seine »quasisokratische Pädagogik« und seine »Haltung voller Strenge«, »unabtrennbar vom unbestimmbaren Charme jener Vorlesungen am Mittwochmorgen«. Als quasi-sokratisch erscheint hier selbst noch die Wirkung von Foucaults Vorlesungen: Man fühlt sich erinnert an die Lobrede des Alkibiades auf Sokrates in Platons Symposion, wenn die Rede ist von einer »Wollust der Selbstvergessenheit« und der »Katharsis des Zuhörers«. Foucaults Philosophieren hatte in vielfacher Hinsicht Anklänge an das sokratische Urbild – nicht zum wenigsten auch darin, daß er keine Scheu empfand, seine anfängliche Naivität gelegentlich zu gestehen, ja sich offen zu ihr zu bekennen. Das Erstaunen rückte wieder ins Blickfeld als der Anfang aller Philosophie.

Am Tag von Foucaults Tod erschien der zweite Band seiner acht Jahre zuvor in Angriff genommenen »Histoire de la sexualité«. »L'usage des plaisirs« war erarbeitet worden aus Texten der griechischen Antike, darunter den platonischen Dialogen, besonders aber Platons Symposion. Gerade mit Platons Symposion, diesem in seinem ganzen Reichtum so staunenswerten Monument griechischer Philosophie, hatte ich mich zufälligerweise zur selben Zeit eingehender befaßt und es selbst übersetzt, denn Übersetzen ist zweifellos die intensivste Form des Lesens. So ergaben

sich die Voraussetzungen für die Thematik des hier vorge-
legten Buches sozusagen von selbst.

Meine Absicht war es nun aber nicht, eine wie auch immer geartete Untersuchung von Foucaults Interpretation
des platonischen Symposions leisten zu wollen, sondern
diese Interpretation überhaupt erst vorzustellen und von
dem so neugewonnenen Terrain aus den Blick vor allem auf
die Sokratesrede in Platons Symposion zu richten und zu
sehen, wieviel neues Licht darauf fällt. Nach einer einleitenden Skizze (»Reise nach Griechenland«) der früheren
Arbeiten Foucaults in Hinblick auf seine Arbeiten über die
Antike und seines Entwurfs einer »Ästhetik der Existenz«,
gehört der zweite Teil des Buches einer Darstellung von
Foucaults Theorie über den antiken »Gebrauch der Lüste«.
Im dritten Teil geht es dann vor diesem Hintergrund
darum, die *Geburt der Philosophie im Garten der Lüste* in
den Blick zu nehmen. In der abschließenden Abhandlung
(»Sokrates hybristes«) wird einzugehen sein auf die Wer-
tung des sokratischen Eros aus der Perspektive des Alkibiades am Schluß von Platons Symposion. Was in Anlehnung
an frühere archäologische Arbeiten Foucaults nun seine
»Archäologie des platonischen Eros« genannt wird, beruht
zum einen also auf einer verkürzten Darstellung der Theorie Foucaults über den Gebrauch der Lüste in der Antike,
zum anderen auf einer Interpretation der Sokratesrede im
Symposion, die sich die Ausarbeitung des Ansatzes, wie er
sich in Foucaults »Gebrauch der Lüste« findet, zur Aufgabe gemacht hat.

»Reise nach Griechenland«

Ars erotica und Scientia sexualis

Bereits 1969 hatte Foucault angekündigt, eine Geschichte der Sexualität schreiben zu wollen. In seinem Buch »Archäologie des Wissens«, das zu diesem Zeitpunkt erschien und in welchem er es unternahm, nach einer Serie historiographischer Arbeiten das angewandte Instrumentarium theoretisch zuzuspitzen und auf den Begriff zu bringen, nannte er als mögliche Nutzanwendung seiner neuentwickelten archäologischen Methode »eine archäologische Beschreibung der ›Sexualität‹«.[1] Ein Jahr später, als er am 2. Dezember 1970 die Inauguralvorlesung am Collège de France hielt (er hatte sich in einer Kandidatur um den Lehrstuhl für Geschichte der Denksysteme gegen Paul Ricœur durchgesetzt),[2] sprach er von einer möglichen Arbeit über den »Diskurs der Sexualität«.[3] Während er zu diesem Zeitpunkt noch vor allem eine Untersuchung der Verbote, die diesen Diskurs treffen, leisten wollte, bekannte er nach Veröffentlichung seines Buches »Überwachen und Strafen« 1975, daß er diese Konzeption nun »sehr gern über Bord werfen würde«,[4] und schockierte sein Publikum mit der Veröffentlichung des ersten Bandes einer »Histoire de la sexualité« unter dem Titel »Der Wille zum Wissen« (*La volonté de savoir*).

Hatte die politisch-kulturelle Bewegung der sechziger Jahre im Rahmen ihres Programms einer Umkehrung der Werte vor allem die sexuelle Befreiung gegen die vermeintliche Repression der bürgerlichen Gesellschaft gewandt, so ging Foucault nun dazu über, nach einer Phase der bloßen Setzung von Gegenwerten die Frage nach den Werten differenzierter zu betrachten. Vehikel war ihm dabei die Untersuchung der Sexualmoral und sexuellen Praktiken der modernen abendländischen Zivilisation; sie erbrachte die

Erschütterung der in der Maibewegung lange mit Überzeugung gehüteten »Repressionshypothese«, wie Foucault sie nun nannte.[5] War man lange davon ausgegangen, daß die Sexualität in den modernen bürgerlichen Gesellschaften unterdrückt worden sei und befreit werden müsse, so ging Foucault einen Schritt weiter zurück: »Lange Zeit haben gewisse Leute sich vorgestellt, daß die Strenge der sexuellen Codes in der Form, in der wir sie kannten, unerläßlich sei für die ›kapitalistisch‹ genannten Gesellschaften. Aber die Aufhebung der Codes und der Zerfall der Verbote vollzogen sich zweifellos leichter, als man geglaubt hatte (was recht gut anzuzeigen scheint, daß ihre Daseinsberechtigung nicht die war, an die man glaubte), und das Problem einer Ethik als Form, die man seinem Verhalten und seinem Leben gibt, hat sich von neuem gestellt.«[6]

Keineswegs leugnet Foucault dabei das Phänomen einer Repression der Sexualität, er kommt aber zu dem Schluß, daß zu ihrer Technik selbst noch jener »Wille zum Wissen« gehört, der nicht vor dem Tabu halt gemacht, vielmehr »eifrigst« sich bemüht hat, eine Wissenschaft der Sexualität, eine Scientia sexualis zu konstituieren.[7] Im Vorwort zur deutschen Ausgabe seines Buches »Der Wille zum Wissen« stellt Foucault klar, daß es ihm nicht darum gegangen sei, eine »Geschichte der sexuellen Verhaltensweisen in den abendländischen Gesellschaften« zu schreiben, sondern die Frage zu behandeln, »wie sind diese Verhaltensweisen zu Wissensobjekten geworden? Auf welchen Wegen und aus welchen Gründen hat sich der Erkenntnisbereich organisiert, den man mit dem relativ neuen Wort ›Sexualität‹ umschreibt? Es handelt sich hier um das Werden eines Wissens, das wir an seiner Wurzel fassen möchten.«[8]

Unter das Programm einer Repression fällt für Foucault die Forderung, »alles zu sagen« über die Dinge der Sexualität. Er beobachtet geradezu eine »diskursive Gärung« in diesem Bereich, die sich seit dem 18. Jahrhundert beschleunigt hat.[9] Die Quellen, auf die er sich stützt, sind einerseits Katechismen für Beichtväter und Beichtende, andererseits »skandalöse« Literatur wie die Werke de Sades, schließlich wissenschaftlich-analytische Texte sowie Texte verwaltungstechnischer bzw. juristischer Natur (Polizeiverordnungen, Gerichtsprotokolle). Die Anreizung zum Sagen, die hier zum Ausdruck kommt bzw. sich niederschlägt, sowie die neue »Jagd auf die peripheren Sexualitäten«[10], die hier dokumentiert ist, legt Zeugnis ab von jener diskursiven Gärung, in der sich die moderne Wissenschaft der Sexualität konstituiert hat.

Der modernen Scientia sexualis stellt Foucault die Ars erotica alter Gesellschaften des Fernen Ostens gegenüber, allen voran China.[11] Er will weg von der Erotik de Sades, die »zu einer Disziplinargesellschaft gehört«.[12] In der Kunst der Erotik werde Wissen und Wahrheit »aus der Lust selber gezogen, als Erfahrung gesammelt, auf ihre Qualität hin analysiert und in ihren Ausstrahlungen im Körper und in der Seele verfolgt, und dieses kunstvolle Wissen wird unter dem Siegel des Geheimnisses in der Initiation durch einen Meister an jene übertragen, die sich seiner würdig erwiesen haben und die es nun wieder in ihre Lust einströmen lassen, um sie intensiver, stärker, vollkommener zu machen«.[13] Das Wissen, das der Erfahrung entnommen wird, wird zurückgewendet auf die Praktik, auf den Umgang mit den Lüsten; die Lust wird gesehen nicht unter dem Kriterium des Erlaubten und Verbotenen, und auch nicht unter Bezug auf ein Nützlichkeitskriterium, sondern im Hinblick auf die ihr innewohnenden Qualitäten und Intensitäten, deren verfeinerte Wahrnehmung und Anwendung. »Auf diese Weise konstituiert sich ein Wissen, das geheim bleiben muß, nicht weil sein Gegenstand irgendeiner Schändlichkeit verdächtig wäre, sondern weil es mit größter Behutsamkeit aufbewahrt werden muß, verlöre es doch, wie die Überlieferung lehrt, bei leichtfertiger Ausbreitung seine Wirksamkeit und Tugendkraft.«[14]

Der »Kunst der Initiationen«, charakteristisch für eine Ars erotica, ist das Verfahren der Scientia sexualis »streng entgegengesetzt«.[15] Deren Zweck ist nicht praktische Unterweisung und Wahrung des Geheimnisses, sondern das Aussagen der Wahrheit, das Alles-Sagen, die Praktik des Geständnisses. In ganz zugespitztem Sinne meint diese Wahrheit die Offenbarung des Verborgenen (*a-lēthē*), den Blick hinter den Schleier. Der Macht der Lust tritt das Verlangen nach Wahrheit entgegen. Der Wahrung des Geheimnisses steht das Geständnis der Wahrheit gegenüber. »Im Abendland ist der Mensch ein Geständnistier geworden.«[16]

Frappierend ist jedoch weniger die Praktik, die das Geständnis der Wahrheit zu erzwingen versteht, vielmehr erscheint, was ursprünglich äußerer Zwang war, mittlerweile in Fleisch und Blut übergegangen, ja, es wird als ein Akt der Freiheit betrachtet, alles zu sagen und die Wahrheit zu sagen, gemäß einer traditionellen Verknüpfung von Wahrheit und Freiheit. An die Stelle einer Ars erotica ist geradezu eine Art von »Erotik der Wahrheit« getreten[17] – die Lust an der Analyse tritt auf als neue Wollust im Ensemble der Lüste, ist aber gegen diese gewendet. Beichte und Psychoanalyse[18] erscheinen hier in dasselbe Programm verstrickt: Der Wahrheit nämlich auf die Spur zu kommen, sie zu formulieren, zu therapieren und zu normalisieren. Auf Seiten des Subjekts korrespondiert diesem Ansinnen geradezu ein Verlangen danach, die Wahrheit zu sagen, und die »Wollust, sich interpretiert zu fühlen«.[19] Gegen die Alleinherrschaft des Sexus und das Ansinnen, in ihm die Wahrheit aufzufinden und auszusagen, geht es Foucault darum, »andere Formen von Lüsten, Beziehungen, Zusammenleben, Bindungen, Lieben, Intensitäten« zu finden und herzustellen,[20] neue Ansätze zu einer Art von Ars erotica. Dem entspricht die Abkehr davon, »ad infinitum das immergleiche Anti-Repressionslied« zu singen, dem doch niemand mehr zuhört.[21]

Foucaults Untersuchung über den Willen zum Wissen ist weniger ausgewiesene Untersuchung als vielmehr deren Ankündigung, ein, wie er selbst sagte, »Programm-Buch«.[22] Das weitere Programm sah noch zum Zeitpunkt des Erscheinens der deutschen Übersetzung 1977 wie folgt aus: Band 2 »Die Geständnisse des Fleisches«, Band 3 »Der Kinderkreuzzug«, Band 4 »Bevölkerung und Rassen«, Band 5 »Die Frau, die Mutter und die Hysterische«, Band 6 »Die Perversen«.[23] Das Erstaunen war groß, als Foucault nach einer Pause von acht Jahren ganz anders und neu ansetzte. Nicht nur erschien die Fortsetzung der »Geschichte der Sexualität« wesentlich später, als Foucault selbst vorgesehen hatte, sondern, wie er in einem einleitenden Abschnitt »Modifizierungen« bekannte, unter einer »ganz anderen Form«.[24]

Vom ursprünglichen Plan war nicht viel übriggeblieben. Die neue Form des Projekts, das Foucault nun präsentierte, sah nurmehr vier Bände vor.

Der ursprünglich zweite Band sollte nun den Abschluß bilden; seine Publikation aus dem Nachlaß steht noch aus, das Manuskript war von Foucault noch abgeschlossen worden.[25] Anstelle der übrigen Titel erschienen 1984 gleichzeitig »L'usage des plaisirs« und »Le souci de soi«, so daß die gesamte Reihe sich wie folgt darstellt:

Band 1: Der Wille zum Wissen (La volonté de savoir)
Band 2: Der Gebrauch der Lüste (L'usage des plaisirs)
Band 3: Die Sorge um sich (Le souci de soi)
Band 4: Die Geständnisse des Fleisches (Les aveux de la chair)

Bei der Angabe der Gründe für diesen Umsturz des ursprünglichen Plans gab Foucault sich charakteristisch eigenwillig. Erklärtermaßen war es immer sein Bestreben gewesen, dem Denken den Charakter eines Ereignisses zu erhalten, d.h. es offenzuhalten für Korrekturen, gewandelte Erwartungen, neue Hypothesen und überraschende Veränderungen. »Eine Arbeit«, erklärte er in einem Gespräch anläßlich der anstehenden Neuerscheinungen, »die nicht zugleich ein Versuch ist, das zu verändern, was man denkt, und selbst das, was man ist, ist nicht sehr amüsant. Ich hatte damit begonnen, zwei Bücher zu schreiben nach meinem ursprünglichen Plan, habe mich aber sehr schnell gelangweilt.«[26]

War es ursprünglich seine Absicht gewesen, das Problem des Verhältnisses von Sexualität und Wahrheit »vom christlichen Problem des Fleisches angefangen« abzuhandeln,[27] so gingen die neuen Arbeiten noch hinter das Christentum zurück und wandten sich dem Feld der griechisch-römischen Antike zu. Vor allem »L'usage des plaisirs« machte tiefen Eindruck in der schlichten Schönheit seiner Sprache, in seiner gelösten Heiterkeit, und es war sehr bald die Rede von Michel Foucaults »Reise nach Griechenland«.[28] »Der Gebrauch der Lüste« wurde erarbeitet aus philosophischen und medizinischen Texten des vierten vorchristlichen Jahrhunderts, d.h. des klassischen Griechenlands, »Die Sorge um sich« beruhte auf griechisch-römischen Texten der ersten beiden nachchristlichen Jahrhunderte, »Die Geständnisse des Fleisches« gingen hervor aus Texten der Kirchenväter des dritten und vierten Jahrhunderts.

»Die Reise nach Griechenland« erlaubte Foucault die Aufdeckung und Aufarbeitung einer prächristlichen Problematisierung des Umgangs mit den Lüsten. Um die Formierung, Entwicklung und Erfahrung der modernen »Sexualität«[29] zu verstehen, war in historischer genealogischer Arbeit nicht nur ihr Vorläufer, die christliche Doktrin des »Fleisches« zu beschreiben, sondern auch die antike Form eines »Gebrauchs der Lüste« und der »Sorge um sich«. Baudrillard hatte sich eher eine »Genealogie der sexuellen Vernunft« gewünscht, entsprechend der Genealogie der Moral, wie Nietzsche sie entworfen hat, denn wie es eine Geburt des Moralischen gebe, so gebe es auch eine Geburt des Sexuellen: »Immer mehr verschwindet der Zauber der Verführung, und zwar jeglicher Art, die ja ein sehr *ritualisierter* Prozeß ist, zugunsten eines *naturalisierten* sexuellen Imperativs«.[30]

Von der Neuorientierung war eine wesentlich erweiterte historische Basis des Projekts einer »Geschichte der Sexualität« zu erwarten. Sie ging aber weniger der Frage des Übergangs von einer antiken Ars erotica zur Scientia sexualis nach, als vielmehr der Frage einer Konstituierung von Werten, die nicht erst aus der Auseinandersetzung mit Repression und Verbot hervorgingen. Darüber hinaus versprach Foucault sich neue systematische Erkenntnis über das Verhältnis von »Sexualität und Wahrheit« und Macht und Lust, um deretwillen er das gesamte Projekt überhaupt in Angriff genommen hatte.[31]

Philosophie der Beziehung und
Subjektphilosophie

»Das Wesentliche der Arbeit ist für mich eine neue Ausarbeitung der Theorie der Macht, und ich bin nicht sicher, daß allein die Lust, über die Sexualität zu schreiben, mich genügend motiviert hätte, um diese Folge von (wenigstens) sechs Bänden zu beginnen«, erklärte Foucault 1977 nach Erscheinen des ersten Bandes der »Histoire de la sexualité«.[32]

Doch unter Macht versteht Foucault nicht »die« Macht. »Ich gebrauche das Wort Macht kaum, und wenn ich es zuweilen tue, dann bloß, um den Ausdruck abzukürzen, den ich immer verwende: die Machtbeziehungen.«[33] Die Macht, das sind die Machtbeziehungen, die zu unterscheiden sind von Herrschaftszuständen; Macht ist die »Vielfältigkeit von Kraftverhältnissen« *(multiplicité des rapports de force),* ist im Unterschied zu starren Herrschaftszuständen ein »Spiel, das in unaufhörlichen Kämpfen und Auseinandersetzungen diese Kraftverhältnisse verwandelt, verstärkt, verkehrt«.[34] Macht ist nicht zu verstehen als von einem einzigen Mittelpunkt ausgehend, sie besteht nicht in einer »Sonne der Souveränität, von der abgeleitete oder niedere Formen ausstrahlen; sondern in dem bebenden Sockel der Kraftverhältnisse, die durch ihre Ungleichheit unablässig Machtzustände erzeugen, die immer lokal und instabil sind. Allgegenwart der Macht: nicht weil sie das Privileg hat, unter ihrer unerschütterlichen Einheit alles zu versammeln, sondern weil sie sich in jedem Augenblick und an jedem Punkt – oder vielmehr in jeder Beziehung zwischen Punkt und Punkt – erzeugt.«[35]

Ausübung von Macht meint aber nicht nur ein Verhältnis, das sie schafft, sondern die Veränderung, die sie bewirkt. Sie ist nicht nur die Handlung, die auf eine Handlung folgt, sondern sie strukturiert das Feld möglicher Handlungen vor.[36] Zu anderen Arten von Beziehungen, zu ökonomischen Prozessen, Erkenntnisrelationen oder auch sexuellen Beziehungen verhalten die Machtbeziehungen sich nicht als etwas Äußerliches, sondern sind ihnen immanent. Gerade die Sexualität steht den Machtbeziehungen nicht fremd gegenüber. »Vielmehr erscheint sie als ein besonders dichter Durchgangspunkt für die Machtbeziehungen.«[37] Dies gilt für das Verhältnis des Individuums zu sich selbst, wie auch für die Beziehung zum Anderen und zum anderen Geschlecht sowie für die Beziehungen in einer Gesellschaft insgesamt, denn: »Eine Gesellschaft ohne Machtbeziehungen kann nur eine Abstraktion sein.«[38] Foucault, von manchen als Soziologe verdächtigt, mußte sich von anderen aufgrund seiner Machttheorie, in der Macht »diffus verteilt ist«, statt althergebrachten ideologischen Dualismen zu gehorchen, den Vorwurf des »heimlichen Idealismus« gefallen lassen, und man meinte, sich um seine »Rückführung in die sozialhistorische Realität« bemühen zu müssen.[39] Foucault hoffte, der Alternative zu entkommen, die auf der einen Seite die Macht nur als repressive Herrschaft, auf der anderen Seite als Trugbild versteht.

Die Machtbeziehung, die das Individuum selbst durchzieht, und das Auftauchen einer Beziehung zur Wahrheit bilden einen wesentlichen Teil der Arbeit Foucaults über die Antike. Die Frage, der Foucault hier nachgeht, ist, wie es dazu kam, daß das Ich sich als Subjekt seiner Sexualität erkennt, d.h. als moralisches Subjekt seines sexuellen Verhaltens.[40] Er habe, erklärte er 1984 in einem sehr interessanten Gespräch, immer schon »herauszufinden versucht, wie das menschliche Subjekt in die Spiele der Wahrheit eingetreten ist«, Spiele der Wahrheit, die die Form einer Wissenschaft annahmen.[41]

Die Konstituierung des Subjekts zog sein Interesse in besonderer Weise auf sich. Bereits in »Der Wille zum Wissen« hatte Foucault sich abgekehrt von der modernen Idee des souveränen Subjekts und es zu einer Illusion erklärt. Er rekapitulierte statt dessen die Etymologie des Subjektbegriffes, wie sie im französischen Begriff des Subjekts latent präsent und nach wie vor gebräuchlich ist. Die Subjektivierung der Menschen ist demnach zu verstehen als ihre »Unterwerfung« *(assujettisment)*, es ist ihre »Konstituierung als Untertanen/Subjekte«,[42] Untertanen eines Zwanges zum Sagen der Wahrheit und im besonderen des Sagens der Wahrheit über die Dinge der Sexualität. Das gesamte Projekt einer Geschichte der Sexualität kann also gelesen werden als Arbeit über die Geschichte der Subjektivierung des Menschen. Foucault will erklärtermaßen »zu einer Geschichtsanalyse gelangen, die die Konstitution des Subjekts im geschichtlichen Zusammenhang zu klären vermag«.[43] Er will die Umstände ans Licht bringen, die zur Konstituierung des Selbst als Subjekt geführt haben. Der emphatische Begriff des modernen Subjekts verliert dabei seinen Glanz, oder anders gesehen, seinen zwanghaften Charakter. Dahinter steht eine besondere Erfahrung, nämlich: »Die Erfahrung der Erotik bei Bataille und die Erfahrung der Sprache bei Blanchot, verstanden als Erfahrungen der Auflösung, des Verschwindens, der Verleugnung des Subjekts«.[44]

Sein Ausgangspunkt sei, erklärte Foucault anläßlich des Erscheinens seiner Arbeiten über die Antike, ein Problem, das sich in der Gegenwart stellt, und er versuche, dazu die Genealogie zu bilden.[45] Das Problem, das sich stellte, war die moderne »Wissenschaft vom Sex«, deren Verflochtenheit mit dem Phänomen der Macht, dem Sagen der Wahrheit und der Subjektivierung des Menschen. Foucaults Absicht war es also, »eine Genealogie dieser ›Wissenschaft vom Sex‹ zu machen«, er wollte »all die Mechanismen verfolgen, die einen Wahrheitsdiskurs über den Sex eingeführt und ein gemischtes Regime von Lust und Macht um ihn errichtet haben«.[46]

Hinter dem Begriff der Genealogie verbirgt sich nicht das Verständnis von Geschichte im herkömmlichen Sinne. Die Konzeption der Genealogie ist vielmehr durchzogen von einer Auseinandersetzung mit der »Ideengeschichte«, worunter Foucault die Geschichtsschreibung des 19. Jahrhunderts versteht und als deren Charakteristikum er die Geschichtsphilosophie nennt; dieser steht er mit einer Reserviertheit gegenüber, die an Jacob Burckhardt erinnert.[47] Nicht unter der Perspektive einer Geschichtsphilosophie betreibt Foucault die Historiographie, sondern als »philosophische Übung«, wie er in der Einleitung zum »Gebrauch der Lüste« anmerkt.[48] Die Theorie seiner Geschichtsschreibung, der »archäologischen Beschreibung«, entfaltete er in der »Archäologie des Wissens«, und zwar aufgrund und anhand von Beobachtungen, Erfahrungen und Vorgehensweisen vorhergehender »archäologischer« Arbeiten (1961 »Histoire de la folie« als eine Archäologie der Vernunft, 1963 »Naissance de la clinique« als eine Archäologie des medizinischen Blicks, 1966 »Les mots et les choses« als eine Archäologie der Humanwissenschaften). Der theoretische Gewinn, auf den es ihm bei dieser methodologischen und epistemologischen Reflexion ankam, ging also hervor aus positivistischer historiographischer Arbeit – jenem »poetischen Positivismus«, von dem Gilles Deleuze sprach.[49] Foucault zeigte sich umgetrieben von der Frage nach dem Wesentlichen der Geschichte, unzufrieden mit den bisherigen Resultaten – »die Historiker versuchen bereits geraume Zeit vergeblich, Strukturen zu finden, zu beschreiben und zu analysieren, ohne jemals sich haben fragen zu müssen, ob sie nicht die lebendige, zerbrechliche, zitternde ›Geschichte‹ sich entgehen ließen.«[50]

Anders als die herkömmliche Geschichte, die Geschichte

der konstruierten Kontinuitäten, geht die archäologische Beschreibung aus von der Diskontinuität der Ereignisse selbst und versucht ihr ganzes Beziehungsfeld zur Darstellung zu bringen. Die erkenntnistheoretische und methodische Umkehrung, die diesem Verfahren zugrunde liegt, diese ganze neue »Philosophie des Ereignisses« veranlaßte Paul Veyne, davon zu sprechen, Foucault revolutioniere die Geschichtsschreibung.[51] Worin aber bestehen die Ereignisse, von denen hier die Rede ist?

Die Ereignisse sind die Aussagen. Aussagen bestehen nicht nur in Wort und Text, Rede und Schrift, sondern auch in Technik und Praktik, in hergestellten Objekten, Kunstwerken und Institutionen; hörbare Äußerung also, als auch Zeichnung, Fabrikation, Schrift, Geste. Foucault untersucht die Figuren der Aussagen im Aussagefeld, ihre spezifischen Regelmäßigkeiten, »*das System ihres Funktionierens*«.[52] Es geht ihm um die Freilegung des weißen Raumes zwischen den Zeichen, die Freilegung des Feldes von Beziehungen, das eine »diskursive Formation«, kurz: einen Diskurs jeweils charakterisiert. Jede neu auftauchende Aussage geht hervor aus der momentanen diskursiven Formation, eingebettet in die Beziehungen zu allen vorherigen Aussagen, und sie formiert den Diskurs zugleich neu durch ihr Auftreten. »Jede Aussage umfaßt ein Feld von vorhergehenden Elementen, im Verhältnis zu denen sie ihren Platz findet, die sie aber neu organisieren und neu verteilen kann, gemäß neuen Verhältnissen.«[53]

Die Philosophie des Ereignisses ist eine »Philosophie der Relation« (Paul Veyne),[54] der wechselseitigen Abhängigkeit, der reziproken Machtverhältnisse. Der Diskurs, den die Archäologie beschreibt, wird formiert durch das Gesetz der Aussagen: Foucaults Form einer Theorie des kommunikativen Handelns.[55] Grammatik dieses Diskurses ist die diskursive Praktik, sie formiert die zugrundeliegende Struktur, die vorbegriffliche Instanz, den »Rest der Geschichte«, jenen verborgenen, unsichtbaren Teil des Eisbergs, von dem Paul Veyne in anschaulicher Weise (und in Anlehnung an Freud) spricht. Das sprechende Subjekt ist hier gewissermaßen nur die Spitze des Eisbergs; die Revolution besteht in der Abwendung von der zentralen Rolle des Subjekts und der Wahrnehmung der zugrundeliegenden Grammatik, Wahrnehmung einer Welt, in der alles von allem abhängt und die »Relation an erster Stelle steht«.[56] An die Stelle der Subjektphilosophie tritt die Philosophie der Beziehung, eine diskursive Quantentheorie, eine Umkehrung der kopernikanischen Wendung und Abkehr vom »transzendentalen Narzißmus«,[57] die Paul Veyne zufolge selbst als »kopernikanische Wende« zu werten ist.[58] Foucaults Form einer Theorie des kommunikativen Handelns kennt nicht die Rolle des souveränen Subjekts; die diskursive Praktik gilt ihm nicht als »Manifestation eines denkenden, erkennenden und es aussprechenden Subjekts«.[59] Das Auftauchen der Aussagen ist bestimmt von der ihnen immanenten und sich mit jeder Aussage modifizierenden Grammatik; ein »wie von selbst«, ohne Bewußtsein oder Vernunft, »ohne Bezug auf ein Cogito«.[60] Die einzelnen Diskurse und die sie sprechenden Subjekte sind Teile in einem Gewebe, das sie »nicht beherrschen, dessen Ganzes sie nicht wahrnehmen und dessen Ausmaß sie schlecht ermessen«.[61] Der Autor gilt nicht als das souveräne Subjekt, das seinen Diskurs beherrscht, vielmehr beherrscht der Diskurs seinen Autor. Foucault führt damit die Abkehr vom sokratischen Logosverständnis herbei, wie es in Platons Dialog Theätet formuliert ist und wonach »wir, die wir uns zu dieser Schar halten, nicht Knechte unserer Reden sind, sondern die Reden gleichsam unsere Dienstleute, welche es erwarten müssen, abgefertigt zu werden, wie es uns gefällt«.[62] Ohne sich dessen bewußt zu sein, scheint Foucault mit seiner staunenswerten Konzeption der diskursiven Formation zurückgekehrt zu sein zum Logosverständnis Heraklits – eine »Reise nach Griechenland« von noch ganz anderer Art und Dimension.

Die archäologische Beschreibung ist nichts anderes als eine Beschreibung des Auftauchens der Aussagen, eine »Archäologie« im spielerischen Sinne: Spiel mit dem Wort vom Anfang *(archē)*, Spiel, da der Genealoge nicht an Anfang und Ursprung glaubt, sondern an Herkunft und Entstehung; auch das Auftauchen ist ein Entstehen.[63] Die Vorstellung geologischer Sondierung schwingt jedoch durchaus mit, wenn Foucault gerade im Hinblick auf das Projekt einer Geschichte der Sexualität davon spricht, »in einem vielschichtigen Boden einige Probebohrungen vorzunehmen«.[64] Es handelt sich beim Verfahren der Archäologie um das Auffinden einer diskursiven Formation, um Untersuchungen und Beschreibungen der Beziehungen und der Unterschiede, die diese Formation charakterisieren, ein Aufriß der Schichten der Geschichte, letzten Endes der Versuch, »eine ganz andere Geschichte dessen zu schreiben, was die Menschen gesagt haben«.[65]

Die archäologische Beschreibung betrachtet die Aussagen nicht als *Dokumente,* d.h. als Zeichen für etwas anderes, das es zu interpretieren gilt, sondern als *Monumente,* als Ereignisse, als Momente einer diskursiven Formation, die in ihrer Eigenheit zu beschreiben sind.[66] Diese Beschreibung ist eine Beschreibung der Landschaft, die sich dem archäologischen Blick darbietet, eine Darstellung ganz und gar geographischer Natur, insbesondere aber Wahrnehmung der Landschaft unterhalb der Spitze des Eisbergs, Landschaft, die zwar verborgen, dennoch aber Landschaft ist. Die geographische Metapher der »Landschaft« ist in der Tat auffällig häufig in Foucaults Arbeiten, sie koinzidiert mit dem Terminus des »Feldes«, das zudem physikalischer Natur sein kann. Bildhaft auch der Begriff des »Stammbaums«: Die archäologische Beschreibung ist die Erstellung eines Stammbaums der Aussagen bzw. des Diskurses in all seinen Verästelungen und Wurzelgeflechten.[67] Schließlich: das »Tableau«, mit dessen Hilfe Foucault die Landschaft, das Feld, den Stammbaum zur Darstellung bringt, als wäre er Maler. Nicht von ungefähr nannte Paul Veyne das Verfahren der archäologischen Beschreibung eine »picturale Methode«, und er erinnerte dabei an Cézanne und dessen Landschaften von Aix-en-Provence.[68] Wie der Maler wahrt der Archäologe die Distanz zum Objekt: Seine Lust ist eine Lust des Blicks, nicht eine Lust an der Analyse.[69] »L'usage des plaisirs« hat nicht zuletzt hierin seine »archäologische Dimension«.[70] Nicht nur im geduldigen Abtragen der Ablagerungen des Geschehenen, sondern im lustvollen Blick auf die Landschaft, die sich da auftut. Was Foucault zeichnet, ist das Bild einer antiken »Ästhetik der Existenz«, das Bild einer Subjektivierung des Menschen, die nicht geprägt ist von kodifizierter Unterwerfung, sondern seiner ethischen Selbstkonstituierung. – »En passant schüttelt Foucault den ganzen terminologischen Ballast ab, den der Foucaultismus in aller Welt wiederkäut«.[71]

ethische Selbstkonstituierung
der Menschen

L'usage des plaisirs: Archäologie einer »Ästhetik der Existenz«[72]

Die Genealogie zu machen zur Erfahrung der »Sexualität«, dies ist die Absicht von Foucaults Arbeiten über die Antike. Genealogie jedoch nicht im Sinne einer Geschichte der Abfolge verschiedener Konzeptionen des sexuellen Verlangens, der Wollust, der »Libido«, sondern im Sinne einer Geschichte von Problematisierungen, die zur Sprache gekommen sind und Aufschluß geben können über die Frage, wie die Erfahrung einer Sexualität zustande kommen konnte, die das Subjekt zum Souverän über die Macht seines Verlangens machte.

Eine Genealogie solcher Art zu unternehmen mußte, wie Foucault selbst sagte, weitabführen vom ursprünglichen Plan einer Geschichte der Sexualität und eine Neuformierung der gesamten Arbeit von der Antike her zur Folge haben. Insgesamt versprach er sich davon einige Elemente für ein weiterreichendes Vorhaben – für eine »Geschichte der Wahrheit«: »Nicht zu einer Geschichte dessen, was es Wahres in den Erkenntnissen geben mag, sondern zu einer Analyse der ›Wahrheitsspiele‹, der Spiele des Wahren und des Falschen, in denen sich das Sein historisch als Erfahrung konstituiert, das heißt als eines, das gedacht werden kann und muß.«[73] Anhand einer Archäologie der Aussagen waren nun die Spiele der Wahrheit in der Beziehung des Ich auf sich und die Konstituierung seiner selbst als Subjekt zu studieren und hierzu als Domäne der Referenz und Feld der Forschung das zu nehmen, was man die »Geschichte des Begehrensmenschen« nennen könnte.[74] Darüber hinaus ging es Foucault aber darum, überhaupt »die Bedingungen zu bestimmen, in denen das Menschenwesen das, was es ist, was es tut, und die Welt, in der es lebt, ›problematisiert««[75] – vielleicht ein Versuch zum Verständnis seiner eigenen Situation, in die er als »Denker des Außen«[76] hineingeraten sein konnte und die zu dem Bedürfnis geführt haben konnte, »sich von sich selber zu lösen«.[77]

Die Veränderung der Perspektive und des Horizonts, der Rückgang von der Moderne aus noch hinter das Christentum zurück bis zur griechischen Antike, bedeutete die Konfrontation mit der Frage, warum das sexuelle Verhalten, warum die Aktivitäten und die Lüste, die daraus hervorgehen, das Objekt einer moralischen Besorgnis bildeten. Es bedeutete die Entdeckung, daß die »ethische Sorge« um den rechten Gebrauch der Lüste nicht in Zusammenhang steht mit einem System von Verbot und Repression; die moralische Besorgnis erwies sich vielmehr gerade da als besonders intensiv, wo es Verbote gar nicht gab. Das Interesse konzentrierte sich also nicht auf die Frage nach Verboten, sondern auf die Frage der moralischen Problematisierung, die Frage, wie, warum und unter welcher Form die sexuelle Aktivität als moralische Domäne konstituiert worden war[78] und wie es dazu kommen konnte, daß die Individuen sich als Subjekt ihres Begehrens erkennen und entziffern und »im Begehren die Wahrheit ihres – natürlichen oder gefallenen – Seins entdecken«.[79]

Foucault stieß auf Techniken, Praktiken, Verhaltensweisen, Umgangsformen, »Stilisierungen«, die ihre Bedeutung mit dem Heraufkommen des Christentums verloren haben, sich wiederfinden allenfalls in der Zeit der Renaissance. Es handelte sich nicht um erotische Künste, sondern um das, was Foucault die »Künste der Existenz« nennt. »Darunter sind gewußte und gewollte Praktiken zu verstehen, mit denen sich die Menschen nicht nur die Regeln ihres Verhaltens festlegen, sondern sich selber zu transformieren, sich in ihrem besonderen Sein zu modifizieren und aus ihrem Leben ein Werk zu machen suchen, das gewisse ästhetische Werte trägt und gewissen Stilkriterien entspricht.«[80]

Die Künste der Existenz sind die Bedingungen und die Bestandteile einer »Ästhetik der Existenz«; in ihrem Mittelpunkt steht der »Gebrauch der Lüste« und die »Sorge um sich«. Die Entwicklung der Künste der Existenz ist dominiert von der Sorge um sich.[81] Wichtige Gedanken hierzu entwickelte Foucault in seiner Vorlesung über die »Hermeneutik des Subjekts« Anfang 1982. Der Begriff der Sorge, im philosophischen Diskurs des 20. Jahrhunderts vor allem von Heidegger fundamental ins Spiel gebracht, wird hier entfaltet anhand von Platons Alkibiades-Dialog. Die Philosophie der Sorge um sich *(epimeleia heautou)*[82] ist demnach der Entwurf einer Haltung, die, verbunden mit Techniken der Verifikation und der Beziehung zur Wahrheit, nicht nur zur Herrschaft über sich selbst, sondern auch zur Ausübung der Ämter in der Polis befähigt. Der Philosoph erweist sich als Mittler »in der Neugestaltung und in der Formation des Individuums als Subjekt«.[83]

Die Beziehung zur Wahrheit, die sich als konstitutiv erweist für das Subjekt und dessen Selbstbeherrschung, seine Besonnenheit, ermöglicht die Ausformung einer Ästhetik der Existenz. Und hierunter ist zu verstehen eine Lebensart, deren moralischer Wert weder von der Übereinstimmung mit einem Verhaltenskodex abhängig ist noch von einem Bemühen um Läuterung, sondern von gewissen Formen oder besser von »gewissen allgemeinen formellen Prinzipien im Gebrauch der Lüste«, in der Verteilung, die man ihnen gibt, in den Grenzen, die man beachtet, in der Rangordnung, die man berücksichtigt.[84] Die Ästhetik der Existenz meint eine Existenz des Maßes, eine besonnene Existenz; ihre Regeln und Prinzipien sind dazu da, der Existenz eine »ehrbare und schöne Form« zu geben; ihre allgemeine Gültigkeit aber ohne Gesetz macht die Universalität einer Ästhetik der Existenz aus.[85] Der Logos, die Vernunft, die Beziehung zur Wahrheit beherrscht die Existenz des besonnenen Menschen, dessen Mäßigkeit seinem Leben den Glanz der Schönheit verleiht.

Das »Goldene Zeitalter« der Sorge um sich, eine regelrechte »Kultur des Selbst« sieht Foucault im ersten und zweiten nachchristlichen Jahrhundert; das Phänomen der Selbstsorge entsteht jedoch bereits im klassischen Griechenland und wird entfaltet – dies der »sokratisch-platonische Moment« – unter besonderem Bezug auf die Wahrheit; sie wird schließlich unter bedeutsamen Transformationen in den »christlichen Asketismus« münden.[86]

Die Selbstsorge hat zum Ausgangspunkt das Bemühen um Mäßigkeit, Mäßigkeit gerade im Umgang mit den sexuellen Lüsten. Die sexuelle Mäßigung steht im Zentrum der Ästhetik der Existenz. Ihr liegt jedoch nicht wie in der späteren christlichen Moral eine »Hermeneutik des Verlangens« zugrunde, eine Entzifferung seiner selbst in einer Gewissenserforschung, und auch nicht eine »Kodifizierung der Akte«, d.h. eine Festschreibung dessen, was erlaubt oder verboten ist. Die Mäßigung in der Ästhetik der Existenz erscheint vielmehr in der Form einer »Stilisierung«, nicht in der Form einer Forderung, die als Gesetz auftritt – weder die Mediziner, die Verhaltensratschläge geben, noch die Moralisten, die den Ehemännern abverlangen, ihre Frauen zu respektieren, noch jene, die Ratschläge geben über das rechte Verhalten in der Knabenliebe, sagen sehr genau, »was im Bereich der sexuellen Akte oder Praktiken zu tun oder nicht zu tun ist«.[87] *antike → christl. Moral*

Der Übergang von der antiken zur christlichen Moral ist kein plötzliches Ereignis, sondern Produkt einer Entwicklung, die tief in der Antike selbst wurzelt. Er ist, Foucault zufolge, zu beobachten in vierfacher Hinsicht: In der veränderten Bewertung des Aktes selbst, in der Eingrenzung des Aktes auf die monogame Ehe und den Zweck der Zeugung, in der Disqualifizierung der Verhältnisse zwischen Partnern gleichen Geschlechts, im hohen moralischen und

Bindg an
Selbstsorge → Wahrheit
(wahres Selbst)

spirituellen Wert der Enthaltsamkeit und rigorosen Abstinenz.[88] Dem archäologischen Blick offenbart sich, wie
diese Momente des Übergangs sich vorbereiten in der
Antike selbst: In Form einer Beunruhigung über die Dynamik der Lüste, in der Entwicklung eines bestimmten Ver-
haltensmodells, das der Beunruhigung Rechnung trägt
(Selbstbeherrschung, Besonnenheit, Sophrosyne), in der
Ablehnung einer bestimmten Haltung in der Knabenliebe,
die den Anderen zum bloßen Objekt macht, im Exempel
der Enthaltsamkeit, das Sokrates gibt und das eng verbunden ist mit der spirituellen Erfahrung eines »Zugangs zur
Wahrheit«.

Auf der anderen Seite heißt dies nicht, daß eine bruch-
lose Kontinuität zwischen Antike und Christentum konsta-
tiert werden könnte: »Sokrates ist kein Wüstenvater, der
gegen die Versuchung kämpft«,[89] und die moralischen Reflexionen in der Antike zielten, vielleicht mit Ausnahme
von Platons Politeia und Nomoi, nicht ab auf Kodifizierun-
gen des Verhaltens. Es finden sich nicht die strikten Defini-
tionen des Erlaubten und Verbotenen einer »zum Code orientierten« Moral, sondern die »Selbstpraktiken« und die
Fragen der Askesis einer »zur Ethik orientierten« Moral,
die die Haltung, das Ethos des Einzelnen im Blick hat.[90] Die
Beunruhigung über die Macht der Lust, die Reflexion über
das sexuelle Verhalten, die moralische Problematisierung
des »Gebrauchs der Lüste« hat zwar ein Verlangen nach
Wahrheit, nicht aber nach Verboten oder Geboten zur
Folge; ihre Konsequenz ist eine Ästhetik der Existenz, eine
reflektierte Kunst des Umgangs mit der Lust. Erst sehr viel
später gewinnt die Frage nach Norm und Normalität an
Bedeutung. Die Ethik des Gebrauchs der Lüste untermi-
niert die Lüste nicht und untergräbt nicht das Begehren, sie
ist auch keine Denunzierung des Aktes. Sie ist auf der anderen Seite nicht identisch mit einer erotischen Kunst; diese
existiert in Ansätzen allenfalls im Bereich der Knabenliebe.

Die Beziehung zum »anderen Geschlecht« ist zwar Bestandteil der ästhetischen Konzeption der Existenz, in den Mittelpunkt rückt sie jedoch erst im Zeitalter der »Kultur des Selbst«.

Gefragt danach, ob er in seinen Arbeiten über die Antike den modernen Kategorien von Gesetz und Verbot antike Kategorien einer »Kunst des Lebens«, einer »Stilisierung der Existenz« habe gegenüberstellen wollen, antwortete Foucault, es sei ihm darum gegangen, die antike Moral in eben der Form zu denken, in der sie lebendig gewesen war. »Es handelte sich darum, zu wissen, wie das eigene Leben zu leiten sei, um ihm die Form zu geben, die die schönstmögliche war (in den Augen der Anderen, seiner selbst und der künftigen Generationen, für welche man als Beispiel dienen konnte). Das ist, was ich versucht habe wiederherzustellen: die Formierung und die Entwicklung einer Selbstpraktik, die zum Ziel hat, sich selbst zu konstituieren als Arbeiter an der Schönheit des eigenen Lebens.«[91] In welch engem Bezug diese Wiederherstellung zur Gegenwart steht, wird deutlich, wenn er sagt, »die Idee einer Moral als Gehorsam gegenüber einem Regelkodex ist heute im Verschwinden begriffen und ist schon verschwunden. Und diesem Fehlen von Moral will und muß die Suche nach einer Ästhetik der Existenz antworten«.[92] Die Arbeit über die Problematisierung des Gebrauchs der Lüste in der Antike zielt also zweifellos ab auf eine Reproblematisierung in der Gegenwart. Möglich auch, daß sie, wie vermutet worden ist, in ihrem Interesse für die Fragen der Lebensführung »den Faden eines Unternehmens wieder aufgreift, dessen tiefer Sinn uns bis heute entgangen ist: jenes Max Webers«.[93]

An einer Aktualisierung der »Ästhetik der Existenz« war Foucault nicht nur historiographisch und theoretisch, sondern aus aktuellen Gründen und lebenspraktisch interessiert: »Die Vorstellung des *bios* als Stoff eines Kunstwerks erscheint mir sehr faszinierend. Ebenso fasziniert mich die Vorstellung, daß die Ethik der Existenz eine starke Struktur geben kann, ohne sich auf ein Rechtswesen, ein Autoritätssystem oder eine Disziplinstruktur beziehen zu müssen.«[94] Die archäologische Beschreibung des Gebrauchs der Lüste hatte weniger eine Theorie des genießerischen Subjekts im Blick, als vielmehr die Ethik einer Asketik, im schillernden Sinne des Wortes. Nachdem das Feld der Machtverhältnisse von den Herrschaftstechniken aus betrachtet worden war, wollte Foucault nun Machtbeziehungen »von den Selbsttechniken aus untersuchen«.[95] Selbsttechniken, zu verstehen als Übung seiner selbst, stehen im Mittelpunkt antiker philosophischer Aktivität. Das Projekt, die Genealogie des Subjekts in der abendländischen Zivilisation zu analysieren, erbrachte die Rückkehr des modernen Subjekts zum klassischen Selbst. Man muß vielleicht, zumindest in Hinblick auf das Interesse an einer ästhetischen Fundierung der Existenz, von Foucaults *apollinischer Wendung* sprechen. Die »Reise nach Griechenland« stellte ihn überdies – sicherlich auf eine ihm eigene Weise – in die Reihe jener »hellenischen Dynastie«, von der er einmal sprach,[96] und die von Hölderlin über Nietzsche zu Heidegger reicht.

Es handelt sich bei Foucaults Theorie über den »Gebrauch der Lüste« weniger um eine Theorie im geläufigen Sinne des Wortes, vielmehr um eine »archäologische Beschreibung«, eine Betrachtung, bei der es Foucault auf einen »gewissen theoretischen Gewinn« ankommt.[97] Die Betrachtung zunächst nachzuverfolgen, den Blick des Archäologen in den antiken Garten der Lüste selbst nachzuvollziehen, ist das Ziel des folgenden zweiten Teils. Unter den Texten, die Foucault heranzieht, wurde eine Auswahl getroffen in Hinblick auf den dritten Teil, der die sokratisch-platonische Erotik thematisiert. Besonders berücksichtigt wurden die platonischen Dialoge, außer dem Symposion vor allem auch Phaidros, daneben Xenophons Schriften und dessen Symposion, Schriften des Aristoteles, dessen Nikomachische Ethik vor allem, sowie Werke des Hippokrates und Plutarch vereinzelt. Eine Begrenzung einerseits und Zuspitzung auf Platons Symposion andererseits (auch durch gelegentliche Hinzunahme von Stellen, die sich bei Foucault nicht finden) schien nicht nur dem Rahmen dieser Arbeit angemessen, sondern auch methodisch vertretbar, da das Interesse nicht sein konnte, der Arbeit Foucaults in ihrem ganzen Umfang nachzugehen, sie zu kontrollieren und zu analysieren. Anliegen des vorliegenden Buches ist letztlich ein Blick auf Platons Symposion aus Foucaults Perspektive; es will Foucaults Theorie über »L'usage des plaisirs« als Grund und Grundierung einer näheren Betrachtung vor allem der Sokratesrede in Platons Symposion nehmen. In der Hinwendung zum Symposion, und dieser Rede im besonderen, kulminieren die Ausführungen Foucaults über den Gebrauch der Lüste, und dies nicht von ungefähr: Die Problematisierung des rechten Umgangs mit den Lüsten erfährt in dieser Rede eine bemerkenswerte Transformation unter dem leitenden Aspekt einer Beziehung zur Wahrheit. Foucaults »L'usage des plaisirs« beschreibt eben dies: Die Umkehrung der klassischen Problematik des Eros bei Platon, das Hervorgehen der Frage nach der Wahrheit aus der diskursiven Formation der Frage nach dem rechten Gebrauch der Lüste – eine neue Perspektive, die Anlaß gab, Foucaults Interpretation des Symposions als »Meisterwerk« zu bezeichnen, das seinen Platz habe in der langen Tradition der Rezeption dieses antiken Werkes.[98]

Der folgende zweite Teil nimmt also seinen Weg anhand des Textes von Foucault, im wesentlichen in der Form des Referats, jedoch mit etwas anderer Verteilung der Aussagen.[99] Der Paralleltext zum »Gebrauch der Lüste«, »Die Sorge um sich«, wird im Auge behalten. Der dritte Teil folgt dann der sokratischen Rede, wobei die einzelnen Abschnitte in gewisser Weise den Abschnitten des zweiten Teils respondieren. Der Übergang vom Gebrauch der Lüste zum Zugang zur Wahrheit, die Geburt der platonischen Philosophie im Garten der Lüste steht hier im Blickfeld, exemplarisch nachvollzogen am Beispiel des Begriffes »tokos en kalō«, der als besonders aussagekräftig erscheint, um das Ereignis in den Blick zu bekommen, das die sokratische Rede darstellt. Als Antwort auf die Abschnitte der Einleitung sind schließlich die Abschnitte des Schlußteils zu lesen, in dem zuletzt ein Ausblick auf die Alkibiadesrede unternommen wird, deren Bild des Sokrates Keimfunktion für Foucaults Archäologie des platonischen Eros wie für seine Archäologie einer Ästhetik der Existenz hatte.

Gebrauch der Lüste :
Selbstpraktiken
Ethik der Ästhetik
Macht ???

Sokrates : Zugang zu Wahrheit

Foucaults Theorie
über den »Gebrauch der Lüste«
in der Antike

Die moralische Problematisierung
der Lüste

Unter dem Titel des Kapitels I in »Der Gebrauch der Lüste«: »Die moralische Problematisierung der Lüste«, kündigt sich die gesamte Thematik der Arbeit Foucaults über die Antike an. Nach einer Erläuterung des Begriffs der Lüste in einem ersten Abschnitt »Aphrodisia« bringt Foucault in drei weiteren Abschnitten diejenigen Bereiche zur Sprache, die im Verlauf seiner Arbeit in eigenen Kapiteln behandelt werden: Aus dem zweiten Abschnitt »Chrēsis« und dem dritten Abschnitt »Enkrateia« gehen die Kapitel II »Diätetik« und III »Ökonomik«, und aus dem vierten Abschnitt »Freiheit und Wahrheit« das Kapitel IV »Erotik« hervor. In einem abschließenden Kapitel V »Die wahrhafte Liebe« werden die Übergänge thematisiert, die, ausgehend von der herkömmlichen moralischen Problematisierung, in Platons Symposion vollzogen wurden. – Im ersten Kapitel skizziert Foucault unter dem Titel »Die moralische Problematisierung der Lüste« die allgemeinen Züge des klassischen griechischen Denkens bezüglich der sexuellen Praktik und die Formation einer Reflexion hierüber, die nicht abzielt auf irgendwelche Kodifizierung, sondern auf eine Technik des rechten Gebrauchs, eine »Kunst«, ein »savoir-faire«.[1] »Das Verbot ist also eine Sache, die moralische Problematisierung ist eine andere.«[2]

Der Begriff der Lüste und die Frage nach ihrem Gebrauch[3]

In den klassischen griechischen Schriften findet sich kein Äquivalent zum modernen Begriff der »Sexualität« oder zum christlichen Begriff des »Fleisches«.[4] Der Terminus,

39

der die Dinge der Liebe meint und zum Ausdruck bringt, »ta aphrodisia«, ist geprägt von einer ganz anderen Konnotation als der szientifischen einer »Sexualität« oder der denunzierenden eines »Fleisches«. »Ta aphrodisia«, das meint: die Gesten und Gebärden, die Berührungen, die Freuden der Liebe, die sinnlichen Lüste und Genüsse, schließlich die Akte selbst, die, wie Homer sagte, »lieblichen Werke der Hochzeit *(himeroenta erga gamoio)*«[5] und »Lüste des Bettes«.[6] Im Begriffsfeld der Aphrodisia fallen demnach drei zu unterscheidende Begriffsmomente zusammen: Das Liebesverlangen (das Begehren, die sehnsüchtige Empfindung), die Erfüllung des Verlangens (der Akt) und die Begleiterscheinung der Erfüllung des Verlangens (das Vergnügen, die Lust).[7] Der Begriff der Aphrodisia korrespondiert mit der Bezeichnung des Festes zu Ehren der Aphrodite, den Aphrodisien, einem Komplement der ungleich bekannteren Dionysien. Es ist der Name der Aphrodite selbst, der als Synonym für Liebe steht, für Liebreiz und Schönheit und insbesondere für geschlechtliche Liebe, *le commerce charnel,* die »Werke der Aphrodite« *(erga Aphroditēs)*. Verlangen und Begehren sind untrennbar mit ihr verknüpft: »Alle nämlich wissen, daß ohne Eros Aphrodite nicht ist.«[8] Sie ist, wie Dionysos aus dem Orient gekommen, die »große Lebensmacht« (Albin Lesky).[9]

Dieselbe Fülle des Begriffs, dieselbe eindeutige Konnotation der Aphrodisia in der Übersetzung wiederzugeben, scheint unmöglich. Foucault entschied sich, soweit er nicht ohnehin bei »Aphrodisia« blieb, für »plaisirs«, im Deutschen setzt man den Begriff der »Lüste« dafür ein. Der Akzent liegt jedoch jeweils auf jener Bedeutung, die in der Übersetzung mitschwingt, aber nicht explizit zum Ausdruck kommt: Lüste der Liebe, insbesondere des Liebesvollzugs.[10] Im Begriff der Aphrodisia ist die Realität einer Sexualität enthalten, die wesentlich vom Erlebnis und der Erfahrung der Dinge der Liebe geprägt ist, nicht von

ihrer szientifischen Durchdringung. Dem Substantiv der
Aphrodisia entspricht das Verb »aphrodisiazein« (»faire
l'amour«,[11] ein deutscher Begriff fehlt). Die »Sexualität«
hat »eine Realität anderen Typs« im Blick und hat ganz andere Funktionen in unserer Moral und unserem Bewußtsein als die Aphrodisia.[12]

In Analogie zur geläufigen Etymologie der Aphrodite,
ihrer Geburt aus dem aufschäumenden Meer, geht der Begriff der Aphrodisia einer antiken Herleitung zufolge zurück auf das Aufschäumen *(aphrein)* des Blutes in der hefti-
gen Umarmung, wodurch die Spermien erzeugt werden
und sich in die Geschlechtsorgane ergießen.[13] Noch Aristoteles berichtet: »Auch den Alten scheint die schaumige Natur *(aphrōdēs physis)* des Samens nicht entgangen zu sein,
da sie danach die Göttin, die die Vereinigung beherrscht,
benannt haben«.[14]

Das theoretische griechische Denken und die ethische
Reflexion zeugen nicht von einer übermäßigen Sorge um
eine genaue Bestimmung des Begriffes der Aphrodisia, und
die Reflexion über ihre konkreten Formen nimmt keinen
überaus großen Stellenwert ein. Es herrscht keine Ge-
schwätzigkeit, sondern durchaus eine gewisse Zurückhaltung bezüglich der »Dinge der Liebe«, ganz im Unterschied
etwa zu bildlichen Darstellungen oder der sehr direkten
Sprache der aristophaneischen Komödien. K. J. Dover bemerkt für das klassische Zeitalter: »Die ernsthafte Literatur dieses Zeitalters neigte dazu, zurückhaltend zu sein, sogar spröde im Ausdruck, wenn auch nicht zurückhaltend
im Inhalt« – eine Tendenz, die sich im Laufe der Zeit noch
verstärkte.[15] Man will den Dingen der Liebe nicht auf den
Grund gehen, um sie zu »wissen«, man will auch keine Ge-
setzestafel, die »das Rechtmäßige, das Erlaubte oder das
Normale definiert und die weite Familie der verbotenen
Gesten beschreibt«.[16] Es geht weder um Klassifikation
noch um Enträtselung, vielmehr geht es darum, Erkennt-

nisse und Erfahrungen über den rechten Gebrauch der Lüste zu vermitteln. Diese betreffen nicht die Kenntnis der unterschiedlichen Formen des Aktes, die »Morphologie« der Aphrodisia, sondern die Beunruhigung über ihre Dynamik: »das Begehren, das zum Akt führt, der Akt, der mit Lust verbunden ist, und die Lust, die das Begehren weckt«.[17]

Die Macht der Lust wird als übermächtig erfahren, der Mensch scheint ihr hilflos unterworfen, Subjekt im wirklichen Sinne. Bei aller sinnenfrohen Bejahung und auch verspielten Auffassung des Liebeslebens erscheinen früh schon »pothos«, das heftige Liebesbegehren, und »pathos«, das Leiden, miteinander verknüpft,[18] Leidenschaft im doppelten Sinne des Wortes, schon bei Archilochos und Sappho. Das Erstaunen über die Macht der Lust ist auch der griechischen Philosophie von Anfang an eingeschrieben. »Und kennst du wohl eine größere und heftigere Lust als die am Geschlechtstriebe *(peri ta aphrodisia)*?« fragt Sokrates in Platons Politeia seinen Gesprächspartner. »Ich keine«, ist die Antwort, »und ebensowenig eine tollere«.[19]

Die Dynamik der Lüste wird erörtert hinsichtlich, wie Foucault sagt, »zweier großer Variablen«,[20] die eine von quantitativer Natur (Häufigkeit und Verteilung der sexuellen Aktivität), die andere von qualitativer Natur, mit spezifischem Interesse für die Rollen der Partner (Aktivität oder Passivität). Die Wichtigkeit, die der Verteilung der Rollen zugemessen wird, spiegelt sich wider im Sprachgebrauch: Dem Aktiv des Verbs »aphrodisiazein« steht die passive Form »aphrodisiazeisthai« bzw. »aphrodisiasthēnai« gegenüber.[21] Die Problematisierung betrifft zum einen also Fragen der rechten Verteilung der Handlungen und der Verteilung der Rollen, zum anderen aber die Frage, ob der Tendenz zum Exzeß, welche der Dynamik der Lüste innewohnt, widerstanden werden kann und ob deren »hyperbolische« Virtualität überhaupt im Maß zu halten ist.[22] Aristoteles unterscheidet die Lüste hinsichtlich ihrer Tendenz zu Unmäßigkeit und Übermaß. Besonders zur Unmäßigkeit neigen demnach die unmittelbaren Lüste des Leibes, die herrühren aus der Berührung der Körper, weniger dagegen die mittelbaren Lüste, die eine Distanz zu ihrem Objekt zu wahren in der Lage sind: die Lüste des Blicks, des Geruchs, des Gehörs, der Gebärden; und was die Berührung der Körper angeht, ist es nicht die Berührung schlechthin, die zum Exzeß neigt, sondern die Berührung »gewisser Teile«.[23] Es ist die Lust des Blicks *(tēs opseōs hēdonē),* die in vielen griechischen Texten große Aufmerksamkeit findet als der »Anfang der Liebe«,[24] und es ist der Kuß, der sehr hoch bewertet wird als, in Foucaults Worten, »körperliche Lust und Mitteilung der Seele«.[25]

Die Mäßigkeit, die dem Unmaß und Übermaß im Umgang mit den Lüsten gegenübersteht, ist nicht identisch mit Abstinenz. Ebensowenig wird die sexuelle Praktik als etwas Schlechtes oder Böses angesehen. Das Verlangen, das die Menschen zu den »Werken der Liebe« treibt, zählt auch Platon zu den notwendigsten Dingen.[26] Alle Problematisierung, ausgehend von der Besorgnis über die Macht der Lüste, stellt sich dar als Suche nach einer Technik des rechten Gebrauchs. Was die moralische Reflexion versucht, ist, »die Bedingungen und die Modalitäten eines ›Gebrauchs‹ auszuarbeiten: den Stil dessen, was die Griechen die *chrēsis aphrodisiōn,* den Gebrauch der Lüste, nannten«.[27] Die Frage nach dem rechten Gebrauch der Aphrodisia steht häufig in Zusammenhang mit der Frage nach dem rechten Gebrauch der Lüste auch des Essens und Trinkens. »Denn alle«, heißt es bei Aristoteles, »freuen sich irgendwie an Speisen, Wein und Aphrodisia, aber nicht alle, wie sie sollen.«[28]

Die Fragen des rechten Gebrauchs, um die sich die moralische Problematisierung dreht, sind Fragen »strategischer Natur«: des rechten Moments *(kairos),* des Orts und der Umstände, des Verhaltens und der rechten Wahl des Partners, Fragen des Anteils, den man dieser Art von Freuden zugestehen kann in seinem Leben. Fragen, die nicht nur von Philosophen, sondern erst recht von Medizinern traktiert werden. Es sei Aufgabe seiner Kunst, erinnert der Arzt Eryximachos in Platons Symposion, Ratschläge zu geben über die Art und Weise, in der man Gebrauch zu machen habe von Tisch und Bett, »um ohne Übel die Lust genießen zu können«.[29] Es geht nicht um die Frage, was erlaubt oder verboten ist, sondern um »die Klugheit, die Reflexion, den Kalkül in der Verteilung und Kontrolle seiner Handlungen« (Foucault).[30] Antisthenes in Xenophons Symposion betreibt dies auf eine ihm eigene Weise: Wenn ihn das Bedürfnis nach Aphrodisia überkommt, ist er so genügsam in seiner Partnerwahl, »daß die, welche ich gerade treffe, mich außerordentlich zärtlich behandeln, weil niemand anders zu ihnen kommen will«.[31] Der Genuß, so sein Grundsatz, sei ungleich größer, wenn er den Augenblick des Bedürfnisses abwarte, als wenn er das Köstlichste ohne Bedürfnis gebrauche.[32]

Als Richtschnur des rechten Gebrauchs der Lüste dient die Erfüllung des Bedürfnisses, die Befriedigung des jeweiligen Verlangens, unter der Maßgabe, nicht ein neues Verlangen zu erfinden, das jenseits des natürlichen Bedürfnisses liegt. Da es sich nicht um eine, wie auch immer geartete, Verwerfung der Lüste handelt, vielmehr um ihre Erhaltung, unterscheidet sich die moralische Erfahrung der Aphrodisia radikal von der späteren christlichen Erfahrung des »Fleisches«.[33] Das natürliche Bedürfnis ist das Regulativ der exzessiven Dynamik der Freuden; es ist zu verknüpfen mit einer »Technik«. Die Moral, die sich so konstituiert, kann eine Kunst des rechten Moments sein, eine umsichtige Berücksichtigung der Umstände. Sie betrifft jedoch auch Fragen der Ehre, der Reputation: nämlich nicht Sklave, sondern Herr seines Liebesverlangens zu sein und in keiner Weise eine passive Rolle einzunehmen, sondern sich zu behaupten auch im Spiel der Macht von Verlangen, Akt und Lust. Die beiden »Hauptformen der Immoralität« im Umgang mit den Aphrodisia bestehen, jedenfalls für den Mann, aus Exzeß zum einen, aus Passivität zum anderen.[34] Der rechte Gebrauch wird von Aristoteles auf den Nenner gebracht, daß einer, der besonnen *(sōphron)* sei, die Dinge begehre, »die er soll und wie er soll und wann er soll *(hōn dei kai hōs dei kai hote)*«.[35]

Energeia, Enkrateia und Sophrosyne[36]

Die moralische Problematisierung des rechten Gebrauchs hat zur Voraussetzung die Beunruhigung über die Macht der Lust, ihre »energeia«, ihr Am-Werk-Sein, ihre Dynamik, die den Exzeß herbeizuführen in der Lage ist. Die Frage besteht darin, »wie man dieser Kraft die Stirn bieten kann, wie sie zu meistern ist und wieweit man sie in einer angemessenen Ökonomie gewähren lassen kann«.[37] Was dieser Macht, dieser Energeia entgegengesetzt wird, ist Enkrateia, Mäßigung, Selbstbeherrschung. Die Konstituierung des ethischen Subjekts geschieht nicht durch seine Unterwerfung unter eine allgemeine und strenge Norm, sondern durch sein eigenes individuelles Verhalten, seine agonistische, kämpferische Haltung. Lange Zeit in der Antike war Enkrateia synonym mit Sophrosyne gewesen, Aristoteles erst unterschied systematisch diese Begriffe.[38] Für Platon ist Sophrosyne eine gewisse Ordnung *(kosmos tis)*, eine »Mäßigung *(enkrateia)* gewisser Lüste und Begierden«.[39] Sich selbst zu beherrschen *(auton heautou archein)* bedeutet für ihn, besonnen zu sein, und ist synonym mit Enkrateia. »Wie meinst du, sich selbst beherrschen?« fragt Kallikles, und Sokrates antwortet: »Gar nichts besonders Schwieriges, sondern wie es die Leute meinen, besonnen sein und seiner selbst mächtig *(sōphrona onta kai enkratē auton heautou)*, die Lüste und Begierden, die jeder in sich hat, beherrschend.«[40]

Die aktive Form der Selbstbeherrschung ist das Charakteristische des Begriffes Enkrateia gegenüber Sophrosyne. Sophrosyne meint die vernünftige Mitte zwischen Gefühllosigkeit *(anaisthēsia)* und Zügellosigkeit *(akolasia)*. Denn »wer jede Lust auskostet und sich keiner enthält, wird zügellos, wer aber alle Lust meidet, wird stumpf wie ein Tölpel«.[41] Sophrosyne ist der Status der Metriopatheia, des maßvollen Umgangs mit der Lust, im Unterschied zur stoischen Apatheia, der Enthaltung von aller Lust. Es entspricht der Besonnenheit im allgemeinen nicht, kein Begehren zu haben, sondern maßvoll damit umzugehen, »mit Maß, und nicht mehr, als er soll, und nicht, wann er nicht soll *(metriōs oude mallon ē dei oud' hote mē dei)*«.[42] Das beste sei nicht, die Lust sich zu versagen *(mē chrēsthai)*, meinte Aristippos, sondern »zu gebieten *(kratein)* über die Lust und ihr nicht zu unterliegen«.[43] Auch Eryximachos widmet seine Rede in Platons Symposion dem rechten Maß im Umgang mit der Lust. Die Lüste »auf schöne Weise zu gebrauchen *(kalōs chrēsthai)*« steht auch hier der Unmäßigkeit *(akolasia)* gegenüber, der maßvolle Eros *(kosmios erōs)* dem Eros des Übermaßes *(hybreōs Erōs)*; der maßvolle Eros, der Eros der Besonnenheit aber hat die größte Macht *(tēn megistēn dynamin)*: Er verschafft uns die Möglichkeit, »Verkehr zu haben miteinander *(allēlois homilein)* und befreundet zu sein auch mit den Göttern, die mächtiger sind als wir«.[44]

Ist der Gegensatzbegriff zu Sophrosyne Akolasia, so zu Enkrateia Akrasia. A-krasia, Nicht-Stärke, Ohnmacht, macht deutlich, daß die wesentliche Konnotation der Enkrateia eine aktive, kämpferische ist, dem agonalen griechischen Denken ganz gemäß. Enkrateia meint die kämpferische Auseinandersetzung mit dem Begehren und den Lüsten. Es ist mehr der Vorgang der Mäßigung als das Ergebnis der Mäßigkeit, der Kampf um die Macht mit der Macht der Lust. Das Prädikat der Enkrateia kann demjenigen zugeschrieben werden, der von der Macht der Lust sich nicht fortreißen läßt, sondern ihr Widerstand zu bieten vermag und hierbei nur um so größer erscheint, je stärker die Lust ist. Enkrateia ist die Bedingung der Sophrosyne, die Art der Arbeit, die ein Individuum in bezug auf sich selbst zu leisten hat, um »besonnen« zu sein.[45] Besonnen kann nicht derjenige sein, der sich der Auseinandersetzung mit der Macht der Lust, der Übung *(askēsis)* im Umgang mit ihr entzieht oder den Kampf um die Macht nicht aufnimmt, sondern nur derjenige, der ihn führt.[46] Enkrateia ist die Fähigkeit und der Wille zu widerstehen, dasjenige, was der Einzelne gegen die, wie Platon sagt, »heftige, wilde und gesetzlose Art von Begierden« zu setzen hat, wie sie gelegentlich in den Träumen zum Vorschein kommen.[47]

Eine widersprüchliche Konstellation jedoch taucht auf: Die Auseinandersetzung des »Selbst« mit »sich«, die Differenzierung zwischen dem Ich, das kämpft, und dem Sich, das bekämpft werden muß. Es handelt sich nicht, wie dies in der christlichen Moral der Fall sein wird, um zwei ontologisch voneinander unterschiedene Instanzen. Die Instanz der Begierden ist noch nicht das schlechthin »Andere«, sondern durchaus noch Bestandteil des Selbst. Jedoch kommt es zu der paradox erscheinenden Formulierung eines Sieges über sich, der zu erringen sei, wie Platon in seinen Gesetzen vorgibt,[48] Sieg im Sinne eines »Sieges über die Sinnenlüste«,[49] Resultat eines Krieges *(polemos)*, der in einem jeden von uns stattfindet gegen sich selbst. Eine »polemische« Haltung nennt dies Foucault, das Wort in seiner Doppeldeutigkeit belassend.[50] Eine Haltung jedoch durchaus von eigennützigem und hedonistischem Kalkül: im Sinne einer Steigerung des Genusses, denn Macht über die Macht der Lust zu besitzen, bedeutet die Lust einer größeren Macht.[51]

»Sieg über sich« meint gelegentlich bei Platon bereits die Austreibung und Ausrottung der Lüste und Begierden, häufiger aber die Einrichtung eines »festen und stabilen Zustands der Herrschaft seiner selbst über sich«,[52] wobei die Lebhaftigkeit der Lüste nicht untergraben ist, das Subjekt jedoch eine Technik der Mäßigung praktiziert, mit deren Hilfe es die Gewalt der Leidenschaften zu dominieren in der Lage ist – jene Fähigkeit zur Selbstbeherrschung, von welcher Sokrates angesichts der Verführungskünste des Alkibiades ein übermäßiges Beispiel gab, wie dieser in Platons Symposion berichtet.[53]

Nicht das Begehren selbst ist unmoralisch, sondern nicht Herr zu sein darüber. Herr zu sein statt Sklave: Dies zu erreichen, genügte nicht simple Kenntnis *(mathēsis)*, sondern bedurfte praktischer Übung *(askēsis)* – eine der »großen sokratischen Lektionen«.[54] Die Technik, die zu Enkrateia und Sophrosyne führt, ist das Erlernen des Gebrauchs der Lüste im praktischen Umgang mit ihnen, »in stetem Kampfe«, denn man könne sich ihnen nicht entgegenstellen noch sie besiegen, wenn man unerfahren *(apeiros)* und ungeübt *(agymnastos)* sei, heißt es in den Nomoi.[55] Enkrateia und Sophrosyne befähigen jedoch nicht nur zur Selbstbeherrschung, sondern auch zur rechten Beherrschung des Hauswesens sowie zur Ausübung der Macht im Staatswesen. Die Konstituierung des Individuums als moralisches Subjekt geschieht nach dem Muster politischer Herrschaftsstrukturen und hat eine eminent politische Implikation. Herr zu sein statt Sklave: zentraler Satz einer aristokratischen Ethik, die ihre Entsprechung in der realen Ordnung der Polis hat.

Eine interessante Variante der Sophrosyne bietet die Rede des Agathon in Platons Symposion. Hier wird erklärt, Eros selbst habe »in höchstem Maße Anteil an der Besonnenheit«. Wenn nämlich gelte, daß Eros die stärkste Lust sei, von der alle anderen Lüste und Begierden beherrscht würden, auf der anderen Seite aber gelte, daß die Besonnenheit das Beherrschen der Lüste und Begierden sei, dann müsse der Eros wohl als »besonders besonnen« gelten.[56] Ein klassischer Syllogismus, Modus Barbara.

Freiheit, Wahrheit und Schönheit[57]

Die praktische Übung *(askēsis)*, in der man lernt, sich selber zu regieren, ist Bestandteil der Erziehung *(paideia)* zum freien Menschen; eine »Kunst seiner selber« geht daraus hervor.[58] Die so erreichte Besonnenheit ist ein Zustand der Freiheit; sie beruht auf einer aktiven agonistischen Grundhaltung. Sich nicht dominieren zu lassen von der Dynamik der Lüste, von der »betörenden Gewalt des Liebesgenusses«,[59] sondern ihr Herr zu sein, ist der bestimmende Satz einer Ethik, in der die Freiheit des Individuums unmittelbar verknüpft ist mit der Herrschaft, die es über sich selbst auszuüben vermag. Foucault nennt dies die »heautokratische« Struktur des Subjekts in der moralischen Praktik der Lüste.[60] Der Gegensatz, von dem diese Freiheit sich abhebt, ist das Sklavendasein, das Nicht-Herr-seiner-selbst-Sein. Die Gefahr, die die Aphrodisia mit sich bringen, ist die einer Art von Versklavung: Sklave seiner Lüste zu sein. Der »freiwillige Sklavendienst« des Liebenden, von dem Pausanias in Platons Symposion spricht, unterliegt strengen Bedingungen.[61]

Einen »Hymnus auf die Mäßigung als Freiheit« (Foucault) stimmt Sokrates in Xenophons Memorabilien an: Nicht frei ist, wer von den sinnlichen Lüsten beherrscht wird; in der schlimmsten Knechtschaft leben die, die sich nicht beherrschen können.[62] Demgegenüber Besonnenheit, Sophrosyne einzuüben ist eine der wesentlichsten Aufgaben der Pädagogik, und vor allem der sokratischen Pädagogik. Sich selbst zu beherrschen und Mäßigkeit zu üben

ist die Voraussetzung maßvoller und angemessener Macht-
ausübung in der Polis. Heautokratische Moral und aristokratische Struktur der Polis, Freiheit des Einzelnen und
Freiheit der Polis sind untrennbar miteinander verknüpft.
Die Arbeit an sich selbst ist Grundlage der Arbeit an der
Gesellschaft. Die Sorge um sich, zu welcher Sokrates
mahnt, geschieht um der rechten Führung der Polis willen,
sie ist der Garant für Gerechtigkeit und politische Freiheit.

Das Selbst konstituiert sich vor allem im rechten Gebrauch der Lüste, in Mäßigung und Besonnenheit. Unmäßigkeit und Unbesonnenheit sind ein Zustand der Passivität, der Unfreiheit und mit der erforderlichen Haltung in
politischer Hinsicht nicht vereinbar. Dies stellt in den Augen der Griechen die »ethische Negativität« par excellence
dar:[63] passiv, sklavisch, unterlegen zu sein, »Subjekt« zu
sein angesichts der Macht der Lust. Die Sorge, die dem ent-
gegensteht, wird entwickelt in dreifacher Hinsicht: als
Sorge um den Leib und eine angemessene Lebensführung
(Diätetik), als Sorge um die Beziehung zur Gattin und die
gemeinsame Verwaltung von Haus und Gütern (Ökonomie), als Sorge um die Liebe und die rechte Praktik im Umgang mit dem Eros (Erotik). »Die Diätetik, die Ökonomie
und die Erotik erscheinen als Anwendungsbereiche der
Praxis des Selbst.«[64] Als wesentliche Voraussetzung für die
Praxis des Selbst tritt aber die Beziehung zur Wahrheit auf.
Das Verhältnis zur Wahrheit gilt als essentielle Bedingung
für Mäßigung und Selbstbeherrschung, es ist die »struktu-
relle, instrumentelle und ontologische Bedingung der Einrichtung des Individuums als eines mäßigenden und maßvoll lebenden Subjekts«.[65]

Die Beziehung zur Wahrheit dient nicht einer Selbstanalyse oder einer Hermeneutik des Verlangens, sondern der
ästhetischen Fundierung der Existenz, denn ästhetischer
Wert, moralischer Wert und Wahrheitswert gehen in eins.
Die Beziehung zur Wahrheit aktiviert die Macht der Ver-

nunft, des »Logos«, gegen die Macht des Begehrens. »Denn wie das Kind nach dem Befehl des Lehrers leben muß, so auch das Begehrende nach der Vernunft *(kata ton logon)*«.[66] Die Beziehung zur Wahrheit ermöglicht schließlich das Wissen um die Dinge der Liebe – von nichts anderem zu wissen als davon, gibt Sokrates in Platons Symposion vor[67] – und bewirkt die Transformation des Eros. »Das Verhältnis der Seele zur Wahrheit ist das, was dem Eros in seiner Bewegung, in seiner Kraft und in seiner Intensität zugrunde liegt und ihm zugleich hilft, sich von jedem physischen Genuß zu lösen und zur wahrhaften Liebe zu werden.«[68] Die Beziehung zur Wahrheit orientiert die Macht des Verlangens um auf die Wirklichkeit der Schönheit selbst, die, wie es in Platons Phaidros heißt, »mit der Besonnenheit auf heiligem Boden« steht.[69] Seit dem »sokratisch-platonischen Moment« ist die Herstellung der Besonnenheit verbunden mit der Beziehung zur Wahrheit. Die an der Wahrheit orientierte maßvolle Existenz trägt selbst das »Profil einer sichtbaren Schönheit« (Foucault).[70]

Diätetische Moral und Kunst
der Ökonomie

Im zweiten und dritten Kapitel des »Gebrauchs der Lüste«
entwickelt Foucault unter den Titeln »Diätetik« und
»Ökonomik« die antike Problematisierung des Umgangs
mit den Lüsten hinsichtlich der Sorge um den eigenen Körper einerseits, hinsichtlich des Umgangs mit der Gattin und
der Führung des gemeinsamen Haushalts andererseits.
Diätetik wird definiert als »Kunst des Verhältnisses des Individuums zu seinem Körper«, Ökonomik als »Kunst des
Verhaltens des Mannes als Oberhaupt der Familie«.[71] Die
Frage nach dem rechten Gebrauch der Aphrodisia, nach
der angemessenen Intensität und Distribution der sexuellen Aktivität wurde in der Antike erörtert aus medizini-
scher und philosophischer Sicht, ausgehend von einer gewissen Unruhe über Begleit- und Folgeerscheinungen und
in Hinsicht auf die Gefahren eines exzessiven Gebrauchs
der Aphrodisia. Anders als in der erotischen Kunst etwa
des antiken China, wo ein wohlgeübter Gebrauch der Lüste in Zusammenhang gebracht wurde mit einer Erneue-
rung der Existenz und einem Prozeß der Verjüngung, steht
er im klassischen Griechenland im Zeichen einer Beunruhigung, einer Technik der Restriktion, der Domination, der
Konstituierung des Subjekts als Herr seines eigenen Verhaltens. Eine »Selbstkultur« geht in der Folge hieraus hervor
und bildet den Mittelpunkt einer Ästhetik der Existenz, die
die Sorge um sich ständig im Blick hat, initiiert in dieser
Form von Sokrates.[72]

Der griechische Begriff »diaita«, an den der moderne Begriff der »Diät« noch erinnert, meint zum einen Formen des Lebens: Lebensweise, Lebensart, Lebenswandel; zum anderen Formen des Heilens: ärztliche Verhaltensmaßregeln bezüglich der Lebensführung, zum Zweck der Gesundung oder Gesunderhaltung. Was hinter dem Begriff der »diaita« steht, ist der Entwurf einer Lebenskunst, einer Existenztechnik. Eine Diätetik stand, der antiken Medizin zufolge, an der Schwelle des Übergangs von einer ursprünglich rohen, wilden, gefährlichen Lebensweise des Menschen zu einer Lebensführung, die orientiert ist am Wert des Maßes, der Gesundheit und Schönheit. Sie wurde später zum Begriff einer Lebensführung, die von Kranken zu befolgen ist zur Wiederherstellung ihrer Gesundheit.

Die Diät, wie sie Hippokrates in seiner Schrift »Peri Diaitēs« entwirft, betrifft Verschreibungen in bezug auf bestimmte Tätigkeiten (welche, wann, mit welcher Intensität und bei welcher Ernährung), in bezug auf Essen und Trinken (was und wieviel, mit Rücksicht auf die Konstitution des Körpers und das Klima sowie die jeweilige Aktivität), in bezug auf den Schlaf (wann, unter welchen Umständen, wie lange), und schließlich in bezug auf sexuelle Beziehungen. Die Diät im allgemeinen stellt die Art der Lebensführung dar, die alltäglich praktiziert wird vom morgendlichen Bad, wie auch Sokrates es zu nehmen pflegt zur Eröffnung seines Tagesablaufs,[74] bis zum abendlichen Schlafengehen. Sokrates rät seinen Schülern darüber hinaus an, nicht nur auf den medizinischen Blick sich zu verlassen in der Art ihrer Lebensführung, sondern durch Selbstbeobachtung sich um sich zu sorgen (*epimeleisthai*) »und das ganze Leben hindurch darauf zu achten, welche Speise, welcher Trank und welche Arbeit einem bekomme und wie man sie verwenden müsse (*chrōmenos*), um gesund zu blei-

ben«.[75] Eine eigene Kunst der Existenz geht daraus hervor.
Eine Kunst, eine Technik jedoch, die nicht nur die Lebensführung im physischen Sinne im Blick hat; diese muß sich
vielmehr, wie Foucault sagt, »dem Prinzip einer allgemeinen Ästhetik der Existenz unterordnen, in der das körperliche Gleichgewicht eine Bedingung der rechten Hierarchie der Seele ist«,[76] mit dem Ziel, ein nützliches und
glückliches Leben zu führen, und der Möglichkeit, in un-
terschiedlichsten Situationen und Umständen sich zu behaupten. Die Diätetik in diesem Sinne ist eine »strategi-
sche« Kunst, jedoch nicht mit dem Ziel, das Schicksal zu
umgehen oder die Natur zu beugen, sondern auf unvor-
hergesehene Ereignisse reagieren zu können und auf alle
möglichen Umstände in einer vernünftigen Art zu antworten in der Lage zu sein.[77] Sie erscheint weniger in der
Form universeller und uniformer Regeln, als vielmehr als
eine Anleitung und Orientierung, eine Art Handbuch,
»um auf die mannigfachen Situationen, in die man gera-
ten kann, zu reagieren« und sein Verhalten »den Umständen anzupassen«.[78]

In seiner Abhandlung »Peri Diaitēs« bringt Hippokrates
auch eine Serie ärztlicher Verhaltensmaßregeln bezüglich
der Aphrodisia zur Sprache, nachdem er, ausgehend von
der Natur und Konstitution des Menschen im allgemeinen,
die Prinzipien im Umgang mit dem Körper erörtert hat.
Hippokrates betrachtet die sexuelle Aktivität unter dem
Blickwinkel der Effekte, die sie hervorruft: »Der Beischlaf
macht mager, feucht und warm. Warm macht er wegen der
Anstrengung und wegen der Ausscheidung der Feuchtigkeit, mager macht er wegen der Entleerung, feucht macht
er wegen des im Körper gebliebenen Rückstandes der
durch die Anstrengungen entstehenden Abschmelzung (des
Fleisches).«[79] Diese Effekte bringt er in Zusammenhang
mit Klima und Jahreszeit, nach welchen die Diät sich zu
richten habe: Die heiße Jahreszeit verlangt nach einer küh-

lenden Diät, demgemäß unterliegt der Gebrauch der den Körper erhitzenden Aphrodisia einer Restriktion; umgekehrt in der kalten Jahreszeit: ein allopathisches Konzept des Umgangs mit den Lüsten.

Die Diät im Umgang mit den Lüsten ist jeweils Bestandteil der den gesamten Körper betreffenden Diät (Ernährung, Bäder, Gymnastik, Schlaf etc.). Keineswegs werden präzise Verhaltensmaßregeln gegeben, sondern Näherungswerte, Richtwerte, die auf die Umstände abgestimmt werden müssen. Was die Häufigkeit der Akte betrifft, herrscht ein »ständiges Oszillieren« (Foucault) zwischen »mehr« und »weniger« oder »so wenig wie möglich«.[80] In keinem Fall geht es um die Form der Akte selbst oder die Arten und Variationen der sexuellen Aktivität, sondern um das Verhältnis von Trockenheit und Feuchtigkeit, Hitze und Kälte im Körper und zwischen Körper und Umwelt, um Fragen des rechten Alters, des rechten Augenblicks und der angemessenen Verteilung. Hier ist die Moral des Umgangs mit den Lüsten nicht ein penibles System von Vorschriften und Verboten, wie es die christliche Moral sein wird,[81] und auch kein »Krieg gegen die Lüste«, sondern eine Moral des rechten Gebrauchs, mit Rücksicht auf den Körper und die äußeren Umstände. Wenn hier von Restriktion die Rede ist oder von einer »allgemeinen Tendenz zu einer restriktiven Ökonomie«,[82] dann im Zusammenhang mit einer Beunruhigung über mögliche Konsequenzen eines übermäßigen Gebrauchs der Lüste. Es werden aber auch in einer späteren medizinischen Diskussion die vorteilhaften therapeutischen Effekte der Aphrodisia gerühmt: Ein Mittel gegen Wutanfälle und fixe Ideen, gegen Melancholie und Misanthropie.[83] Als Maßstab gilt das Verlangen der Seele und das Bedürfnis des Körpers.[84] Sokrates selbst aber hatte durch eine bestimmte Lebensführung und gezielte Übung Seele und Körper so erzogen, »daß er sich leicht der schönsten und blühendsten Knaben enthielt«.[85]

Der antike Diskurs über den rechten Gebrauch der Lüste weist spezifische Punkte der Beunruhigung auf, um welche herum die medizinischen, diätetischen und ethischen Aussagen kulminieren. Die eine dieser Beunruhigungen betrifft die Konsequenzen der sexuellen Aktivität hinsichtlich des Körpers. Zwar, so vermerkt Hippokrates, gibt es Individuen, für welche die sexuelle Aktivität sich sehr günstig auswirkt, z.B. für jene, die an zuviel Schleim oder an schlechter Verdauung leiden; er empfiehlt in diesem Fall nicht nur, mehr Gymnastik zu betreiben, vielmehr müsse man sich »auch etwas geschlechtlich betätigen *(chrē de kai aphrodisiasai ti)*«.[87] Im übrigen aber wird der Gebrauch der Aphrodisia, vor allem was die Rolle des Mannes betrifft, mit einer Schwächung und Entkräftung des gesamten Körpers in Verbindung gebracht. Kurz und bündig der Satz des Pythagoras, von dem Diogenes Laertius berichtet, er habe auf die Frage, welchen Moment man bevorzugen solle, wenn man der Liebe nachgehen wolle, geantwortet: »Dann, wenn du dich an deiner Kraft schwächen willst.«[88]

Den übertriebenen Gebrauch bringt Hippokrates in Zusammenhang mit einer Schwächung der Funktion aller möglichen Organe (Gehirn und Rückenmark vor allem), während kaum die Rede ist von Schwierigkeiten, die etwa eine völlige Abstinenz mit sich bringen könnte. Eine gegensätzliche Disposition zur sexuellen Aktivität ist bei Mann und Frau zu beobachten: Während beim Mann die Zurückhaltung eine Konzentration der Kräfte bewirkt und ein Faktor der Gesundheit ist, gehört für die Frau zur regulären organischen Funktion (Erhalt der rechten Feuchtigkeit im Körper) die Ausübung der Aphrodisia: »Wenn sie Geschlechtsverkehr mit Männern haben, sind sie gesünder, wenn nicht, sind sie weniger gesund.«[89]

Mit Sorgfalt entfaltet Hippokrates in seiner Abhandlung

»Peri Gonēs« das physiologische Detail. Im Mittelpunkt des Aktes steht für ihn die Emission der Spermien. Die Gewalt dieses Vorganges wird als eine Verausgabung betrachtet, denn es handelt sich nicht um die Emission eines beliebigen Stoffes, sondern jener Substanz, die das Leben weiterzugeben vermag. Im Samen konzentriert sich der weitaus kräftigste Teil *(to ischyrotaton)* des Individuums,[90] eine Kraft, die manifest ist in der dickflüssigen und aufschäumenden Natur des Samens und kenntlich an der Gewalt, mit der er geschleudert wird aus dem Glied. Die Emission der Spermien, die Verausgabung im Akt betrifft die gesamte körperliche Konstitution; sie bedeutet einen Verlust an Kraft wie bei kaum einer anderen physischen Aktivität. Demgemäß erklärt Aristoteles in seiner Lehrschrift »Über die Zeugung der Geschöpfe« die offenkundige Kraftlosigkeit, die Ermattung, die dem Akt folgt.[91]

Es ist die Macht der Lust, die zu dieser Verausgabung anreizt. Diotima bezeichnet in Platons Symposion die Liebenden als »gewaltig ergriffen *(deinos diatithetai)*« und geradezu »krank *(nosounta)*«.[92] Die erwachende Lust, erklärt Sokrates in Platons Philebos, »spannt an und macht bisweilen springen, und indem sie allerlei vielfach wechselnde Farben und Gebärden und Atemzüge herausbringt, bringt sie unsinniges Entzücken und Geschrei hervor«, und es gehe auch das Wort, es sei »fast zum Sterben, wie diese Lüste ergötzen«.[93] Als das »dritte und stärkste Bedürfnis« und das »heftigste Verlangen«, stärker als das Verlangen nach Essen und Trinken, wird es in Platons Gesetzen beschrieben; es setzt »durch seinen Wahnsinn die Menschen ganz und gar in die höchste Glut, nämlich das Verlangen nach Fortpflanzung des Geschlechts, welches zum größten Übermut *(hybrei)* angefacht wird«. Der Gesetzgeber müsse diese Krankheit durch die kräftigsten Mittel niederzuhalten suchen: »durch Furcht, Gesetz und der Wahrheit gemäße Rede«.[94]

Es existiert Angst angesichts der Verausgabung, die der Akt bedeutet. Ein wesentlicher Teil der moralischen Problematisierung des Gebrauchs der Lüste geht daraus hervor. Die Verausgabung im Akt wird gelegentlich auch assoziiert mit dem Tod, denn sie bedeutet eine wesentliche Einbuße an Lebenssubstanz. Auf der anderen Seite steht der Akt in Zusammenhang mit der Unsterblichkeit, denn es ist die Zeugung, durch welche, wie Platon sagt, das Individuum Anteil hat an der Unsterblichkeit,[95] und es ist dieses Verlangen nach Unsterblichkeit, das die Menschen zu den Dingen der Liebe treibt und selbst noch zur Abstraktion der Aphrodisia, wie Diotima im Symposion sie vorstellt, jene Zeugung nicht im Körper, sondern in der Seele, um »schönere und unsterblichere Kinder« hervorzubringen.[96] Die sexuelle Aktivität schreibt sich also ein *(s'inscrit)*, wie Foucault feststellt, »in den weiten Horizont von Tod und Leben, Zeit, Werden und Ewigkeit«.[97]

Die andere der Beunruhigungen betrifft Fragen der Sorge um die Nachkommenschaft, denn der natürliche Zweck des Aktes ist die Zeugung, um dessentwillen ist er mit den Lüsten liiert. Hatte die geschlechtliche Vereinigung ihr Ziel ursprünglich »nur in der Lust, in der Intensität und Heftigkeit der Lust« (Bataille),[98] so kommt es hier zur »Annullierung der Lust als Ziel der sexuellen Verhältnisse«.[99] Es kommt alles darauf an, für den Moment der Zeugung die günstigsten Bedingungen zu schaffen, physisch wie psychisch und materiell. Es sind die Umstände der Zeugung, die Seele und Leib der Kinder prägen werden, denn der »Anfang«, Platons Gesetzen zufolge, ist wie ein »Gott« *(archē gar hōs theos)* in den Menschen.[100] Wichtige Bedingungen sind die Beziehungen der Partner zueinander (Favorisierung der Ehe, nicht jedoch ständiges Beisammensein), andere Bedingungen betreffen Fragen des Alters zum Zeitpunkt der Zeugung (mit wesentlichen Verschiebungen zwischen Mann und Frau) sowie Fragen der Lebensführung, der »Diät«, des Zustandes zum Zeitpunkt der Zeugung (Favorisierung des starken Verlangens, keinesfalls Trunkenheit).

In keiner Weise wird der Akt selbst als etwas »Schlechtes« oder »Böses« interpretiert. Er wird nicht »ethisch disqualifiziert«,[101] sondern ist Ursache einer Beunruhigung. Als so gewaltsam wird die Macht der Lust erfahren, daß es erforderlich erscheint, eine Kontrollinstanz zu konstituieren, die den Umgang mit den Lüsten zu steuern in der Lage ist, Instanz, die im Individuum selbst sich etabliert und deren Aufgabe die Selbstbeherrschung ist. Eine neue Art der Lebensführung *(diaita)* resultiert daraus, getragen von der Sorge der Individuen um sich selbst – die Entwicklung einer »Ökonomie der Lüste«, die Domestizierung des Eros, des unbändigen Verlangens.

Das Spiel der Liebe in der Institution der Ehe[102]

Das rechte Maß zu halten und den rechten Moment zu nutzen sind die Elemente jener Technik, mit der das Individuum den Gewalten und Gefahren der Aphrodisia zu begegnen vermag. Der Macht der Lust ursprünglich unterlegen, konstituiert es sich als »Subjekt«, will heißen, als »Herr seines Verhaltens«, um auf die rechte Art und Weise sein Leben zu führen, frei über die ihm eigenen Energien zu verfügen und entsprechend sein gesamtes Leben durchzugestalten im Sinne einer Ästhetik der Existenz. Bestandteil dieser Ästhetik der Existenz ist die Regelung der Beziehung zur Frau; sie gewinnt am meisten Gestalt in der Form der Ehe. Die Ehe ist nicht die einzige und nicht die einzig akzeptierte Form der Beziehungen zwischen Mann und Frau, aber die mit besonderem Vorzug ausgestattete. Wesentlicher Bestandteil dieser Beziehungen ist nicht das sexuelle Verhältnis der Partner, sondern die gemeinsame Sorge um den Haushalt *(oikos)*, Haushalt im weitesten Sinne. Die Institution der Ehe geht in eins mit der Kunst der Haushaltung *(oikonomia)*.

Die Kunst der Ökonomie ist nicht eine Kunst, die in der Stilisierung der Lüste besteht, sondern, wenn von Lüsten die Rede ist, diese ihrem »eigentlichen« Ziel, der Zeugung der Nachkommenschaft zuwendet, sie im übrigen aber abtrennt von der ehelichen Beziehung. Die Domäne der Lüste ist nicht die Ehe, sondern befindet sich, jedenfalls für den Mann, »außerhalb«, in der Beziehung zur Konkubine *(hetairē)*, im Umgang mit Sklaven beiderlei Geschlechts und Dirnen *(pornai)*, und in hohem Maße in der Knabenliebe. Konsequenterweise häuften sich die Vorwürfe der Frauen, daß die Männer ihr Vergnügen anderswo suchten, und ein Gesetz Solons verpflichtete den Mann schließlich dazu, mindestens dreimal im Monat sexuelle Beziehungen zu seiner Frau zu unterhalten: »Denn wenn auch keine Kinder geboren werden, so ist das doch eine Ehre und eine Aufmerksamkeit, die der Mann einer sittsamen Frau erweist und die viele der sich immer entwickelnden Mißhelligkeiten beseitigt«.[103] Die Tendenz mochte dahin gehen, von Männern nach ihrer Heirat (häufig nicht vor dem 30. Lebensjahr) eine Einschränkung oder gar Aufhebung der Beziehungen zu anderen Frauen zu erwarten; jedenfalls entwickelte sich eine moralische Reflexion über das sexuelle Verhalten des verheirateten Mannes. Xenophon akzeptierte nicht die Trennung zwischen der Institution der Ehe einerseits und dem Spiel der Leidenschaften andererseits; er entwarf statt dessen das Bild einer reziproken Liebe, das Modell eines Spieles zwischen Mann und Frau wie zwischen Eros und Anti-Eros, d.h. zwischen Liebe und ihrer Erwiderung *(erōn tēs gynaikos anterātai)*.[104] Im Mittelpunkt von Xenophons »Oikonomikos« steht die Thematik der Ehe; es ist, wie Foucault sagt, »die ausführlichste Erörterung des Ehelebens, die uns das klassische Griechenland hinterlassen hat«.[105] Allerdings ist es nicht die erotische oder sexuelle Beziehung, die im Zentrum dieses Entwurfs steht, nicht das Bild eines Gartens der Aphrodite, in dem Paare sich tummeln, sondern die Verteilung der Rollen im täglichen Leben, innerhalb und außerhalb des Hauses. Die Selbstbeherrschung, die der Mann im Umgang mit den Lüsten sich anzueignen hat, ist die Voraussetzung zur Erfüllung seiner Aufgaben als Herr des Hauses; die Kunst der Ökonomie, wie Xenophon sie entwirft, ist das Fundament seiner Herrschaft: direkte Beziehung zwischen Mäßigkeit und Macht.

Bestandteil dieser Kunst der Ökonomie sind die Beziehungen zwischen Mann und Frau, beruhend auf der »Vermittlung einer gemeinsamen Zwecksetzung«.[106] Es ist der Mann, der seine Frau (15jährig bereits in heiratsfähigem Alter) selbst erzieht, der sie einführt in ihre Rolle als Herrin des Hauses und der mit ihr ein besonderes Vertrauensverhältnis unterhält, denn: »Vertraust du jemand anderem mehr wichtige Dinge an als deiner Frau?«[107] Ist die Frau in der Lage, Herrin des Hauses zu sein, ermöglicht dies dem Mann, den außerhalb des Hauses liegenden Geschäften nachzugehen, der Tätigkeit auf den Feldern, den öffentlichen Angelegenheiten auf der Agora. Das Ziel der Tätigkeiten beider ist ein gemeinsames: die Prosperität des Hauses.

Die Rollen in dieser Gemeinschaft *(koinōnia)* sind exakt komplementär – was nicht bedeutet: symmetrisch – und sie entsprechen der komplementären Natur von Mann und Frau: »Ich könnte mir«, sagt die Frau, »mit meinem Aufpassen im Innern des Hauses und mit der Verteilung lächerlich und unnütz vorkommen, wenn du nicht draußen sorgtest, daß etwas einkommt.« Worauf der Mann antwortet: »Ebenso lächerlich und unnütz erschiene mir mein Zusammenraffen, wenn nicht jemand da wäre, der das Eingebrachte hütete. Siehst du denn nicht, daß man die bemitlei-

61

det, die nach der Sage in das Faß ohne Boden schöpfen, weil sie sich vergeblich zu mühen scheinen?«[108]

Sorge *(epimeleia)* und Selbstbeherrschung *(enkrateia)* kommt »beiden gleichmäßig« zu.[109] Auch Platon verlangt den Ehepartnern Moderation ab und fordert ein geradezu athletisches Regime vor allem in Hinblick auf die Zeugung der Nachkommenschaft. Die Frage der Ehe steht in den »Gesetzen« in erster Linie unter dem Aspekt, Institution zur Erzeugung der bestmöglichen Nachkommenschaft für die ideale Stadt zu sein; bereits die jungen Paare haben sich darauf vorzubereiten.[110] Die Ehe erscheint als die Form einer Gemeinschaft zum Zwecke der Fortpflanzung, sie hat ihre Analogie im Tierreich.[111] Für Aristoteles dagegen besteht die eheliche Gemeinschaft »nicht nur um der Kinderzeugung willen, sondern wegen der Lebensgemeinschaft« – Kinder »scheinen das Band zu sein« dafür.[112] Diese Gemeinschaft wird von ihm als Freundschaft *(philia)* interpretiert, und zwar nach aristokratischem Muster: »Sie beruht auf der Tüchtigkeit; dem Besseren kommt das größere Gut zu, und jedem das, was zu ihm paßt.«[113]

Die Realität im klassischen Athen war nicht geprägt von der Gemeinschaft, sondern der Getrenntheit der Geschlechter.[114] Die Ethik der ehelichen Existenz unter dem Signum der Freundschaft gewann privilegierte Bedeutung erst im philosophischen Diskurs der griechisch-römischen Antike. Der Bezug auf Xenophons »Oikonomikos« ist dabei offenkundig, eine neue Diskussion entspann sich aber auch über Nutzen und Nachteil dieser Form, besonders in Hinsicht auf die Lebensform des Philosophen. Der Konnex von Gamos und Eros wird weiterentwickelt, bis schließlich in der Institution der Ehe der einzig legitime Ort des Umgangs mit den Lüsten gesehen wird. Damit ist der Übergang vollzogen von der Diskussion um den rechten, d.h. mäßigen Gebrauch der Lüste, hin zur Definition der rechtmäßigen Lüste *(aphrodisia dikaia)*, nämlich den ausschließlich ehelich ausgeübten Werken von Eros und Aphrodite.[115] Plutarch vor allem ist es, der Freundschaft und Liebschaft miteinander verknüpft. »Aphrodite ist es«, heißt es in seinem Symposion, »die zwischen Mann und Frau Eintracht und Liebe stiftet, indem sie durch die Sinnenlust nicht nur körperliche Vereinigung, sondern auch Seelengemeinschaft herzustellen weiß«.[116] Eine Liebe ohne Aphrodite aber sei wie Trunkenheit ohne Wein.[117]

rechten, mäßiger Gebrauch der Lüste

↓

rechtmäßiger Gebrauch der Lüste in der Ehe

Erotische Kunst und wahre Liebe

Die moralische Problematisierung des Gebrauchs der Lüste in der Antike ist zu gruppieren in dreifacher Hinsicht: Beziehung zu sich selbst, Beziehung zum andern Geschlecht, Beziehung zum Knaben. Besonders aus dem Problemkreis der Knabenliebe geht schließlich die Frage nach der Wahrheit hervor, die Frage der wahrhaften Liebe. Die vier großen Themen der Moral der Lüste, die »vier Haupttypen der Stilisierung des sexuellen Verhaltens«[118] sind demnach:

1. die Frage des Körpers und der Gesundheit (Diätetik)
2. die Frage der Frau und der Institution der Ehe (Ökonomik)
3. die Frage der Knabenliebe und der Art ihrer Ausübung (Erotik)
4. die Frage der Ablösung von sexueller Aktivität und sinnlichem Eros: die Frage des Zugangs zur Wahrheit (Philosophie)

Wenn hier von »Erotik« die Rede ist, dann im Sinne einer »reflektierten Kunst der Liebe (und besonders der Liebe zu den Knaben)«.[119] Diesen Problemkreis der Erotik thematisiert Foucault in Kapitel IV des »Gebrauchs der Lüste«. Die reflektierte Kunst der Liebe entwickelte sich demnach im klassischen Griechenland nicht in Hinsicht auf die Liebe zwischen Mann und Frau, sondern im Umkreis der Knabenliebe. Das heterosexuelle Verhältnis gewann Aktualität und Bedeutung erst in späteren Jahrhunderten und im griechisch-römischen Kulturkreis, bezog wichtige Elemente aber aus der traditionellen Erotik der Knabenliebe, die im klassischen Griechenland entfaltet worden war.

Mehr als die Liebe zur Frau erweist sich die Knabenliebe als Ursache der Unruhe in der diskursiven Formation, die den rechten Gebrauch der Lüste thematisiert. Die Problematisierung betrifft nicht die Frage einer »Toleranz« gegenüber dem, was wir heute »Homosexualität« nennen. »Die Griechen setzten die Liebe zum eigenen und die zum anderen Geschlecht nicht als zwei einander ausschließende, radikal unterschiedene Verhaltensweisen gegenüber.«[121] Als wesentlich wichtiger erscheint die Opposition zwischen dem, der Mäßigung und Besonnenheit übt und sich selbst zu beherrschen in der Lage ist, und demjenigen, der als Sklave seiner Lüste erscheint, gleichgültig in bezug auf welches Geschlecht. Die Frage dreht sich darum, wer dem »Tyrann« Eros, der »alles in der Seele regiert«,[122] zugesteht, tyrannisch zu walten, oder wer demgegenüber Abstand zu halten vermag. Das Verlangen, die Begierde, die Lust ist nicht unterschieden in Hinsicht auf das begehrte Objekt, Frau oder Knabe, sondern es ist ein- und derselbe natürliche »Appetit«, der die Herzen der Männer zu den »Schönen« hintreibt.[123]

Wenn Pausanias in Platons Symposion zweierlei Formen des Eros einander gegenüberstellt, dann nicht in Hinblick auf die Liebe zu den zweierlei Geschlechtern, sondern in Hinblick auf unterschiedliche Praktiken: Eros pandemos auf der einen Seite, der »nicht weniger nach Frauen als nach Knaben« verlangt und nur den Vollzug des Aktes selbst *(to diapraxasthai)* im Sinn hat, dessen Vertreter, die Vielen, aber ganz unbesorgt sind *(amelountes)*, »ob auf schöne Weise oder nicht«.[124] Eros uranos auf der anderen Seite, dem die Sorge um die Vortrefflichkeit eignet *(epimeleia pros aretēn)*,[125] der von aristokratischer Natur ist und mehr die Liebe zur Seele im Blick hat. Eros uranos allerdings wird vor allem mit der Liebe zum eigenen, männlichen Geschlecht assoziiert. In Xenophons Symposion wiederum neigt sich das Interesse, nachdem Sokrates über die wahre Liebe referiert hat, dem Spiel von Dionysos und Ariadne zu. Und als die beiden dann abtreten, »sich umschlungen haltend, als wenn sie zu Bett gingen«, schwören die Unverheirateten zu heiraten, die Verheirateten aber (außer Sokrates) satteln die Pferde, um in vollem Galopp nach Hause zu ihren Frauen zu reiten.[126]

Die Frage bestand weniger darin, in Hinblick auf welches Geschlecht der Liebe nachzugehen war – Aristophanes in Platons Symposion hält hetero- und homosexuelle Liebe für zwei völlig gleichberechtigte Formen –, sondern wie und auf welche Weise, und diese Problematisierung gruppierte sich charakteristischerweise vor allem um die Thematik der Knabenliebe. Die »Diskursaktivität«, von der Foucault spricht,[127] kumuliert und konzentriert sich hier: Die männlichen Beziehungen waren Gegenstand einer Aufwallung von »Gedanken, Reflexionen und Diskussionen über die Formen, die sie annehmen sollten, oder über den Wert, der ihnen zuzusprechen sei«.

Knabenliebe meint die Beziehung zwischen zwei Partnern männlichen Geschlechts von verschiedener Altersstufe, von denen der eine seine »Formation« noch nicht abgeschlossen und einen bestimmten Status noch nicht erreicht hat, ganz im Unterschied zu seinem älteren Liebhaber. Das Phänomen der Knabenliebe impliziert eine eminent pädagogische, erzieherische Funktion des Älteren gegenüber dem Jüngeren, eine Pädagogik, die weit über die Aufgabe des »Paidagogos« im ursprünglichen Sinne (des Sklaven, der den Knaben außer Haus begleitet) hinausging und nicht selten gegen den erklärten Willen des Vaters und Herrn des Hauses erfolgte.[128] Keineswegs gab es Beziehungen zwischen Partnern männlichen Geschlechts nur von dieser Art; anzuführen wären ebenso Beispiele für Verhältnisse zwischen Knaben selbst (wie etwa Kritobul und Klinias in Xenophons Symposion) oder zwischen erwachsenen Männern (wie Euripides und Agathon).

Die Verhältnisse zwischen erwachsenen Männern unterliegen zwar der Kritik und dem Spott, da einer der beiden notwendigerweise in diesem Verhältnis die passive, mit dem Weiblichen identifizierte Rolle übernahm und damit sein Geschlecht der Lächerlichkeit preisgab. Dennoch sind sie nicht das Objekt einer größeren moralischen Besorgnis oder theoretischen Aufmerksamkeit; sie gehören nicht zum »Bereich der aktiven und intensiven Problematisierung«.[129] Aufmerksamkeit und Sorge konzentrieren sich vielmehr auf die Verhältnisse, die geprägt sind von der Differenz des Alters.[130] Es geht um die Frage des rechten Verhaltens auf Seiten des Liebhabers *(erastēs)* und des Geliebten *(erōmenos)*, um die Bestimmung der Initiative und der Bedingungen der Hingabe, um die Zuweisung der Rechte und Pflichten in diesem Verhältnis. Es geht nicht um die Frage einer Dominanz des einen über den anderen, sondern um die Erörterung der rechten Verhaltensweise. Eigene höfische Praktiken – Praktiken des »Werbens«[131] – werden hier entwickelt und reflektiert, um dem Verhältnis eine »schöne Form« zu geben, moralisch wie ästhetisch, im Sinne einer Ästhetik der Existenz. Es waren eigene Strategien der Annäherung, des Verhaltens, des Umgangs zu entwickeln, denn der Umworbene war frei in seiner Wahl. Für den Knaben stellte sich vor allem die Frage, von welchem Alter an es nicht mehr angebracht war, die Rolle des Geliebten, d.h. die passive Rolle, zu übernehmen. Für den Liebhaber dementsprechend war es nicht opportun, mit dem ins Mannesalter eintretenden Jüngling weiterhin ein Verhältnis zu unterhalten. Der erste Bartwuchs sei die Schwelle, mußte Sokrates sich bei seiner vorgeblichen »Jagd auf des Alkibiades Schönheit« sagen lassen, während Sokrates sich auf Homer berief, der im Aufkeimen des Bartwuchses noch »die holdesten Reize der Jugend« gesehen habe.[132] Pausanias schließlich in Platons Symposion setzte das Aufkeimen des Bartwuchses als Altersgrenze nach unten an und verlangte nach einem Gesetz, daß nicht Kinder zu lieben seien, sondern Heranwachsende, »die schon anfangen, Verstand zu haben; dies trifft aber nahe zusammen mit dem ersten Bartwuchs«.[133] Es wird jedenfalls deutlich, daß es sich bei der Problematisierung der Knabenliebe nicht nur um ein »delikates Element« der gesellschaftlichen Diskussion handelte, sondern um einen so »neuralgischen Punkt«, daß man der Beunruhigung und Besorgnis darüber nicht ausweichen konnte.[134]

Das Verhältnis von Erastes und Eromenos gestaltet sich nach dem Muster der Werbung des Mannes um die Frau. Da aber Mädchen aus Bürgerfamilien vor Kontakten mit Männern behütet wurden, war der Liebhaber »gezwungenermaßen auf sein eigenes Geschlecht verwiesen« (K. J. Dover); man mußte sich darüber hinaus bei dieser Art des Verkehrs »nicht um die finanziellen und organisatorischen Probleme eines illegitimen Kindes sorgen«.[135] Das Verhältnis gestaltete sich als ein Spiel von Verfolgung und Flucht zwischen Liebhaber und Geliebtem, wobei die Schönheit des Knaben auf der einen Seite, Einfluß und Großzügigkeit des Liebhabers auf der anderen Seite der Spieleinsatz waren. Im 4. Jahrhundert verschob sich die erotische Wertschätzung des Knaben in Richtung auf eine Feminisierung;[136] auf Vasenbildern sind Knabendarstellungen von Darstellungen weiblicher Schönheit oft nicht mehr zu unterscheiden. Welche Bedeutung in der Erotik des Knaben die Schönheit hatte, wird deutlich aus Wettbewerben um die Schönheit, wie sie in Elis veranstaltet wurden, worauf Pausanias in Platons Symposion kritisch anspielt,[137] sowie aus dem scherzhaften Wettbewerb des Sokrates mit Kritobul in Xenophons Symposion, wo Sokrates, bekannt für seine Häßlichkeit, den Nachweis seiner Schönheit liefert.[138] Wenn die Schönheit des jungen Körpers und der Reiz sei-

nes Wesens eine so große Rolle spielten in dieser »Liebeskunst«,[139] dann mußte zwangsläufig Beunruhigung entstehen angesichts der Tatsache, daß diese Schönheit mit der
Zeit flieht, daß der Reiz sich verliert und daß die Liebhaber
sich abwenden vom Objekt ihrer Begierde. Die Frage, die
sich demnach stellte, war die einer »möglichen, moralisch
notwendigen und gesellschaftlich nützlichen Umwandlung
des (dem Verschwinden geweihten) Liebesbandes in eine
Beziehung der Freundschaft, der *philia*«.[140] Zugleich jedoch gerät das Liebesverlangen, Eros selbst, ins Feld der
Problematisierung, denn anders als in der Institution der
Ehe hat nach klassisch griechischer Auffassung die erotische Beziehung im Verhältnis zum Knaben konstitutive
Funktion. Nicht die gemeinsame Führung eines Haushalts
oder die Erziehung des Nachwuchses war das Fundament
dieser Beziehung, sondern das freie erotische Verhältnis zueinander, ohne zwingende wechselseitige Abhängigkeit
und ohne jede institutionelle Gebundenheit. Die Regulie-
rung der Verhaltensweisen hing von der Beziehung selbst
ab. Die Liebeskunst, die sich unter diesen Voraussetzungen
formierte, hatte nicht die Intensivierung und Stilisierung
der Lüste im Blick, sondern ihre Begrenzung. Der leiden-
schaftlichen Gewalt des Verlangens begegnete die Forderung nach Mäßigung und Selbstbeherrschung, für den
Liebhaber, sie zu üben, für den Geliebten, sie zu erlangen.

Das Objekt der Lüste und die Frage der Ehre[141]

In der moralischen Problematisierung des Gebrauchs der
Lüste gilt es nicht als schön oder schändlich an sich, die
Dinge der Liebe zu praktizieren, vielmehr ist es der »Gebrauch«, der den moralischen Wert bestimmt, abhängig
von denen, die gebrauchen (*para tous chromenous*), von
der Art der Ausübung (*praxis, prattomenon*), vom Ge-

brauch auf schöne oder rechte Weise *(kalōs, orthōs)*.[142] Die ästhetische Kategorie des »Schönen« wie des »Häßlichen« hat im Griechischen immer auch ethische Dimension; die Ästhetik der Existenz, von der Foucault spricht, ist immer auch Ethik, »Ethos«, Frage der Haltung, des Verhaltens und des »Gebrauchs«.[143]

Es gilt nicht als anstößig an sich, Knaben zu lieben, Lust dabei zu empfinden und zu genießen. Die moralische Problematisierung konzentriert sich vielmehr auf das Objekt dieser Lust, den geliebten Knaben, und die Frage dreht sich darum, ob das Verhältnis für ihn ein ehrbares oder entehrendes ist, ehrbar oder entehrend in Hinblick auf die künftige Position im Dienste der Polis. Was da im einzelnen als »schön« oder »häßlich« galt, darüber notiert Foucault eine »Unbestimmtheit« in den Texten.[144] Allgemein war, was die Rolle des Knaben angeht, die Rede von »charizesthai«, »diaprattesthai«, »peithesthai«, »apolauesthai« – allesamt Passiva. Es war denn auch die Position der Passivität vor allem, die problematisiert wurde, da es für den Knaben darauf ankam zu lernen, sich nicht dominieren zu lassen, nicht Sklave zu sein, nicht passiv zu sein. Das phänomenale Detail wird keineswegs gescheut: In Platons Phaidros wird es als »widernatürlich« *(para physin)* vorgestellt, sich »auf tierische Art zu vermischen«, also nach Art der Tiere, d.h. auf vier Füßen *(tetrapos)* »paidosporein« zu betreiben.[145] Es ist die Position der Penetration, die zugleich mit der Domination in Frage steht.

Sich nicht passiv zu verhalten, jedenfalls nicht nachzugeben, ohne Widerstand geleistet zu haben, seinen Körper nicht jedem zu offerieren, dies ist assoziiert mit dem »Schönen«, mit dem Ehrbaren. Von Hand zu Hand zu gehen, sich anzubieten ohne Skrupel, allem zuzustimmen, dies war geeignet, die Ehrlosigkeit eines Knaben herbeizuführen. Der Knabe hatte Sorge für sich zu tragen *(epimeleia heautou)*, sich nicht herzugeben als bloßes Objekt der Lust eines anderen. Sich als bloßes Objekt behandeln zu lassen hieß, sich zu entehren, und konnte gleichbedeutend sein mit der Aufgabe der Bürgerrechte. Zu den Regeln des »legitimen Eros« gehörte, dem Werben des Erastes zu widerstreben, das sinnliche Vergnügen nicht zu suchen, keine Penetration zuzugestehen und in keiner Weise eine untergeordnete Rolle bei Kontakten einzunehmen.[146]

Keineswegs ist es dem Knaben untersagt, Geliebter zu sein – dies ist vielmehr konstitutiver Bestandteil seiner Erziehung –, aber er hat es unter ehrbaren Bedingungen zu sein. Die Problematisierung der Knabenliebe dreht sich um diesen einen Punkt; das ehrlose Verhalten, von dem sie sich abhebt, ist das der Prostitution. Der Nachweis der Prostitution vermochte den späteren Zugang zu sämtlichen Staatsämtern zu verschließen. Ihre Definition allerdings war eine Frage der Interpretation. Zu den Indizien gehörte, wahllos jedem sich hinzugeben, sich hinzugeben gegen Geld und willkürlich sich dominieren zu lassen.[147] Wer sich nicht selbst zu dominieren verstand und in den Spielen der Liebe die Rolle des Dominierten übernahm, dem wurde in den Dingen der Polis eine verantwortliche Rolle und die Ausübung von Herrschaft über andere nicht zugestanden.

Die Position, von der die Diskussion um die Knabenliebe ihren Ausgang nahm, war die Einseitigkeit des Verhältnisses zwischen Erastes und Eromenos. Die Liebe des Liebhabers durfte vom Geliebten nicht erwidert werden; es ging in diesem Verhältnis nicht um die Teilung einer gemeinsamen Empfindung. Der Knabe, heißt es in Xenophons Symposion, nehme »nicht wie ein Weib, wenn es mit dem Manne zusammen ist, an den Freuden der Liebe teil *(aphrodisiois euphrosynōn)*, sondern er betrachtet nüchtern *(nēphōn)* den vor Liebe Trunkenen *(methyonta hypo tēs aphroditēs)*«.[148] Und: Göttlicher sei der Liebhaber als der Geliebte, erklärt Phaidros in Platons Symposion, göttlicher nämlich, da er allein erfüllt sei von Gott Eros.[149] Da die erotischen

Verhältnisse einseitig auf eine passive Haltung des Knaben hin festgelegt waren, dieser aber aus politischen Gründen in die Wahrnehmung einer aktiven dominanten Rolle hineinzureifen hatte, kam es zur »Antinomie des Knaben« in der moralischen Problematisierung des Umgangs mit den Lüsten.[150]

Der Punkt der Problematisierung war nicht so sehr, ob die Knabenliebe als »natürlich« anzusehen war oder nicht. Als »natürlich«konnte sie grundsätzlich gelten, wie jede Bewegung, die auf »das Schöne« abzielte. Alles drehte sich vielmehr darum, ob es als natürlich anzusehen war, den Knaben im Spiel der Liebe zum bloßen Objekt der Lüste zu machen, statt ihn dazu zu erziehen, ihr Subjekt zu sein, wie es der männlichen Rolle entsprach. In diesem Sinne ist auch zu verstehen, wenn Platon in den Gesetzen die gleichgeschlechtliche Liebe als widernatürlich, als »nicht naturgemäß« *(mē physin)* verurteilt, denn, so erklärt Platon, die Vereinigung der Männer »mit Jünglingen gleichwie mit Frauen« zum Liebesgenuß fördere nicht die Eigenschaften der Besonnenheit und Vortrefflichkeit, sondern begünstige die Züge eines Bildes, das »nach dem weiblichen sich gestaltet«.[151] Als natürlich *(kata physin)* gilt im Sinne der Gesetze ausschließlich der Vollzug der Liebe zwischen Mann und Frau, und zwar zum Zweck der Fortpflanzung.[152]

Um die »Antinomie des Knaben« zu mildern, wurde die Praktik des Liebens modifiziert. Pausanias in Platons Symposion nennt Bedingungen, unter denen es »als schön gilt, als Geliebter einem Liebhaber gefällig zu sein *(charizesthai)*«. Dann nämlich, wenn beider Liebe auf dasselbe hin konvergiert und der Zweck nicht ein rein physischer ist, d.h. wenn auf der einen Seite der Liebhaber »es wahrhaft vermag, in Hinsicht auf Weisheit und andere Tugend förderlich zu sein«, und wenn auf der anderen Seite der Geliebte »in Hinsicht auf Bildung und andere Weisheit etwas zu erwerben begehrt, dann also, wenn diese Maximen zusammengehen in ein und dasselbe, da nur trifft es zusammen, daß es als schön gilt«.[153] Der Geliebte soll durchaus sich »gefällig erweisen«, jedoch auch Sorge dafür tragen, nicht zum bloßen Objekt der Lüste des andern zu werden.

Die Reflexion also suchte nach Möglichkeiten, die fragwürdige Beziehung, die den Knaben zum Objekt der Lüste machte, umzuwandeln in einen anderen Typ von Verhältnis, ein stabiles Verhältnis, bei dem die physische Beziehung nicht mehr im Mittelpunkt steht und die beiden Partner ihre Gefühle miteinander teilen können. Bereits in der Rede des Pausanias wird das Bemühen um die Konstituierung eines reziproken Verhältnisses deutlich, jedoch auf der Basis wechselseitigen Dienstes, eines »freiwilligen Sklavendienstes«.[154] In späterer Zeit ist es das reziproke Verhältnis, das als Argument gilt für die Beziehung zur Frau, für die Intensivierung der Lust durch die gemeinsame Teilhabe daran.[155] Auch Sokrates konzentriert seine Sorge auf das reziproke Verhältnis, das die Grundlage für ein Verhältnis der Freundschaft *(philia)* darstellt,[156] Philia im Sinne eines Teilens der Gedanken und der Existenz, eines wechselseitigen Wohlwollens. Aber er hat nicht nur das reziproke Verhältnis im Blick, er will nicht nur erreichen, daß aus dem Objekt der Lüste ein Subjekt wird, sondern ein Subjekt in jedem Fall, das Herr seiner selbst ist. »An diesem Punkt der Problematisierung (wie ist aus dem Lustobjekt das Subjekt zu machen, das Herr seiner Lüste ist?) wird die philosophische Erotik, jedenfalls die sokratisch-platonische Reflexion über die Liebe, ihren Ausgang nehmen.«[157] Man mag, mit guten Gründen, die Rede von Subjekt und Objekt hier für problematisch halten; sie wird sich jedoch als geeignet erweisen zu verdeutlichen, worum es geht, wenn das Wesen des Eros in Platons Symposion zur Sprache kommt.

Die Frage, ob der Geliebte sich »gefällig« erweisen soll und
wem, unter welchen Bedingungen und Garantien, unter
welchen Umständen: diese Thematik prägt auch die Lobreden auf Eros, seine Macht und Göttlichkeit in Platons Symposion. Die Reden von Phaidros, Pausanias, Eryximachos
und Agathon, sowie auch, in Platons Phaidros, die Rede
des Lysias und die erste sokratische Rede spiegeln die gesamte Problematisierung des Gebrauchs der Lüste wider.
Die Rede des Aristophanes macht da keine Ausnahme;
auch hier geht es um die Probleme der Erotik, aber sie werden beantwortet in einer so affirmativen Art und Weise,
daß dieser Diskurs im Ensemble der Erotikoi logoi sich
durch eine »etwas skandalöse Besonderheit« auszeich-
net.[159] Aristophanes nämlich stellt die Frage, was die Liebe
denn ihrem Prinzip nach sei, und erklärt sie als die Suche
nach der anderen Hälfte des eigenen Wesens. Denn Zeus
hat im Zorn die Menschen in je zwei Hälften geteilt und sie
so für ihren Übermut, den Himmel stürmen zu wollen,
bestraft. Seither ist jedem Menschen das Verlangen eingeschrieben, sich mit der je anderen Hälfte wieder zu vereini-
gen. In einer Anwandlung von Mitleid, und um die Vereinigung wenigstens temporär zu ermöglichen, schuf Zeus
schließlich die Geschlechtlichkeit. Seither empfinden Männer und Frauen nicht nur Verlangen nacheinander, sondern partizipieren, hetero- wie homosexuell, an der Lust
der körperlichen Vereinigung, und auch der Knabe, das
problematisierte Objekt der Lüste, begehrt mit Recht danach, da er lediglich seine andere männliche Hälfte wieder sucht. Das Problem einer möglichen Verweichlichung
bzw. eines Verlustes an Männlichkeit wird hier damit beantwortet, daß die, die auf diese Weise ihrem Eros nachgehen, die »vortrefflichsten« und »männlichsten« der
Knaben und Jünglinge seien »von Natur aus«, und »zur

Reife gekommen, landen bei den Staatsgeschäften allein die so beschaffenen Männer«.[160]

So weit hatten die Vorredner sich nicht vorgewagt. Phaidros, in der ersten Rede des Symposions, unterschied vielmehr die »häßlichen« von den »schönen«, gehörigen, züchtigen Dingen der Liebe, ordnete den einen die Schande und Ehrlosigkeit *(aischynē)* zu, den anderen die Ehrliebe, die »Philotimie«.[161] Pausanias wiederum, der, wie man in der Rezeption tadeln zu müssen glaubte, »allzu empirisch« den Eros betrachtet,[162] unterschied den »allgemeinen Eros«, der nichts im Sinn hat als den Vollzug des Aktes selbst, hetero- wie homosexuell, von jenem anderen Eros, der der »himmlische« ist, Eros uranos, der der männliche ist und stärker und geistvoller ist als Eros pandemos.[163] Leibliche Liebe hat sich zu bewähren in der seelischen Beziehung. Treibender Faktor ist die Sorge um den Verlust der Liebe, wenn der Geliebte älter wird. Der Verlust soll aufgefangen werden durch die Verlagerung des Schwerpunktes der Liebe vom Körperlichen auf das Seelische, von Eros pandemos auf Eros uranos. »Nichtswürdig aber ist jener allgemeine Liebhaber, der den Körper mehr als die Seele liebt; und auch nicht treu ist er nämlich, da er das Ausharren nicht liebt. Zugleich nämlich mit der Blüte des Leibes, welche allein er liebte, fliegt er fort, wenn sie verwelkt, viele Worte und Versprechen zuschanden machend. Der Liebhaber aber des Charakters, der rechtschaffen ist, bleibt ein Leben hindurch, da er sich ja verbunden hat mit dem Bleibenden.«[164]

Dies bildet den Hintergrund der platonischen bzw. sokratisch-platonischen »Doktrin«, die im Symposion wie auch im Phaidros schließlich entwickelt wird – eine Philosophie des Eros, die einige Distanz einnimmt zu den Fragen der Erotik über das rechte Verhalten des Knaben und seines Liebhabers und zu der Sorge um die Ehre im Spiel der Liebe, die aber aus diesem Problemkreis hervorgeht und entsprechend zu verstehen ist. Während die Philosophie des Eros zum einen also verwurzelt ist in den herkömmlichen Fragen einer »Ethik der Lüste«, ist sie davon doch auch völlig verschieden. Die sokratisch-platonische Reflexion über die Liebe eröffnet ein neues Feld von größter Tragweite und Bedeutung, denn sie transformiert die »Ethik der Lüste« in eine »Moral der Entsagung«.[165] Die Problematisierung der Knabenliebe und ihrer höfischen Formen wird umgearbeitet zur Thematisierung der Askese (der Übung wie der Enthaltung) und der Wahrheit. Die Reflexion über die »wechselseitigen Verbindungen zwischen dem Zugang zur Wahrheit und der sexuellen Zucht« scheint, wie Foucault sagt, »im Zusammenhang mit der Knabenliebe entwickelt worden zu sein«.[166] Diese bildet »den Hintergrund der platonischen Lehre, den Rohstoff, den Platon verarbeitet und transformiert, indem er die Problematik des ›Werbens‹ und der Ehre durch die der Wahrheit und der Askese ersetzt«.[167] Platon konfrontiert das Denken nicht mehr mit der Frage, wem nachgegeben werden soll und unter welchen Bedingungen die Hingabe eine ehrenwerte ist; zumindest finden diese Fragen sich untergeordnet gegenüber einer ganz anderen, grundsätzlichen Frage: der Frage, was die Liebe selbst denn ihrem Wesen nach sei, wie beschaffen die wahrhafte Liebe demnach sein muß.

Die sokratische Problematisierung des Eros selbst ist ein neuer Ansatz nicht nur in der Diskursfolge des platonischen Symposions, sondern in der diskursiven Formation, die den rechten Gebrauch der Lüste thematisiert, überhaupt. Xenophons Symposion findet sich demgegenüber noch völlig geprägt von der bekannten Thematik, der Unterscheidung einer Liebe, die nichts weiter sucht als die Lust, von jener, die sich interessiert für den Geliebten selbst, sowie dem Motiv der Notwendigkeit, die mit dem Welken des Leibes fliehende Liebe umzuformen zu einer dauerhaften reziproken Liebe. Sokrates unterscheidet hier, analog zu Pausanias, einen »allgemeinen« und einen »himmlischen« Eros, »Erōs sōmatos« und »Erōs psychēs«, er disqualifiziert aber den ersteren und spricht Wert nur dem letzteren zu.[168] In der Freundschaft *(philia)* schließlich sucht er das konstitutive Element und den Wert jeglichen Zusammenseins *(synousia)*.[169] Philia ist die seelische Liebe, die der sinnlichen weit vorzuziehen ist. Alle sinnlichen Berührungen sind zu fliehen, insbesondere jene Küsse, die die Seele zu fesseln in der Lage sind. Zwar bedeute »philein« nicht nur befreundet zu sein, sondern auch sich zu küssen, das Küssen aber »ist unersättlich und erregt gewisse süße Hoffnungen«. »Deshalb behaupte ich, wer sich beherrschen kann *(sōphronein dynēsomenō)*, der soll das Küssen der Schönen unterlassen.«[170]

Zu einem strikten Dualismus von Eros und Philia allerdings läßt es Sokrates nicht kommen. Er orientiert die Energien des Eros vielmehr um und richtet sie aus auf die gemeinsame Sache der Philia. In ihrem gemeinsamen Leben, der wechselseitigen Aufmerksamkeit und Empfindung, den Anstrengungen zur Besserung des Geliebten, der Herstellung einer beständigen Beziehung zueinander sind die Freunde »erōntes tēs philias« – Liebhaber der Freundschaft.[171] Die Freundschaft gestattet die Wahrung des Eros und seiner Kraft. Eros erhält seinen Platz im Rahmen der Philia – ein Werk, das Platon in »Lysis«, dem Dialog über die Freundschaft, unternimmt.[172]

Der Ausgangspunkt der »philosophischen Erotik«, die Sokrates in Platons Symposion entwickelt, ist ein ähnlicher – die Frage nämlich, welcher Platz den »Dingen der Liebe« in den Verhältnissen der Freundschaft einzuräumen sei. Doch die Konstruktion dieser Erotik erfolgt hier und im Phaidros auf eine ganz andere Art und Weise. Der bisherigen Reflexion wird vorgeworfen, das wesentliche Problem verfehlt zu haben. Das wesentliche Problem, so stellt sich heraus, ist die Frage nach der Wahrheit, nach der Offenbarung des Wesens der Liebe selbst. Auf die Macht der Lust antwortet das Verlangen nach Wahrheit. Die Worte der Diotima in Platons Symposion, wie auch die Fabel von den beiden Seelenrossen im Phaidros, erzählt von Sokrates selbst, erheben den Anspruch, die Wahrheit zu sagen über die Dinge der Liebe. Unter diesem Anspruch vermögen sie gegenüber der herkömmlichen Diskussion über die Liebe »eine Reihe wesentlicher Umformungen und Verschiebungen« zu vollziehen.[173]

In den vorgängigen Diskursen wurde die Liebe und die Dynamik der Lust, die den Liebenden mitreißt, zum ungefragten Fundament genommen; es handelte sich um Lobreden auf den so gefürchteten wie bewunderten Eros, und die Frage, um die es ging, war die Frage, auf welche Art und Weise ihm am besten nachzugehen sei ohne Schaden für Leib und Seele: ethische und diätetische Frage des rechten Verhaltens angesichts der Macht der Lust. Sokrates vollzieht demgegenüber in Platons Symposion eine Serie von »Übergängen«, eine Reihe thematischer Verlagerungen unter dem Diktum der Wahrheit. Er stellt die Frage nach dem Wesen der Liebe, nach ihrer Natur und ihrem Ursprung, danach, was ihre Macht ausmacht und was sie, in Foucaults Worten, »mit einer solchen Hartnäckigkeit und einem solchen Wahnsinn zu ihrem Gegenstand treibt« – eine letzten Endes »ontologische Fragestellung«.[174] Die Entwicklung des Begriffs »tokos en kalō« markiert den Weg dieser ontologischen Reflexion und charakterisiert ihre spezifische Teleologie.

Das Exempel des Begriffs
»tokos en kalō«
in Platons Symposion

Die sokratische Problematisierung
des Eros

Auf die Macht der Lust, die als gefährlich und als überwältigend erfahren worden war, hatte die moralische Problematisierung geantwortet und den Gebrauch der Lüste reflektiert in dreifacher Hinsicht: erstens in Hinsicht auf den eigenen Körper, verbunden mit dem Entwurf einer Enkrateia, einer Mäßigung und Selbstbeherrschung im Umgang mit den Lüsten, und einer ganzen Lebensführung *(diaita)* unter diesem Aspekt. Zweitens in Hinsicht auf die Beziehung zur Frau, verbunden mit dem Entwurf einer Oikonomia, einer Hinwendung und Konzentration der Energien auf die gemeinsame Führung des Haushalts, einer Kunst der Ökonomie im weitesten Sinne. Drittens in Hinsicht auf die Beziehung zum Knaben, verbunden mit der Frage, wie weit und unter welchen Umständen den Lüsten in dieser Beziehung nachgegangen werden darf und wie die Ehre des Knaben zu wahren sei. Dies ist die Konstellation und Konjunktion im Vorfeld der Geburt der Philosophie und in ihrem Umfeld. Diese von der archäologischen Beschreibung freigelegte diskursive Formation findet sich repräsentiert in den vorsokratischen Reden des Symposions; es ist die antike Landschaft, vor deren Hintergrund sich das Monument des platonischen Symposions abzeichnet. Mit der sokratischen Reflexion in Platons Symposion springt die Problematisierung des Gebrauchs der Lüste auf eine qualitativ neue und ganz anders geartete Ebene. In Frage steht nun das Wesen des Eros selbst – es handelt sich um die Frage nach seiner Wahrheit. Dies ist der Moment der Philosophie. Foucault bezeichnet die platonischen Neuerungen im Diskurs über den Gebrauch der Lüste als »Übergänge«, und zwar

1. Übergang von der Frage des Liebesverhaltens zur Frage nach dem Wesen der Liebe,
2. Übergang von der Frage nach der Ehre des Knaben zu derjenigen nach der Liebe zur Wahrheit,
3. Übergang von der Frage der Asymmetrie der Partner zu derjenigen nach der Konvergenz der Liebe,
4. Übergang von der Tugend des geliebten Knaben zur Liebe zum Meister und seiner Weisheit.[1]

Die vier Übergänge sind zusammenzufassen unter dem einen Aspekt eines Übergangs von den Fragen der Erotik zur Frage nach der Wahrheit und von der Liebeskunst zur Wahrheitsliebe. Die Beziehung zur Wahrheit ist das neuartige Element, das die platonische Erotik zur Geltung bringt. Die Grundzüge und einzelnen Schritte dieser Übergänge, bei Foucault vergleichsweise knapp skizziert, sollen im folgenden ausführlich zur Darstellung kommen. Was Foucault den »Zugang zur Wahrheit« nennt, ist aufzuzeigen am Leitfaden des Begriffs »tokos en kalō«. In der Nachzeichnung der »Mikrostruktur« der Übergänge werden die neuen Elemente in der Debatte über den rechten Gebrauch der Lüste deutlich werden.

Der Übergang zur Frage nach dem Wesen des Eros

Die wesentliche Frage der vorsokratischen Reden in Platons Symposion war zunächst die Frage einer Unterscheidung zwischen schönem und schändlichem, gutem und schlechtem Eros: eine verhaltene Problematisierung des rechten Verhaltens im Umgang mit der Lust. Ungefragt war die göttliche Stellung des Eros vorausgesetzt, die Diskurse verstanden sich als Lobreden auf den Gott der Liebe. Ebendiese Stellung und Fragestellung weist Sokrates zurück und stellt, wie Foucault sagt, »jenseits der Teilung von Gut und

Böse« die Frage nach dem Wesen des Eros selbst.[2] In Frage steht nicht mehr die Entwicklung einer erotischen Kunst, eines »savoir-faire«, sondern das Wissen um die Wahrheit des Eros. Die erste wesentliche Verlagerung in der diskursiven Formation, die den Gebrauch der Lüste betraf, ist der Übergang von der Frage nach dem rechten Verhalten im Spiel der Liebe zur Frage nach dem Wesen der Liebe, eine »Deplazierung des Diskursobjektes selbst« (Foucault).[3] Noch in den Nomoi wird dies von Platon als notwendig vorausgesetzt: das Wesen (die Physis) der Begierde und »der sogenannten Liebesneigungen« zu erkennen und darüber die Wahrheit zu sagen.[4]

Den vorsokratischen Rednern der Runde des Symposions galt Eros als der Gott, der »vernachlässigt« worden ist.[5] Auf die vorgebliche Vernachlässigung antworten die Redner mit der Verherrlichung des Gottes. Sie einigen sich darauf, Lobreden zu halten auf Eros, um den Gott zu rühmen *(engkōmiazein)*, den durchaus noch keiner der Menschen je sich erkühnt habe »angemessen« zu rühmen: Auftakt zu einer Serie von Reden aus je anderer Perspektive. Auch Sokrates willigt ein, behauptet sogar, von nichts anderem etwas zu verstehen als von den Dingen der Liebe *(ouden allo epistasthai ē ta erōtika)*[6] – er, von dem man weiß, daß sein Wissen im Nichtwissen immer bestand *(ouk oida oude oiomai eidenai)*.[7] Als die Reihe dann an ihm ist, nimmt er seine Behauptung wieder zurück: »Und ich bemerkte alsdann, wie töricht es doch von mir war, als ich mit euch übereinstimmte, der Reihe nach mit euch den Eros zu verherrlichen, und ich noch dazu erklärte, außerordentlich zu sein in Liebesdingen *(einai deinos ta erōtika)*, während ich doch gar nichts weiß von der Sache *(ouden eidōs ara tou pragmatos)*, inwieweit es nötig ist, irgend etwas zu verherrlichen.«[8] Sokrates also denkt gar nicht daran, Eros zu verherrlichen in herkömmlicher Weise; die darauf lautende, eingangs geschlossene Vereinbarung kündigt er mit dem Argument, nur die »Zunge« habe zugesagt, die »Einsicht« aber nicht.[9] Der Hebel, den er statt dessen nun ansetzt, ist der Wille zum Wissen über die Dinge der Liebe. In diesem Sinne geht er daran, die Aussagen des Vorredners Agathon zu demontieren – eine Auseinandersetzung des Philosophen mit dem Poeten, auf welche das Geplänkel zwischen Sokrates und Agathon zu Beginn des Symposions schon verwies.[10]

Sokrates stellt die Frage nach dem Wesen der Liebe, die Frage nach ihrer Wahrheit. Dazu aber ist es nötig, daß man sie »nach dem befragt, was sie selbst ist, und nicht nach dem Objekt. Man muß also vom Geliebten zu dem zurückkehren, was liebt *(to erōn),* und dieses an ihm selbst befragen« (Foucault).[11] Sokrates stellt in einer ersten Etappe fest, daß Eros immer in einer ›internen‹ Relation steht, nämlich zugehörig zu einem bestimmten Subjekt. Der Genetiv, gewöhnlich mit dem Begriff des Eros verbunden als Genetivus *obiectivus,* um das Objekt der Tätigkeit oder Empfindung zu bezeichnen (Liebe zu –, Verlangen nach –), wird hier offenkundig als Genetivus *subiectivus* verstanden,[12] zur Bezeichnung der Herkunft und Abkunft bzw. Zugehörigkeit der Tätigkeit oder Empfindung, »Genetiv« im ursprünglichen Sinne. Sokrates fragt, in wörtlicher Übersetzung: »Ist er, so beschaffen wie er ist, von jemandem, der Eros, Verlangen, oder von niemandem? *(poteron esti toioutos hoios einai tinos ho Erōs erōs, ē oudenos)*«.[13] Der Genetiv ist Eros vorangestellt. Das Mißverständnis, das nun bezüglich der Herkunft auftreten könnte, wird von Sokrates ausgeschaltet: »Ich frage aber nicht, ob er von einer Mutter oder einem Vater ist.« Vielmehr versteht er allgemein Eros als »Eros von jemandem, dessen Verlangen er ist *(ho Erōs ekeinou hou estin erōs)*«,[14] also zugehörig zu jemandem, »jemandes Eros«, im Sinne beispielsweise der Zugehörigkeit eines Bruders zum Bruder oder eines Vaters zum Sohn etc.:[15] Die Art der Zugehörigkeit ist als besonders intim, familiär und wechselseitig bestimmt gedacht. Eros also gehört wesentlich dem Menschen zu, er ist das »eigene Verlangen des Menschen« (Krüger)[16] – ein Aspekt, der allzuleicht für ganz selbstverständlich gehalten wird. Es muß wohl von der Subjektivierung der traditionell objektiven Macht des Eros gesprochen werden. Das primäre Wesensmerkmal des Eros ist nicht mehr, schicksalhafte objektive Macht zu sein, die den Menschen beliebig überkommt, sondern dem Subjekt zugehörig zu sein (jemandes Eros) und von diesem herzukommen (Eros von jemandem).

»Dies nun also, habe der Sokrates gesagt, behalte im Auge und sei darauf bedacht; weiter aber sage mir, ob der Eros von jemandem, dessen Verlangen er ist, begehrt *(epithymei)* nach etwas oder nicht.«[17] In einer zweiten Etappe bringt Sokrates nun zur Sprache, was doch für den Begriff des Eros im Griechischen zuallererst Bedeutung hatte: Eros als Verlangen nach –, sein Gerichtetsein auf ein Objekt, sein Begehren, eine ›externe‹ Relation. Eros also ist »erstlich doch jemandem zugehörig, sodann gerichtet auf die Dinge, nach welchen Bedürfnis besteht bei ihm«.[18] Hatte Sokrates die Fragestellung in der Reflexion über die Dinge der Liebe zunächst verschoben vom geliebten Objekt *(to erōmenon)* zum liebenden Subjekt *(to erōn)*, so stellt er nun die Frage nach dem Wesen des Eros neu: »Und wenn er das hat, was er begehrt und wonach er verlangt, begehrt er es dann noch und verlangt er dann noch danach – oder nur, wenn er es nicht hat?«[19] Agathon muß eingestehen, daß Eros das Verlangen ist, das zu haben, was man nicht hat. Das Wesen des Eros ist damit definiert als Begehren, als Wunsch, und ist nicht mehr identisch mit der Lust der Erfüllung. Die Fülle der Lust, die ungeteilte erotische Erfahrung, ist auseinandergelegt in eine Subjekt-Objekt-Relation.

In der Ästhetik des Begehrens, die Platon im Symposion gibt,[20] kommt Eros durchaus noch als die objektive Macht vor, die die Geschöpfe überkommt. Die davon Betroffenen werden näher charakterisiert als »lüstern gestimmt *(erōti-kos diatithemena)*«, »gewaltig ergriffen *(deinōs diatithe-tai)*«, ja sogar »krank *(nosounta)*«.[21] Gegen die Passivität dieses Ergriffenseins hebt sich jedoch das neue Verständnis des Eros als der subjektiven Macht des Begehrens ab. Eros, die Liebe, synonym gesetzt mit dem Begriff des Begehrens *(epithymia)*,[22] wird zugespitzt auf den Begriff des Gerich-tetseins von einem Subjekt auf ein Objekt und ist »eifriges Verlangen *(spoudē)*«.[23] Im Phaidros wird Eros auf dieser Basis die Dimension einer göttlichen Macht zurückerhal-ten, nachdem seine Reinigung vom allgemeinen Eros und seine Transformation erfolgt ist. Eros ist nun ein Wahnsinn *(mania)*, den die Götter »verleihen« zur größten Glück-seligkeit, und das Begehren wird hier ganz im Sinne von Be-geisterung *(enthousiasmos)* verstanden.[24]

Als Ergebnis der Frage nach dem Wesen des Eros ist fest-zuhalten: Eros ist nicht etwas, das dem geliebten Objekt zu-gehört und das Subjekt überkommt, Eros ist vielmehr dem Subjekt zugehörig, ja er *ist* das liebende Subjekt und ist sein Begehren nach dem schönen Objekt. »Du meintest näm-lich«, resümiert Diotima, »daß das Geliebte *(to erōmenon)* Eros sei, nicht das Liebende *(to erōn)*, deshalb glaube ich, erschien Dir der Eros als vollkommen schön. Denn es ist ja das Geliebte das wirklich Schöne *(to tō onti kalon)* und Reizende und Vollendete und Glückseligste. Das Liebende aber hat eine andere Beschaffenheit, wie ich dargelegt habe.«[25] Eros ist das Eigentümliche des Menschen, er ist jene Macht, »ohne die der Mensch selbst in seiner Mensch-lichkeit gar nicht zu verstehen ist« (Krüger).[26] Es ist diese Macht, der der Mensch unterliegt und die doch auch über den Menschen hinausweist, wesentlich verlangend, begeh-rend. Die Geschichte des »Begehrensmenschen«, die Ge-schichte, die den Menschen im Begehren die Wahrheit sei-nes Seins entdecken läßt,[27] beginnt wohl hier. Im Bezug zum eigenen in seinem Wesen befragten Begehren sieht man, sagt Foucault, »einen der Punkte hervortreten, an dem sich die Frage nach dem Menschen des Begehrens ausbilden wird«. Das heiße nicht, daß die platonische Erotik auf einmal und für immer die Ethik der Lüste und ihres Gebrauchs verabschiedet hätte. »Aber die von Platon ausgehende Denktradition wird eine wichtige Rolle spielen, wenn die Problematisierung des Sexualverhaltens viel später ausgehend von der begehrlichen Seele und der Entzifferung ihrer Geheimnisse neu aufgerollt werden wird.«[28]

Lag in der traditionellen Debatte der Ausgangspunkt beim Objekt der Liebe und hatte sich nun der Blick vom Geliebten weg auf das Liebende selbst gerichtet, so heißt das nicht, daß sich die Frage nach dem Objekt nicht mehr stellte – »im Gegenteil, die ganze Erörterung, die auf diese wesentliche Formulierung folgt, soll bestimmen, was in der Liebe geliebt wird« (Foucault).[29] Aber die Frage des Objekts stellt sich, nachdem der Schwerpunkt verlagert worden ist vom Objekt der Lüste auf das Subjekt erotischen Begehrens, nun »in anderer Weise«.

Der Übergang zur Frage nach dem wahren Objekt des Eros

Die Frage nach der Wahrheit ist das Instrument, das Sokrates ansetzt, um die vorgängigen Diskurse und deren zentralen Punkt, die unbestritten göttliche Position des Eros zu zerlegen. Dem korreliert die Infragestellung des Scheins, der Repräsentation. Spöttisch stellt Sokrates fest, man habe sich, »wie es scheint«, darauf geeinigt, Eros nur zum Schein zu loben und zu preisen (engkōmiazein doxei); ganz übermütig habe er dagegen gemeint, es komme darauf an, »die Wahrheit zu sagen (talēthē legein)« von einer Sache, die zu verherrlichen sei, und daß dies allein bedeuten könne, sie wirklich zu verherrlichen.[30] Analog wird auch im Phaidros die Forderung erhoben, »das Wahre zu sagen«: das zu sagen, was etwas in Wahrheit *ist,* und die Wahrheit wird dem Schein bzw. der Meinung *(doxa)* entgegengesetzt[31] – eine, wie Henri Joly sagt, »Mutation« in der Geschichte der Wahrheit: Übergang vom Wort der Wahrheit zum wahren Diskurs[32] – das, was Foucault unter der »großen Platonischen Grenzziehung« versteht.[33] Die Art der anderen Reden, der »Schein«, bestand darin, von der Form her glänzend aufgetreten zu sein, voller »Schönheit der Begriffe und Sentenzen«, über die wahre Beschaffenheit der Sache aber getäuscht zu haben. Um aber gut und schön zu reden, muß der Redner die »wahre Beschaffenheit dessen erkennen, worüber er reden will«.[34] Sokrates bestreitet nicht den Wert der schönen Rede, stellt der so verstandenen Schönheit jedoch den Wert der Wahrheit voran: Die Wahrheit zu kennen, dies habe das erste zu sein; das unter diesem Kriterium Ausgewählte sei dann »so schicklich wie möglich zusammenzustellen«.[35] Die Auswahl und Anordnung der Aussagen über eine Sache hat sich dem Anspruch der Aussage ihrer Wahrheit unterzuordnen.

Der Hebel der Wahrheit führt zum einen zur Abwertung der diskursiven Schönheit, zum anderen aber zur Aufwertung der objektiven Schönheit. Die wahre Aussage (wahr durch Übereinstimmung der Gesprächspartner), daß Eros einem Subjekt zugehört und nicht im Besitz der »schönen Dinge« ist, nach denen er begehrt, bereitete bereits den nächsten Schritt vor, dem subjektiven Eros eine objektive Schönheit gegenüberzustellen: »Bedürftig danach also ist er und nicht hat er, der Eros, die Schönheit.«[36] Die objektive Schönheit – Schönheit, die der Liebe nicht zugehört, sondern worauf sie sich objektiv richtet – ist das wahre Objekt des Eros. Sie wird zunächst nicht näher charakterisiert, ist aber losgelöst zum einen aus der diskursiven Form, zum anderen aus dem erotischen Wesen, und existiert objektiv, als Objekt. Mit diesem Kunstgriff triumphiert Sokrates über Agathon: »Weiterhin also erklärst Du, Eros sei schön, wenn dies sich so verhält?« – »Mir schwant, oh Sokrates, daß ich nichts weiß von dem, was ich vorhin sagte.« – »Und wahrlich schön hast Du doch geredet«, setzt Sokrates nach.[37]

Der Raum ist damit frei geworden, in dem sich das entfalten kann, was man nach Diotima von Mantineia, die nun auftritt und den sokratischen Diskurs übernimmt, die »mantineische Lehre« nennen könnte: der Raum des Wissens über die Dinge der Liebe und der Zugang zur Wahrheit. Indem das Begehren als das erkannt ist, was es seinem Wesen nach ist, kommt es darauf an, es »zu seinem wahrhaften Objekt (das die Wahrheit ist) zu führen«.[38] Dies nennt Foucault den zweiten Übergang innerhalb der erotischen Reflexion: den Übergang von der Frage nach der Ehre des Knaben zu derjenigen nach der Liebe zur Wahrheit.[39] Aus der Sorge um das Objekt der Lüste wird die Sorge um die Beziehung zur Wahrheit. Die beunruhigenden Energien des Eros erleben ihre Transformation in die Liebe zur Wahrheit. Platon »fühlt, daß seiner Paideia damit alle jene natürlichen und triebhaften Energien zufließen müssen, die sie sonst vergeblich zu bekämpfen suchen würde« (W. Jaeger).[40] Der Bezug zur Wahrheit existiert für das Individuum in doppelter Hinsicht: Bezug zur Wahrheit des eigenen Begehrens und Bezug zum Objekt des Begehrens, in dem Wahrheit und Schönheit miteinander verknüpft sind. In der Beziehung zur Wahrheit findet das Begehren den Weg zur wahren Schönheit.

Wohl um die Demütigung seines Gegenübers zu mildern, aufkommende Erregung ins Leere zu lenken und seinen Diskurs darüber hinaus ins Unangreifbare zu rücken, führt Sokrates die Gestalt der Diotima ein, welche, wie er vorgibt, ihn unterrichtet habe über die Dinge der Liebe und die Wahrheit des Eros. Die mythische Gestalt der Diotima, die zu allen Zeiten Faszination ausgestrahlt hat, könnte ihre historische Entsprechung in der Gestalt der Hetäre Aspasia gehabt haben, die Sokrates im platonischen Dialog Menexenos als seine unduldsame Lehrerin im Reden vorstellt, von der er vieles gelernt hat und die er sehr bewundert.[41] Das Verfahren, eine erfahrene Frau an seiner Statt reden zu lassen, exerziert Sokrates mit Aspasia auch in dem nach ihr benannten Dialog des Sokratikers Aischines. Aspasia, im klassischen Athen berühmt für ihre Weisheit, Redekunst und Kenntnis des Eros, leistet in diesem Dialog eine »Darstellung und Rechtfertigung des sokratischen Eros« (Barbara Ehlers).[42] Als diese Gestalt steht sie im Mittelpunkt der 393-385 zu datierenden Schrift,[43] und es zeigt sich, daß sie sich »der Wirkkraft des Eros klar bewußt ist, daß sie durch Erfahrung und Reflexion zur Sophia über den Eros gelangt ist und diese andere lehren kann«, und zwar im Sinne einer Vermittlung der Arete,[44] der Tugend der Vortrefflichkeit. Sie zeigt sich in der Lage, Begehren auf sich zu ziehen, ihr eigenes aber zu wenden auf die Dinge der Politik. Eros erscheint bei ihr als »Weg zu einem von Arete und Episteme bestimmten politischen Handeln«.[45] Wenn in antiken Fragmenten von Sokrates' Kenntnis der Dinge der Liebe die Rede ist, dann in Zusammenhang damit, daß er Aspasias Schüler war, zu der er sich begeben hatte, um Rat zu suchen angesichts der Anfechtungen der Aphrodite, denen er sich ausgesetzt sah.[46] Daß bei Platon aus der historischen Aspasia eine mythische Diotima wurde, könnte daraus zu erklären sein, daß die einflußreiche Hetäre in der damaligen Zeit bereits zu einem »Schmähtopos«[47] geworden war.

Diotima vertritt im sokratischen Diskurs die Position der Wahrheit. Daher ist es ihr auch erlaubt, »ganz wie die vollendeten Sophisten«[48] mit den Elementen des Lehrvortrages aufzutreten, die Sokrates doch eben noch verworfen hatte. Mit ihrer Hilfe gelingt es nun, Eros endgültig aus seiner göttlichen Position zu verdrängen – ein »unheimlicher Vorgang« (Buchner), nichts anderes nämlich als die »aus der philosophischen Fragestellung Platons ernötigte Absetzung einer bestimmten Grundmacht, des Eros, als Gott«.[49] Eros ist nicht mehr objektive Gottheit, »Führer und Feldherr«, als welchen Aristophanes ihn vorstellte, eine Macht, der zuwiderzuhandeln nicht ratsam sei.[50] Der ungefragte Dreh- und Angelpunkt der vorsokratischen Diskurse, die Gottheit des Eros, ist damit aus den Angeln gehoben – sie haben Eros in einer »falschen Dimension gesucht« (Hoffmann).[51] Es handelt sich um die folgenreiche Scheidung von Eros und Theos.

Sokrates begibt sich, zur Linderung der Ungeheuerlichkeit, in die Rolle des Geschulmeisterten. »Auf welche Weise also kann der ein Gott sein«, wird er von Diotima gefragt, »der an den schönen Dingen und Gütern keinen Anteil hat?« – »Auf keine Weise, wie es scheint.« – »Siehst Du nun, daß auch Du den Eros nicht für einen Gott hältst?« – Diotima, die an Sokrates' Stelle im Besitz des Wissens über die Dinge der Liebe ist, spricht der Liebe mit dem Prädikat der Schönheit auch das der Gottheit ab.[52] Eros ist vielmehr ein »Dämon«, ein Engel in gewisser Weise, ein Mittler zwischen Gott und Mensch, einem Menschen jeweils zugehörig (»dämonischer Mensch«).[53] Gewiß hat Eros als Mittler zwischen Gott und Mensch religiösen Charakter. »Mittler« aber – ein ›Interpret‹ im wirklichen Sinne – muß er sein aufgrund der Abwesenheit der Gottheit, der Aufhebung der Unmittelbarkeit der religiösen Erfahrung.

Eros, eine Regung in der Brust des Subjekts, ist nicht eine objektive göttliche Einwirkung, sondern ist gerichtet auf ein Objekt, das »das Schöne« ist. Eros ist definiert als »Liebe zum Schönen *(erōs peri to kalon)*«.[54] Nicht das Begehren, nicht Eros, sondern das von Eros Begehrte, das nicht näher definierte wahre Objekt ist schön; es ist personifiziert in Aphrodite. Eros ist der »Begleiter und Gefährte« der Aphrodite, und er ist wohl auch ihr Liebhaber *(erastēs ōn)*, da er der Liebhaber des Schönen ist und die Aphrodite schön ist.[55] Jedenfalls ist er nicht mehr ihr Sohn, als welchen ihn noch die Götterversammlung auf dem Ostfries des Parthenon zeigte. Eros ist der Erastes, Aphrodite die Geliebte.

Der Mythos des Eros, den Diotima nun geben kann, da sie im Besitz des Wissens über ihn ist – das Muster einer Mythologie der Vernunft –, stellt Penia und Poros als Mutter und Vater des Eros vor.[56] Demnach hat das Begehren nach dem Schönen zwei konträre, aber komplementäre Ursachen: Penia als die Armut und Bedürftigkeit auf der weiblichen Seite, Poros als der Überfluß und der »Wegfinder« (Schmidt-Berger) auf der männlichen Seite. Daraus geht die äußerst lebendige, anthropomorphe Charakterisierung seines Wesens hervor: »Vor allem freilich bedürftig ist er stets, und bei weitem nicht zart und schön, wie die Vielen glauben, sondern spröde und struppig und unbeschuht und heimatlos, im Staube liegend immerzu und unbedeckt, vor Türen und auf Straßen unter freiem Himmel schlafend,[57] die Natur der Mutter habend, unentwegt dem Mangel zugesellt. Gleich dem Vater aber wiederum stellt er den Schönen und den Guten nach, mannhaft und kühn und konzentriert, ein gewaltiger Jäger, stets irgendwelche Ränke schmiedend, nach Einsicht begierig als auch ihrer fähig, philosophierend sein ganzes Leben hindurch, ein gewaltiger Schwindler und Zauberer und Sophist; und weder wie ein Unsterblicher ist er beschaffen noch wie ein Sterblicher, sondern bald an ein und demselben Tag blüht und gedeiht er, wenn es ihm gutgeht, bald stirbt er hin, wieder aber lebt er auf durch seines Vaters Natur; das aber, was er sich verdient, zerrinnt immerzu ihm unter den Händen, so daß weder arm der Eros jemals noch reich ist, zwischen Klugheit und auch Torheit in der Mitte ist.«[58]

»Wenn aber einer uns fragte: Was liebt er an den schönen Dingen, der Eros, oh Sokrates und Diotima? Oder sogar noch deutlicher: Der Liebende, der das Schöne begehrt, was begehrt der?« – Sokrates weiß nur zu antworten, daß er eben begehre, das Schöne zu bekommen, und Diotima setzt nach: »Was gewinnt denn Realität für den, der das Schöne bekommt?« – »Nicht so recht«, bekennt Sokrates, »habe ich auf diese Frage eine Antwort zur Hand.«[59] Diotima, stellt sich heraus, hat nicht eine nähere Charakterisierung des geliebten schönen Objekts im Sinn, sondern es geht ihr um die teleologische Bestimmung des Eros in Hinsicht auf das Subjekt selbst. Das Begehren richtet sich auf das Begehrte um eines subjektiven Zustandes willen; es hat zum Ziel eine subjektive Befindlichkeit, nämlich »glücklich sein«, *eudaimōn einai*, wörtlich: einen guten Dämon haben, in der Gunst des Daimons sein, »und keineswegs ist es nötig, noch weiter zu fragen, wozu denn der glücklich sein will, der es will, sondern ausreichend scheint die Antwort zu sein«.[60]

Subjektives Telos des Eros und schönes Objekt sind auseinanderzuhalten. Eros ist zwar auf das Objekt gerichtet, gehört jedoch wesentlich dem Subjekt zu und soll im Subjekt selbst etwas bewirken. Das Erlangen des verlangten schönen Objekts wird in Werten gemessen, die die Befindlichkeit des Subjekts bezeichnen. Zur Eudaimonia gehört der Besitz des Guten, das das Objekt ist: »Durch Besitz *(ktēsei)* nämlich, sprach sie, der Güter *(tōn agathōn)* sind die Glücklichen glücklich«, und das Wollen und Begehren der Menschen kann dahingehend definiert werden, daß »alle immer die Güter *(tagatha)* haben wollen für sich«.[61] Das Verlangen nach den Gütern und dem Glücklichsein ist der »überaus große und erfindungsreiche Eros eines jeden«.[62]

Aber Diotima sagte bereits, daß die Antwort nur ausreichend zu sein »scheint«. Die Benennung des erstrebten Zustandes allein genügt ihr nicht, es bedarf vielmehr einer konkreten Handlung des Subjekts, um ihn ins Werk zu setzen. Nach dem Wesen des Eros ist nun, gemäß der Disposition, die vom Vorredner übernommen worden ist, sein Werk zu bestimmen. Eros selbst ist nicht dieses Werk – er ist das Verlangen, das dazu antreibt, das Begehren, der Wunsch, nicht aber dessen Erfüllung. Ein neuer Begriff muß die Erfüllung bezeichnen. Diotima selbst beantwortet die Frage nach Werk *(ergon)* und Handlung *(praxis)* des Eros, die man, wie Schleiermacher an dieser Stelle verdeutlichend übersetzt, »eigentlich« Liebe zu nennen pflegt *(erōs an kaloito)*: »Es ist dies nämlich *tokos en kalō*.«[63] Es ist der Begriff Tokos, der das Pendant bildet zum Begriff Eros, und er bezeichnet den Akt, in den das Liebesverlangen mündet.

»Tokos en kalō« wird meist übersetzt als »Zeugung im Schönen«, und die Übersetzung des Begriffs Tokos mit »Zeugung« ist üblich. Schleiermacher aber setzt dafür »Geburt«, was ja nicht dasselbe ist. Französische Übersetzungen haben »engendrement« oder das Verb »engendrer« bzw. »enfanter«:[64] zeugen, erzeugen, gebären, hervorbringen, zur Welt bringen – was den Vorteil hat, ebenso wie Tokos sowohl Zeugung als auch Geburt zum Ausdruck zu bringen. Es scheint sich bei »tokos en kalō« sowohl um eine Zeugung als auch um eine Geburt zu handeln oder, allgemeiner formuliert, um eine »Fortpflanzung in Schönem« (Boll/Buchwald) oder einen Schöpfungsakt im Schönen. Der Ort des Aktes, das »en hō«,[65] ist jenes Objekt, worauf das Verlangen in seinem Verlangen nach Eudaimonia sich richtet: das »Schöne«. Es ist das Objekt des Verlangens, der Ort der Erfüllung des Verlangens, und ist verbunden mit dem Erlangen der Eudaimonia. Das Schöne ist das Attribut der Aphrodite, gemäß der Aussage der Diotima, daß »die Aphrodite schön ist«.[66] Die Begriffsmomente aber, die mit dem von Aphrodite herrührenden Begriff der Aphrodisia ursprünglich verbunden waren, sind hier zu selbständigen Begriffen geworden: Verlangen (Eros), Erfüllung des Verlangens (Tokos) und die damit verbundenen »Freuden« (Eudaimonia). Der Begriff der Aphrodisia selbst, den Aristophanes in seiner Rede noch gebraucht hatte,[67] ist ersetzt durch die »Erotika«. Aphrodite als das Sinnbild der Lust, die sich im Akt erfüllt, ist unterschieden von Eros, der das Verlangen danach ist. Die »Scheidung zwischen Aphrodite und Eros« (A. Lesky)[68] ist damit vollzogen. Es handelt sich wohl um das erste Auftreten jener Dissoziation der Dynamik von Verlangen, Akt und Lust, von der Foucault spricht. »Die – zumindest partielle – Auflösung dieses Zusammenhanges wird dann einer der grundlegenden Züge der Ethik des Fleisches und der Konzeption der Sexualität sein.«[69]

Das Wissen um die Wahrheit der Aphrodisia, d.h. die Aufgliederung in ihre einzelnen Bestandteile, kann verstanden werden als ein neuer Ansatz im Kampf um die Macht angesichts der Macht der Lust. Es bildet eine neue Antwort auf die Beunruhigung über die Dynamik der Aphrodisia, an der sich die Diskussion über den rechten Gebrauch der Lüste entzündet hatte. Auf der Grundlage einer Ästhetik des Begehrens und einer Analyse der Dinge der Liebe im Licht der Wahrheit kommt es zur neuen Ausrichtung des begehrenden Subjekts auf das Objekt der wahren Schönheit. Die Entfaltung des Begriffs »tokos en kalō« dient letzten Endes dazu, die Existenz neu auszurichten auf die begehrte Schönheit hin.

Die Entfaltung des Begriffs
»tokos en kalō«

Unter der Maßgabe einer Orientierung am »Schönen« wird die mantineische Lehre des Zugangs zur Wahrheit weiter ausgeformt. »Tokos en kalō« ist das Werk des Eros, jene »Praxis«, in der er erlangt, wonach ihn verlangt: Eudaimonia. Die Wesensbestimmung des platonischen Eros gelangt »erst durch die Erörterung des ihm *notwendig* zugehörigen Werkes in ihr Ziel« (Buchner).[70] An der Entwicklung des Begriffs läßt sich ablesen, welche Umformung Platon in der Fragestellung der Erotik vornimmt und in welcher Weise bei ihm die Züge einer »Ästhetik der Existenz« zur Ausformung kommen. Zunächst ist jedoch die Herkunft des Begriffs Tokos selbst zu betrachten, der doch zwei ganz unterschiedliche Elemente in sich zu enthalten scheint: sowohl Zeugung als auch Geburt. Sodann ist dem Text nach zu beschreiben, was diese Praxis »tokos en kalō« ist und in welcher Weise der Gebrauch und Nutzen des Eros von dort aus bestimmt wird.

Der Begriff Tokos

Der Begriff, den Diotima in den Diskurs über die Liebe einführt, »tokos en kalō«, stößt zunächst auf Unverständnis des Sokrates selbst: »Höherer Einsicht bedarf das, was Du da sagst, und so begreife ich es nicht.« Diotima formuliert nun deutlicher: »Frucht tragen nämlich, oh Sokrates, alle Menschen, sowohl was den Leib als auch was die Seele angeht, und kaum in ein bestimmtes Alter gekommen, drängt, damit niederzukommen, uns die Natur.«[71] – Was hier mit »niederkommen« zu übersetzen versucht wird, ist das dem Begriff Tokos entsprechende Verb »tiktein«, das Schleiermacher nun mit »erzeugen« wiedergibt, abweichend vom Begriff der »Geburt«, den er für das Substantiv Tokos gebrauchte. Anderweitig wird angemerkt, es lasse sich im Text nicht genau unterscheiden zwischen Zeugung, Fortpflanzung, Schwangerschaft, Geburt.[72] Es ist die Rede von der »doppelten Bedeutung« des Begriffes,[73] eine nähere Klärung wird selten versucht. Auffällig ist aber der »seltsame Sprachgebrauch Platos, der die Ausdrücke des Erzeugens und Gebärens auf allen Stufen promiscue enthält«.[74]

Die Begriffsverwirrung zwischen dem Begriff des Zeugens und dem des Gebärens erweist sich bei näherem Hinsehen nicht als zufällig, sondern als zwangsläufig. Tokos und *tiktein* sind ihrer Herkunft nach anzusiedeln in der Sphäre des Geburtsaktes. In Homers Ilias ist die Rede von Tokos, um die Niederkunft, die Geburt sowohl bei Menschen als auch bei Tieren zu bezeichnen.[75] Ferner meint Tokos hier den Nachkömmling, der aus der Geburt hervorgeht, sowie die Nachkommenschaft, das »Geschlecht« im allgemeinen.[76] Hippokrates versteht unter Tokos auch den Fötus, mit dem die Frau schwanger geht, das »in der Geburt begriffene Kind«;[77] das Verb *tiktein* meint ganz in diesem Sinne »gebären«. Auch bei Aristoteles findet sich noch der Begriff Tokos in seiner offensichtlich ursprünglichen Bedeutung: Niederkunft, Geburt, und er ist unterschieden von Paarung *(ocheia)* und Zeugung;[78] der Begriff bezeichnet außerdem die Zeit des Austragens der Frucht.[79]

Platon bildet hier keine Ausnahme. Wenn von Tokos und *tiktein* die Rede ist, dann im Sinne von Gebären und Geburt.[80] Es findet sich daneben ein metaphorischer Gebrauch des Begriffs, insbesondere die Übertragung der Bedeutung vom Physischen ins Monetäre: Tokos als Zins, tatsächlich oder erneut metaphorisch.[81] Die Übertragung der physischen Bedeutung des Begriffs auf den monetären

Bereich erscheint nicht so sehr als Kuriosität, wenn man bedenkt, daß der platonische Eros auch im »Bereich gewerblicher Tätigkeit« Gültigkeit haben soll als das »Streben nach den Gütern und dem Glücklichsein, dieser überaus große und erfindungsreiche Eros eines jeden«.[82] Tokos im eigentlichen Sinne aber ist unzweideutig unterschieden von Zeugung, und es ist klar, »daß der Mann erzeugt *(ocheuein)* und das Weib gebärt *(tiktein)*«.[83]

Tokos also gehört auch bei Platon der weiblichen Sexualität zu und bezeichnet den Geburtsakt. Bei tiktein handelt es sich dementsprechend nicht um »zeugen«, sondern um »gebären«. Die geschlechtliche Zuweisung ist deutlich; dies zeigt sich im Diskurs Diotimas auch darin, daß dem Verb *tiktein* das Verb »kyein« vorausgeht: das »Fruchttragen« und Schwangersein als Bedingung der Möglichkeit des Gebärens. Schwangersein ist, wenig überraschend, geradezu ein Synonym für »schwangere Frau *(kyousa)*«.[84] Diotima aber spricht gar nicht von der Schwangerschaft der Frau, sondern meint ganz allgemein, daß »alle Menschen« Frucht tragen und, in ein bestimmtes Alter gekommen, damit »niederkommen« bzw. gebären.[85] Im folgenden Diskurs des Alkibiades wird Sokrates selbst als ein Fruchttragender erscheinen, wenn Alkibiades zu dem Lob anhebt, es gebe als Förderer für ihn »keinen fruchtvolleren« als Sokrates.[86]

Die sokratische Methode aber läuft weniger darauf hinaus, selbst schwanger zu sein, als vielmehr, anderen Geburtshilfe zu leisten. In Theätet benutzt Sokrates das Begriffsinstrumentarium von *kyein* [87] und *tiktein* [88], um seine Technik der Maieutik zu beschreiben, denn »Geburtshilfe zu leisten *(maieuesthai)* nötigt mich der Gott, erzeugen *(gennān)* aber hat er mir verwehrt«.[89] Nach dem Vorbild seiner Mutter leistet Sokrates den Schwangeren *(engkymones)* Hilfe als Hebamme beim Geburtsvorgang, der Geburtsvorgang aber gilt nicht dem Hervorbringen *(tiktein)* von leiblichen Kindern, sondern dem Hervorbringen von Erkenntnis, der Niederkunft in Wahrheit. Die Maieutik unterscheidet sich von gewöhnlicher Hebammenkunst dadurch, »daß sie Männern die Geburtshilfe leistet und nicht Frauen«, daß sie ferner »für ihre gebärenden Seelen Sorge trägt *(tas psychas autōn tiktousas episkopein)* und nicht für Leiber«.[90]

Die Umkehrung, die im Begriff Tokos bzw. *tiktein* vollzogen wird, ist damit schon angedeutet: So wie sokratische Maieutik sich auf Männer bezieht, nicht auf Frauen, wird auch der Begriff Tokos bezogen auf männliche Physis. Zwar ist in Theätet die Rede nur von männlicher Psyche – daß die Maieutik für die »gebärenden Seelen Sorge trägt und nicht für Leiber« –, im Diskurs der Diotima aber ist der Leib explizit mit eingeschlossen: »Frucht tragen nämlich, sprach sie, oh Sokrates, alle Menschen, sowohl was den Leib als auch was die Seele angeht *(kata to sōma kai kata tēn psychēn)*.«[91] Männern wie Frauen kommt es zu, Frucht zu tragen, d.h. schwanger zu gehen, und schließlich »niederzukommen«, zu gebären gemäß dem Drängen der Natur.

Im Fortgang zeigt sich allerdings, daß an eine umfassende männlich-weibliche Begriffsbestimmung gar nicht gedacht ist. Vielmehr ist eine Umwertung des weiblichen Vorgangs des Gebärens auf die männliche Seite des Zeugens beabsichtigt. Es handelt sich um eine Umkehrung der Geschlechtlichkeit, die beinahe an die merkwürdige Geschlechtsumwandlung der skythischen Männer denken läßt, von der in einer hippokratischen Schrift berichtet wird. In der Absehung vom Leib, auf die die mantineische Moral schließlich hinzielt, in der Ausrichtung des Eros auf die wahre Schönheit könnte auch von einer Aufhebung der Sexualität die Rede sein, die verbunden ist mit dem Zugang zur Wahrheit. Die spezifisch platonische Teleologie stellt jedenfalls die physiologische Sexusbestimmung, wie sie bei den vorsokratischen Naturphilosophen und bei Hippokrates unternommen worden war, auf den Kopf.[92] Ihr Ziel ist die Distanz zu der eigenmächtigen und unvernünftigen Begierde des Geschlechts, des Sexus. Auch der Begriff Tokos ist in diesem Sinne zu verstehen, und es wird sich zeigen, daß er mit Bedacht gewählt worden ist. Zunächst jedoch wird er in physischem Sinne gebraucht, um eine »Geburt« im besonderen Sinne zu bezeichnen: die Emission des männlichen Samens, jener »Exzeß« vielleicht in einem ähnlichen Sinne, wie Demokrit dies beschrieben hat, als er sagte, »da stürzt ein Mensch aus dem Menschen heraus *(exessytai gar anthrōpos ex anthrōpou)*«.[93] Um die Herkunft des Begriffes Tokos nicht zu verwischen, die Assoziation an »Geburt« wachzuhalten, den Begriff jedoch auch im weiteren Sinne wiedergeben zu können, wurde für Tokos die Übersetzung »Niederkunft« gewählt.

»Tokos en kalō«

In welchem Sinne Tokos von Sokrates-Diotima eingesetzt wird, wird unzweideutig deutlich, wenn die Erklärung gegeben wird: »Das Zusammensein von Mann und Weib nämlich ist Tokos *(hē gar andros kai gynaikos synousia tokos estin)*«.[94] Nicht der Geburtsakt kann hier gemeint sein, sondern ausschließlich der Akt der Zeugung. Eine Parallelstelle in der Rede des Aristophanes hat tatsächlich den Begriff der Zeugung und meint explizit die »Zeugung ineinander *(tēn genesin en allēlois)*, vermittelst des Männlichen in dem Weiblichen *(dia tou arrenos en tō thēlei)*«.[95] Im Unterschied hierzu versteht Diotima den geschlechtlichen Akt als einen Akt des Gebärens, nämlich von Seiten des Mannes, der zuvor schwanger ging mit seiner leiblichen Frucht und nun damit »niederkommt«, und zwar »im Schönen«, denn dies ist das Werk und die Praxis des Eros: *tokos en kalō*. Das Schöne ist der Ort der Niederkunft, die Präposition »en« ist wesentlich: Eros, der Verlangen nach dem Schönen ist, das Schöne also zu seinem Objekt hat, findet Erfüllung des Verlangens durch Niederkunft *im* Schönen. Das Schöne ist das Objekt, in dem die Niederkunft, die die Zeugung bedeutet, stattfindet. Daß es »biologisch dem weiblich-mütterlichen Prinzip entspricht«, scheint auf der Hand zu liegen.[96] Das Schöne, könnte man sagen, ist der Schoß, in dem das fruchttragende Glied niederkommt (seine Frucht entlädt), um zu zeugen. Platon selbst legt Diotima die präzise Beschreibung des Vorgangs in den Mund: »Deshalb, sowie dem Schönen sich nähert das fruchttragende (Glied),[97] wird es heiter und wird von Freude durchströmt, und es kommt nieder und zeugt *(tiktei te kai gennā)*«.[98] Der Begriff des Zeugens folgt hier unmittelbar auf den des Niederkommens – die Aufeinanderfolge von Begattung und Befruchtung –, die Begriffe sind sehr eng miteinander verbunden *(te kai)*.[99] Tiktein bzw. Tokos also meint in präzisem Sinne die Entladung des männlichen Gliedes im weiblichen Schoß, die »Ejakulation des männlichen Samens« jedenfalls in einem »schönen Medium« (K. J. Dover).[100] Ein Vorgang, der dem weiblichen Gebärvorgang analog ist auch hinsichtlich der Wehen: »Deshalb ist dem vom Fruchttragen schon angeschwollenen (Glied) das so ungestüme Verlangen eigen nach dem Schönen – wegen der Befreiung von großen Wehen für den, der es erlangt.«[101]

Diotima stellt anhand weiblicher Begriffe den männlichen Vorgang dar. Eigenwilligerweise verfuhr Hippokrates in seiner Beschreibung des Aktes zu Beginn der Abhandlung »Peri Gonēs« genau andersherum. In seiner Sichtweise ejakuliert auch die Frau: »Auch das Weib gibt (Samen) aus dem Körper ab.«[102] Die weibliche Ejakulation hat ihre Grundlage in der antiken Theorie, daß auch die Frau Spermien in sich trägt, die sich dann in der Gebärmutter mit den Spermien des Mannes vermengen.[103] Hippokrates kommt so zu einem männlich-weiblichen »Isomorphismus« des Aktes, der Annahme einer Parität in der geschlechtlichen Zeugung, während Diotima sowohl die Disposition zum Akt, das Fruchttragen, als auch den Vollzug des Aktes mit Begriffen benennt, die der Schwangerschaft und dem Gebären der Frau zugehören, aber ausschließlich den männlichen Vorgang des »Fruchttragens« und der Entladung beschreiben: eine Verkehrung der Geschlechter eigener Art. Der Umwertung des Begriffs Tokos folgt die Charakterisierung des Eros als »Manneskraft *(andreia)*«.[104] Im Vollzug des Aktes zwischen Mann und Frau kommt die Manneskraft zum Ziel: Es findet die »Niederkunft« des Mannes und somit Zeugung statt. Dieser Akt ist das Werk des Eros: *tokos en kalō.*

Das »Schöne« *(to kalon)* hat seinen Gegensatzbegriff: das »Häßliche« *(to aischron),* das Unzüchtige, Untaugliche, Unpassende, Unangemessene. Das Schöne ist assoziiert mit Aphrodite, es ist ihr Attribut, und das Werk des Eros, *tokos en kalō,* beschrieben als das Zusammensein von Mann und Frau, ist identisch mit dem Werk der Aphrodite, den erregenden »erga gamoio«. Wenn *tokos en kalō* in der Dimension der Poiesis zu verstehen ist, die kaum zufällig vor der Thematisierung des Eroswerkes von Diotima erörtert worden war, dann ist das Häßliche als »unpoietisch« zu denken, als »Unfug im strengen Sinne des Wortes«[105] – es fügt sich nicht zusammen, es ist nicht mit Schöpfung verbunden. Die Niederkunft im Schönen dagegen ist ausdrücklich der »göttliche Akt *(theion to pragma)*«, der analog dem göttlichen Vermögen Schöpfung und Zeugung *(gennēsis)* zu bewirken vermag: »Das aber kann im Unharmonischen *(anharmostō)* unmöglich stattfinden.«[106]

In bestimmter Weise wird hier der Androgyn-Mythos des Aristophanes wiederaufgenommen, zugleich aber eingeschränkt auf den heterosexuellen Akt und den Zusammenhang mit der Zeugung, während Aristophanes doch die Sehnsucht nach dem Einssein allgemein und in Hinsicht auf das hetero- wie homosexuelle und lesbische Verhältnis im Blick hatte. Das Harmonische ist wohl das Zusammenstimmen von männlichem Glied und weiblichem Schoß. Im Unharmonischen dagegen kann Zeugung »unmöglich stattfinden«, denn es harmoniert nicht mit dem göttlichen Vermögen der Zeugung, der Fortpflanzung, »das Schöne aber harmoniert damit«.[107] Das fruchttragende Glied, wenn es dem »Schönen« sich nähert, kommt nieder und zeugt, »sowie aber dem Häßlichen, wird es verdrießlich und zieht betrübt sich zurück und wendet sich ab und rollt sich zusammen und zeugt nicht, sondern ist verstockt und trägt schwer an seiner Frucht«.[108] Noch in den Nomoi herrscht der Gedanke des »weiblichen Saatfeldes« vor, in dem allein der Samen aufgehen kann.[109] Das homosexuelle Verhältnis ist diesem Vermögen unangemessen; einem antiken Dichterwort zufolge ist es das Werk von Hybris, nicht von Kypris (Aphrodite).[110]

Der explizit leibliche Vorgang der männlichen »Niederkunft« ist der Vollzug des Aktes zwischen Mann und Frau. »Die freilich nun angefüllt sind mit Frucht *(engkymones ontes)*«, sagt Diotima, »was den Leib angeht, wenden mehr und mehr Frauen sich zu.«[111] Die Frau ist, wie in Timaios näher ausgeführt wird, »das Aufnehmende«, das »to d'en hō gignetai«, das, worin *(en hō)* gezeugt wird, Ursprungsort aber ist der Mann: er ist das »to d'hothen aphomoioumenon phyetai to gignomenon«.[112] Der weibliche Schoß ist der Ort, das »en hō« der Zeugung, die selbst als eine Geburt verstanden wird; die Gebärmutter ist die »Saatfurche« *(aroura)*, in der die Aussaat stattfindet und die Frucht ausgetragen wird.[113]

Von diesem leiblichen Vorgang aber sieht Diotima im folgenden ab. Sie geht über zu jenem anderen Werk des Eros, das ebenfalls »tokos en kalō« ist, jedoch in seelischem Sinne. Gleichzeitig sieht sie ab vom Verhältnis zwischen Mann und Frau überhaupt, in den Mittelpunkt tritt die Liebe zwischen Männern, jedoch abgehoben von leiblicher Geschlechtlichkeit: nicht eine homosexuelle, sondern eine *homoerotische* Liebe.

Als wesentliche Elemente des Übergangs von der konventionellen Problematisierung des Gebrauchs der Lüste zur platonischen Eros-Philosophie sind also festzuhalten: die Zuweisung des leiblichen Eroswerkes an den Vollzug des Aktes zwischen Mann und Frau und die Zurückweisung des leiblichen Eroswerkes im Verhältnis zwischen Liebhaber und geliebtem Knaben; die Zuordnung der leiblichen Liebe zum heterosexuellen Verhältnis und der seelischen Liebe zum *homoerotischen* Verhältnis. Mit dieser Unterscheidung zwischen heterosexueller leiblicher Liebe und homoerotischer seelischer Liebe werden die Marksteine in der Diskussion um den rechten Gebrauch der Lüste entscheidend versetzt. Die homoerotische seelische Liebe wird zu einer Technik der Enthaltsamkeit. Der Begriff Tokos bzw. *tiktein,* der den »Leitfaden« darstellt auf dem Weg zur wahren Schönheit,[114] wird gewendet ins Metaphorische. »Doch ist es gut, zunächst an den körperlichen Zeugungsakt zu denken, weil er das Wesen des ihm entsprechenden geistigen Prozesses erhellt« (W. Jaeger).[115] Anders als Plutarch in späterer Zeit, der die »Übertragung der Theorie des Eros auf die Praxis des Ehelebens« leistet,[116] dessen Symposion auch nicht Eros, sondern Aphrodite geweiht ist,[117] interessiert Platon sich für einen Gebrauch des Eros in Hinsicht auf das seelische und geistige Eroswerk. Was jedoch der eigentliche Nutzen des Eros ist, wird wiederum am Beispiel der leiblichen Zeugung entwickelt.

Das »Schöne« wird schließlich erhöht zu jener Position, die mit der Entgöttlichung des Eros zur Leerstelle geworden war: Vergöttlichung des Objekts des Eros anstelle des Eros, der dem Subjekt zugehört. »Schicksalsgöttin *(Moira)* und göttliche Geburtshelferin *(Eileithyia)* ist die Schönheit *(hē Kallonē)* bei der Zeugung.«[118] Durch Majuskel und femininen Artikel ist »hē Kallonē« unterschieden von »to kalon«. Angezeigt ist damit ihre herausragende Position, vergleichbar mit der Position der Göttin Aphrodite.[119] Die Schicksalsgöttin »Schönheit« ist zu unterscheiden von dem realen Objekt der Niederkunft im Schönen. Sie ist ferner zu unterscheiden vom Zweck der Handlung. Eigentlicher Zweck des Eroswerkes ist die Unsterblichkeit, denn »dies gehört im sterblichen Dasein dem unsterblichen Wesen zu: das Fruchttragen *(hē kyēsis)* und das Zeugen *(hē gennēsis)*«.[120] Die Schönheit ist der Anlaß, das Schöne ist der Ort der Zeugung, jedoch um eines höheren Zieles willen: der Perpetuierung des Individuums und der Teilhabe an der Unsterblichkeit. Eros ist nicht eigentlich Verlangen nach dem Schönen, sondern nach Unsterblichkeit; *tokos en kalō* ist das vermittelnde Werk. »Es verlangt nämlich, oh Sokrates, die Liebe gar nicht nach dem Schönen, wie Du glaubst. – Aber wonach sonst? – Nach der Zeugung und der Niederkunft in dem Schönen *(tokou en to kalō)*. – Mag sein, sagte ich. – Ganz gewiß sogar, sprach sie. Warum denn wohl gerade nach der Zeugung? Weil ein Ewiges die Zeugung ist und ein Unsterbliches gleichwohl im Sterblichen. Nach Unsterblichkeit aber begehrt sie notwendig zugleich mit (dem Begehren nach) dem Gut, zufolge unserer Übereinstimmung, da doch nach dem Gut, daß es ihr immer eigen sei, die Liebe verlangt. Es ist also notwendig, diesem Beweisgang zufolge, daß auch nach Unsterblichkeit die Liebe verlangt.«[121]

Eros ist, entsprechend seiner »Metaxy«-Natur,[122] der Mittler zwischen den ontologischen Größen von sterblichem Dasein und unsterblichem Wesen. Sein Vermögen, seine Dynamis, ist die Vermittlung von Unsterblichkeit, und zwar durch sein Werk *tokos en kalō*. Der göttliche Akt im leiblichen Sinne bewirkt die Teilhabe des Sterblichen am Unsterblichen, denn er bewirkt Zeugung und Fortpflanzung. Was sterblich ist, hat das Vermögen zu Unsterblichkeit in sich durch das Werk des Eros, den Vollzug des Aktes. Hierin liegt der »Nutzen« *(chreia)* des Eros,[123] demgemäß ist er zu gebrauchen. Hatten in der herkömmlichen Diskussion die Diskurse sich gruppiert um die Frage nach dem Gebrauch der Lüste *(chrēsis aphrodisiōn)*, so findet sich bei Platon das Interesse verlagert auf Nutzen, Brauchbarkeit und Gebrauch des Eros *(chreia erōtos)*. Der Begriff der Aphrodisia wurde in diesem Sinne ersetzt durch den Begriff der Erotika. Um die Macht der Lüste zu beherrschen, denkt Platon die Energien des Eros zu nutzen. Die Frage nach dem Nutzen des Eros spielte auch im Dialog Aspasia des Sokratikers Aischines eine wichtige Rolle. Von Aspasia erfuhr Sokrates demnach, daß man den Eros »nutzen muß«.[124] Der Nutzen des Eros im sokratisch-platonischen Sinne, seine *utilitas*, ist die Vermittlung der Unsterblichkeit.

Um dessentwillen haben die Lebewesen die »Vermischung miteinander *(to symmigēnai allēlois)*« im Sinn und begehren danach, ein Begehren, das legitim ist »von Natur aus«.[125] »Denn auf diese Weise erhält all das Sterbliche sich am Leben, nicht so, daß es vollkommen das Gleiche immer ist wie das Göttliche, sondern so, daß das, was ausgeht und was älter wird, ein anderes, ein Junges hierbei hinterläßt, ebenso wie es selbst eines war.«[126] Daher auch versucht, wie Platon im Dialog Timaios erklärt, die »gleich einem der Vernunft *(logou)* nicht gehorchenden Tiere, zu einem Unlenksamen und selbstherrisch *(autokratēs)* Gebietenden gewordene Natur der männlichen Geschlechtsteile, ihren wütenden Begierden alles zu unterwerfen. Aus eben demselben Grunde aber empfindet es das, was man bei den Frauen Gebärmutter und Mutterscheide nennt, welches als ein auf Kinderzeugung begieriges Lebendiges *(zōon epithymētikon enon tēs paidopoiias)* in ihnen ist, dies empfindet es mit schmerzlichem Unwillen, wenn es länger, über die rechte Zeit hinaus, unfruchtbar bleibt.«[127]

Diotima hat als Beispiele für die besondere Art und Weise der Unsterblichkeit die Vorgänge von Vergehen und Entstehen, von Abbau und Aufbau im Individuum selbst zur Hand. Denn der einzelne werde von Kindheit an, bis er alt geworden ist, der Gleiche *(ho autos)* genannt, »obwohl er nie das Gleiche *(ta auta)* an sich *(en autō)* hat, sondern immer wieder erneuert wird *(neos aei gignomenos),* während er einiges verliert *(ta de apollys),* sowohl was die Haare angeht als auch Fleisch und Knochen und Blut und überhaupt alles am Leib. Und nicht nur, was den Leib angeht, sondern auch, was die Seele betrifft, die Sitten, die Gebräuche, Meinungen, Begierden, Lüste, Schmerzen, Ängste, von all diesen Dingen bleibt kein einziges jemals das Gleiche für jeden einzelnen, sondern das eine entsteht, das andere vergeht *(alla ta men gignetai, ta de apollytai).*«[128] Und nach der physiologischen und psychologischen Charakterisierung des Entstehens und Vergehens und des Werdens im Vergehen, aus dem das ganze Dasein des Individuums sich zusammensetzt, entfaltet sie analog dazu auch eine Epistemologie: »Viel ungewöhnlicher aber als dies ist noch, daß selbst die Einsichten *(epistēmai)* nicht nur zum einen entstehen, zum anderen vergehen für uns, und wir niemals die Gleichen sind auch in Hinsicht auf unsere Einsichten,[129] sondern daß sogar jeder einzelnen der Einsichten dasselbe widerfährt. Was man nämlich Nachdenken nennt, ist, als ob einem die Einsicht ausgegangen sei; Vergessen nämlich ist Verschwinden von Einsicht *(lēthē gar epistēmēs exodos),* Nachdenken aber fügt wieder eine neue an Stelle der ausgegangenen Erinnerung ein und erhält die Einsicht am Leben *(sōzei tēn epistēmēn),* so daß sie die Gleiche *(tēn autēn)* zu sein scheint.«[130]

Das sterbliche Dasein also besteht nicht einmalig aus Geburt und Tod, sondern beständig aus Geburt und Tod. Immer und überall erweist sich das Werden *(gignesthai),* dem die Zeugung *(genesis)* zugehört, als das Unsterbliche, welches das Leben behauptet gegen alles Vergehen. Dies ist Eros zu verdanken, seiner Natur »metaxy«, mittendrin zu sein, Vermittler der Unsterblichkeit zu sein durch die Praxis *tokos en kalō.* Seine wahre Bedeutung hat das Verlangen des Eros, haben die erotischen Begierden und Lüste in der Vermittlung der Unsterblichkeit, hierin liegt der Nutzen des Eros, seine Brauchbarkeit *(chreia).* Die Dimension des stetigen Werdens in allem Vergehen, vermittelt durch Eros, ist ein »Metaxy-Bereich« im umfassenden Sinne.[131] Im immerwährenden Werden konstituiert sich die Unsterblichkeit. Das Sterbliche wird unsterblich durch »Überlieferung der Güter« (Buchner), anders gesagt, durch »*Geschichte*«.[132]

Die Unsterblichkeit ist der wahre Zweck des Eros und ist die Ursache *(aitia)* [133] seines gewaltigen Verlangens – jener Wille der Lust zur Ewigkeit, den Nietzsche im Lied der Ewigen Wiederkehr am Schluß von »Also sprach Zarathustra« besingen wird.[134] Gegen die Sterblichkeit des sterblichen Einzelnen ist Eros die Gegenmacht – durch den Vollzug seines Werkes, durch Überlieferung der »Güter«, dem Werden im weitesten Sinne: Fruchttragen, Niederkunft und Zeugung geben das Bild ab für das Erlangen der Unsterblichkeit auch in seelischer Hinsicht. Diotima nimmt den Faden von der ersten Thematisierung des Eroswerkes her wieder auf: »Die freilich nun angefüllt sind mit Frucht, sprach sie, was den Leib angeht, wenden mehr und mehr den Frauen sich zu und sind auf diese Art und Weise der

Liebe ergeben, indem durch Kinderzeugen sie Unsterblich-keit und Erinnerung und Glückseligkeit, wie sie glauben, für alle künftige Zeit sich erwerben«, aber, fährt sie fort, »es gibt ja auch solche, welche in den Seelen mehr noch als in den Körpern Frucht tragen, Frucht, welche der Seele an-gemessen ist zu tragen und niederzukommen damit *(kyēsai kai tekein)*«.[135]

Das Produkt des seelisch verstandenen Eroswerkes ist Diotima zufolge die Organisation von Haus und Staat, Ökonomie und Politik. Die Eigenschaften, mit deren Hilfe sie zu organisieren sind, sind die Besonnenheit *(sōphro-syne)* und die Rechtmäßigkeit *(dikaiosyne)*, deren Erzeuger *(gennētores)* die Poieten sind und »alle diejenigen, denen man nachsagt, erfinderisch zu sein *(heuretikoi einai)*« – »mit diesen Dingen aber nun, wenn einer von Kindheit her angefüllt ist in seiner Seele, und es ist, da er ein Jüngling ist, die Zeit für ihn gekommen, wo niederzukommen und zu zeugen *(tiktein te kai gennān)* er nunmehr begehrt, so sucht daher, mein' ich, auch dieser, während er umhergeht, das Schöne, worin er zeugen kann *(to kalon en hō an gennē-seien)*; im Häßlichen nämlich wird er niemals zeugen«.[136]

Das Worin *(en hō)* der Niederkunft und Zeugung ist das Schöne, der Schoß. Es ist der Ort der »Überlieferung«, wie Buchner sagt: »Damit sich die Überlieferung ins Werk set-zen kann, ist sterblich Verweilendes darauf angewiesen, daß ihm solches erscheine und entgegenscheine, wo es das zu Überliefernde jeweils erneut unterbringen und verwah-ren kann.«[137] Das Werk des Eros, *tokos en kalō,* bleibt das Leitbild auf den verschiedenen Stufen des Aufstiegs zur wahren Schönheit. Im übertragenen Sinne eines seelisch verstandenen »tokos en kalō« ist an eine reale »Nieder-kunft« jedoch nicht mehr zu denken. Der Vollzug des Aktes ist nurmehr ein gedachter. Was zunächst leiblich zu verste-hen war, findet nun metaphorischen Gebrauch. Der Auf-stieg zur Idee des Schönen selbst, der Zugang zur Wahrheit ist zu verstehen als ein Werk des Eros im höchsten Sinne: Als »genesis eis ousian« – jenes Werden ins Sein hinein, von dem in Philebos die Rede ist.[138]

Absehung vom Leib und Aufstieg
zur Schönheit

Tokos en kalō im leiblichen Sinne ist der Vollzug des heterosexuellen Aktes. Beiseite gelassen wird nun jedoch die
Thematik der leiblichen Zeugung als Werk des Eros. Es ist
nicht das Wesen des Eros, Sexus zu sein. Es geht Diotima-
Sokrates nun vielmehr darum, »die Betrachtung vom Körper zur Seele hinüberzuleiten und damit zugleich die seelische Zeugung, soweit sie zeugendes Hervorbringen als
Gebären in und aus sich selbst ist, vorzubereiten« (Wippern).[139] Mit dem Übergang zur »Niederkunft im Schönen« im seelischen Sinne sieht Platon ab vom heterosexuellen Akt und wendet sich der homoerotischen Liebe zu. Der
platonische Eros unterscheidet sich vom Eros nach her-
kömmlichem Verständnis vor allem darin, daß er nicht die
Geschlechtlichkeit zu seiner Grundlage hat. Die Unsterblichkeit, deren Vermittlung sich als Nutzen des Eros erwies,
ist nicht mehr eine Frage der Geschlechtlichkeit, d.h. eine
Frage der leiblichen Fortpflanzung und demgemäß eine
leiblich zu vollziehende, sondern eine Frage der Hinwendung zur Idee und insofern eine ideell zu denkende. Die
»Bewegung des Eros«, von der Foucault spricht und die
eine Bewegung der Askese (im doppelten Sinne des Wortes)
ist, zielt hin auf die Wahrheit und verschafft sich Zugang zu
ihr durch eine »Praxis der Spiritualität«.[140] Das Subjekt,
dem Eros zugehört, muß sich nun fähig erweisen, seinen
Eros zu transformieren in eine Bewegung hin zur wahren
Schönheit. Der Zugang zur Wahrheit setzt jedoch die Abkehr von Geschlechtlichkeit voraus, eine Technik der Entsagung: dies die entscheidende Neuerung in der Debatte
über den rechten Gebrauch der Lüste. Platon lockert die
Verkopplung von Eros und Geschlechtlichkeit und ver-

knüpft Eros und Wahrheit miteinander. Der wahre Eros ist nicht selbst die Wahrheit, er ist vielmehr das Verlangen nach Wahrheit. Eben darin liegt seine Wahrheit, Vermittler zu sein auf dem Weg zur Wahrheit, Triebfeder zu sein beim Aufstieg zur Idee der Schönheit, die das wahre Objekt des Eros und die Wahrheit selbst ist. Im Spiel der Liebe inauguriert der so verstandene Eros eine neue »Methode«:[141] die Absehung vom Leib und den Gebrauch des vielfältig Schönen für den Aufstieg zu dem einen Schönen, die Konvergenz der Liebe in Hinsicht auf dies eine Objekt.

Übergang zur Konvergenz der Liebe und zum Gebrauch des vielfältig Schönen

Der Aufstieg zum wahren Objekt der Liebe, der Schönheit selbst, setzt ein »durch die rechte Art, Knaben zu lieben *(dia to orthōs paiderastein)*«.[142] Keineswegs ist, wie man gerne feststellt, die leiblich-sinnliche Liebe hier schon »verworfen«.[143] Es würde dem Metaxy-Charakter des Eros widersprechen, nicht auch leiblich zu verstehen zu sein. Der Leib wird nicht geleugnet in der Entwicklung dieser Philosophie, vielmehr ist er die Plattform, der Ausgangspunkt der Entwicklung; der seelische Aspekt tritt hinzu für den, der »auf die rechte Art und Weise« den Liebesdingen nachgeht: »Hinsichtlich der Körper nun *(ta te oun sōmata)* schätzt er die schönen mehr als die häßlichen, da er ja Frucht trägt; trifft er aber noch dazu auf eine schöne Seele *(kai an entychē psychē kalē)*, so schätzt er überaus hoch das Zusammentreffen beider Dinge zugleich.«[144]

Der Liebhaber hat seinem Geliebten gegenüber »geradezu einen Schwall von Reden parat *(euthys euporei logōn)* über Vortrefflichkeit *(peri aretēs)* und darüber, wie der vortreffliche Mann beschaffen sein müsse und was er sich angelegen sein lasse, und er macht sich daran, ihn zu erziehen *(paideuein)*«.[145] Die Wendung vom leiblichen zum seelischen Eros ist zugleich eine Hinwendung zu Ethik und Pädagogik. In den Mittelpunkt tritt die Arbeit des Subjekts an sich selbst, die sorgfältige Übung, die es »sich angelegen sein läßt *(epitēdeuein chre)*« unter der Anleitung des Liebhabers. Ausdrücklich jedoch handelt es sich bei diesem pädagogischen Akt um Tokos und *tiktein*: Indem nämlich der Liebhaber »dem Schönen sich zuwendet und zusammen ist mit ihm, bringt er das, was er lange schon trug, hervor und zeugt *(tiktei kai gennā)*«.[146] Wie sehr dieser Vorgang am leiblichen Vorbild orientiert ist, geht auch hervor aus der doppeldeutigen Ausdrucksweise, daß er »dem Schönen sich zuwendet und zusammen ist mit ihm *(haptomenos tou kalou kai homilōn autō)*«, was auch heißen könnte: daß er den Schönen berührt und Verkehr hat mit ihm. Die sinnliche Herkunft der Metaphorik ist deutlich, wenn es auch im Phaidros heißt: »Er nennt es aber und glaubt es nicht Liebe *(erōta)*, sondern Freundschaft *(philian)*, wünscht *(epithymei)* aber doch eben wie jener, nur minder heftig, ihn zu sehen, zu berühren, zu umarmen, neben ihm zu liegen«, und der Geliebte wiederum wäre »wohl geneigt, sich nicht zu weigern, ihm an seinem Teile gefällig zu sein *(charisasthai)*, wenn er es zu erlangen wünschte«.[147] Gegen das Seelenroß der Begierde sträubt sich jedoch das Seelenroß der Besonnenheit. Es geht Platon um den Sieg der Besonnenheit und der Selbstbeherrschung, den Sieg über sich selbst: »Wenn nun die besseren Teile der Seele, welche zu einem wohlgeordneten Leben *(tetagmenēn te diaitan)* und zur Liebe der Weisheit *(philosophian)* hinleiten, den Sieg erlangen: so führen sie hier schon ein seliges und einträchtiges Leben, sich selbst beherrschend *(enkrateis autōn)* und sittsam dasjenige besiegt habend in ihrer Seele, dem Schlechtes, und das befreit, dem Vortreffliches *(aretē)* einwohnt.«[148]

Vorbereitung und Vollzug des seelischen Aktes orientieren sich begrifflich am leiblichen Vollzug, der Akt selbst jedoch ist nicht ein geschlechtlicher, sondern ein pädagogischer, ein Akt der Erziehung zur Vortrefflichkeit durch den Logos. Die Begriffe des Fruchttragens, der »Niederkunft« und der Zeugung haben beim seelischen Eroswerk metaphorische Bedeutung, »en kalō« aber tritt in den Hintergrund, da es sich um Niederkunft und Zeugung im Schönen im wirklichen Sinne nicht handeln kann. Der Ort der Zeugung kann der andere, das Objekt der Liebe, beim *homoerotischen* Vollzug der Liebe nicht sein. Was zum Subjekt der Liebe werden soll, kann nicht wieder ihr Objekt sein. War es ursprünglich das Privileg des Liebhabers, das ausschließliche Subjekt der Liebe zu sein, und die Pflicht des Geliebten, das Objekt dazu abzugeben, so erscheint hier der Entwurf einer »Liebesdialektik« (Foucault),[149] die sich anschickt, die höfische Praxis des Liebens abzulösen, die sich im Umkreis der Knabenliebe gebildet hatte. Die traditionelle Fragestellung hinsichtlich der Asymmetrie der Partner wird damit übergeführt zur Frage nach der Konvergenz der Liebe; Foucault nennt dies den dritten Übergang in der Debatte über die Liebe.[150] Eros gehört sowohl dem Liebhaber als auch dem Geliebten zu, beider Eros aber konvergiert in Hinblick auf ein Drittes. Denn »wenn der Eros Bezug zur Wahrheit ist, können sich die beiden Liebenden nur treffen, sofern auch der Geliebte durch die Kraft desselben Eros zum Wahren getragen wurde. In der platonischen Erotik kann sich der Geliebte nicht auf eine Objektposition gegenüber der Liebe des anderen beschränken«.[151] Der Zielpunkt der »Niederkunft« kann nicht der jeweils andere sein, das Verlangen danach wird vielmehr ausgerichtet auf ein Drittes im Raum außerhalb, ein imaginäres Objekt, das wahre Schöne – der Übergang von dem »Ich-Du-Verhältnis« der Freundschaft zu einem »Ich-Es-Verhältnis«, wie es schon im Dialog Lysis vorbereitet worden war.[152]

Nicht nur der Vorgang der Zeugung ist da nun metaphorisch, sondern auch das Produkt der Zeugung: Es sind »schönere und unsterblichere Kinder« als die aus dem heterosexuellen Akt hervorgehenden leiblichen Kinder.[153] Analog dazu bewirkt die gemeinsame Erziehung des Erzeugten im homoerotischen Verhältnis eine »weitaus intensivere Gemeinschaft *(koinōnia)*« als die von der gemeinsamen Erziehung leiblicher Kinder herrührende, und die beiden Partner haben eine »beständigere Liebschaft *(philia)*« miteinander als die im Verhältnis zwischen Mann und Frau bestehende.[154] Gegenüber dem heterosexuellen Verhältnis steht die homoerotische Liebe im Komparativ; sie ist die Steigerung des Liebesverhältnisses in zweifacher Hinsicht: Sie bildet zum einen eine »weitaus intensivere *(poly meizō)*« und zum anderen eine »beständigere *(bebaioteran)*« Liebesbeziehung. Mit der Absehung von somatisch-geschlechtlicher Liebe und der Hinwendung zu ihrer seelisch-ethischen Form geht also eine Intensivierung und Arretierung des Liebesgenusses einher.

Als Beispiel für »schönere und unsterblichere Kinder« dienen Werke der Dichtung (Homer und Hesiod) und der Gesetzgebung (Lykurg und Solon). Als das »schöne Worin«, in welchem Dichter und Gesetzgeber schöne und unsterbliche Werke erzeugen, ist die hellenische Kultur und Polis zu denken.[155]

Objekt der Liebe und Anlaß aller Hervorbringung ist die Schönheit selbst. Der Aufstieg zu ihr beginnt durchaus im leiblichen Bereich: »Es muss also der, sprach sie, der auf die rechte Weise *(orthōs)* sich dieser Sache zuwendet, freilich als Jüngling damit beginnen und den schönen Leibern sich zuwenden *(ienai epi ta kala sōmata),* und zuerst natürlich, wenn er auf die rechte Weise *(orthōs)* vorgeht, einen bestimmten leiblich lieben *(henos auton sōmatos erān)* und hierbei schöne Gedanken erzeugen *(gennān logous kalous).*«[156] Die Basis des Aufstiegs ist eine leibliche und individuelle. Die Liebe gilt zunächst »einem bestimmten« und ist explizit leiblich orientiert *(henos auton sōmatos erān)*. Die darauf folgenden Abstraktionsstufen dienen dazu, schrittweise vom leiblichen und einzelnen Schönen abzusehen und auf das eigentlich Schöne hinzusehen. Von den einzelnen schönen Dingen und Leibern ist »Gebrauch zu machen«, um von Stufe zu Stufe höherzusteigen über das Leibliche und Einzelne hinaus, die schönen Dinge »gleichsam als Stufen gebrauchend *(hōsper epanabasmois chrōmenon)*«.[157] Wo herkömmlich vom Gebrauch der Lüste *(chrēsis aphrodisiōn)* die Rede war, geht es nun um den Gebrauch der schönen Dinge *(chrēsis kalōn)*, zu gebrauchen als Stufen beim Aufstieg zur wahren Schönheit, zu gebrauchen als Reiz zur Zeugung auf allen Ebenen, denn dies ist Platons wesentliche Erkenntnis: »daß alle Schönheit zur Zeugung reize, – daß dies gerade das proprium ihrer Wirkung sei, vom Sinnlichsten bis hinauf in's Geistigste . . .« (Nietzsche, Götzen-Dämmerung, Streifzüge eines Unzeitgemäßen, 22).

Die erste Stufe der Abstraktion gilt dem konkreten »einen«, nicht dem Leib. Die Zuwendung zu einem bestimmten Objekt überhaupt soll erst überwunden werden. Der Liebhaber muß erkennen, »daß die Schönheit an einem Leib derjenigen an einem anderen Leib verschwistert ist, und daß es, wenn das der Gestalt nach Schöne *(to ep' eidei kalon)* erstrebt werden soll, großer Unverstand ist, die Schönheit nicht für ein und dieselbe zu halten an allen Leibern«.[158] Das »der Gestalt nach Schöne« meint aber die Idee des Schönen. »Eidos« ist hier nicht mehr das Aussehen des Einzelnen und in diesem sinnlichen Sinne »Gestalt«, sondern das Absehen vom Einzelnen und im übertragenen Sinne »Gestalt«, nämlich Umriß, der keine individuellen Züge mehr kennt; der sinnliche Begriff weist hier bereits Elemente der »Idee« auf.[159] Die Frage nach dem Wesen des Schönen, die den Dialog Hippias I durchzog, der, wie alle eigentlich sokratischen Dialoge, in der Aporie endet, kommt hier zum Ziel. Das eigentlich Schöne ist zuallererst die Absehung von allem einzelnen Schönen. Wer diesen Übergang von einem schönen Leib zu allen schönen Leibern vollzogen hat, muß nun »als Liebhaber aller schönen Leiber auftreten, von dieser Leidenschaft für einen aber ablassen und sie geringschätzen und für klein erachten«.[160]

Die Liebe zum Leib in allgemeiner Form ist nur die Vorstufe zum weiteren Aufstieg. Auf der zweiten Abstraktionsstufe erfolgt nun die Absehung von jeder leiblichen Schönheit und die Division von Psyche und Soma: Der Liebhaber muß »die Schönheit in den Seelen *(to en tais psychais kallos)* für wertvoller halten als die in den Leibern«.[161] Der Leib wird nicht verworfen – er wird gebraucht als Basis und erste Stufe beim Aufstieg zur Schönheit –, seelische Schönheit jedoch für »wertvoller *(timiōteron)*« gehalten als leibliche Schönheit, und die Aussage erhält einiges an Schärfe, wenn im folgenden leibliche Schönheit als etwas betrachtet wird, was »nicht sehr bedeutend *(smikron ti)*« ist.[162] Man kann von einer Abwertung, von einer, wie Foucault bemerkt, »Minderwertigkeit« *(infériorité)* des Leiblichen sprechen, aber Platon zieht »keine klare, endgültige und unüberschreitbare Scheidelinie zwischen der schlechten Liebe zum Körper und der schönen Liebe zur Seele«.[163]

In einem dritten Abstraktionsschritt erfährt die psychische Kategorie, wie zuvor die somatische, den Übergang vom Einzelnen zum Allgemeinen, von der individuellen Psyche zur kollektiven. Denn wenn der Liebhaber den Geliebten liebt und umsorgt und Gedanken im Umgang mit ihm hervorbringt *(tiktein)*, dann »um ihn schließlich dazu zu bringen, auch in den Sitten und den Gebräuchen das Schöne zu sehen, und dies zu erkennen, daß all das Schöne unter sich verwandt ist«.[164]

Der vierte Abstraktionsschritt verlangt vom Liebhaber die Ablösung von der kollektiven Psyche und überhaupt jedem gesellschaftlichen Bezug, denn »nach den Sitten muß er zu den Erkenntnissen vorrücken, damit er auch die Schönheit der Erkenntnisse sieht und, indem er auf eine Vielfalt somit von Schönem blickt, nicht mehr dem Schönen an einem Einzelnen frönt«.[165] Der Gebrauch des vielfältig Schönen zum Zweck der Abstraktion davon hat damit zum Vermögen der Abstraktion selbst geführt, anders gesagt: Das ästhetische Vermögen hat eine Wanderung im Leib selbst vollzogen vom Sitz der Zeugungskraft zu jenem des Erkenntnisvermögens. Dies entspricht der später in den Nomoi erhobenen Forderung: »Die Kraft der Sinnenlust soviel wie möglich außer Übung zu setzen, indem man durch Anstrengungen das Zuströmen derselben und das, was sie nährt, in andere Teile des Körpers leitet.«[166] Der Gebrauch der Lüste, die ethische Anstrengung, die in den Gebrauch der schönen Dinge überging, findet sich damit zur Erkenntnisleidenschaft stilisiert und sublimiert. Die »Bewegung zum Schönen« (Foucault)[167] ist angelangt beim Phänomen der Philosophie.

Übergang zur Wissensliebe: »Tokos en philosophia«

Der Aufstieg zur Schönheit, zu charakterisieren als ein Absehen von aller singulären und somatischen Schönheit, ist zu verstehen als das spezifische »Geschäft der Philosophen«, wie Sokrates in Phaidon sagt.[168] Der Philosoph in seiner besonderen Art von Lust und Liebe übersteigt die Neigung zum Geld, die Liebe zum Leib und selbst die Ehrliebe.[169] Der Aufstieg zur Schönheit ist zu verstehen als ein Akt der Befreiung. In der Anstrengung zur Loslösung von aller Gebundenheit kommt jenes aristokratische Ideal zu neuer Wirksamkeit, das Freiheit, Wahrheit und Schönheit miteinander verknüpfte. Sokrates in Xenophons Symposion macht deutlich, daß »der Verkehr mit einem Menschen, der den Körper mehr liebt als die Seele, eines freien Mannes unwürdig ist«.[170] Die daraus hervorgehende philosophische Pädagogik unternimmt die Hinwendung zur Schönheit unter dem Kriterium der Wahrheit und erzieht dazu, sich nicht dominieren zu lassen von den Lüsten und in keiner Weise ihr Sklave zu sein. Sie will erreichen, daß der Liebhaber »nicht mehr dem Schönen an einem Einzelnen frönt *(mēketi to par' heni douleuōn)*, gleichsam wie ein Sklave, einfältig und engstirnig sich begnügend mit irgendeines Knaben Schönheit oder eines Mannes oder einer einzelnen Sitte«[171] – eine Aussage, die sich richtet gegen Pausanias, der den »freiwilligen Sklavendienst« des Liebenden als der aristokratischen Arete gemäß bezeichnet hatte.[172]

Die philosophische Pädagogik, die doch auch Pausanias bereits mit der Liebe zum Knaben verbunden wissen wollte,[173] erhält im Diskurs der Diotima eine besondere Zielsetzung: den Blick der Liebenden abzuwenden voneinander, ihn nicht mehr auf eine leibliche oder sonstwie konkrete Schönheit zu richten und statt dessen hinzuwenden zur wahren Schönheit. Wer diesen Weg auf die rechte Weise verfolgt, gelangt schließlich zu der Ebene, von der aus er »auf das reiche Meer des Schönen *(to poly pelagos tou kalou)* seine Aufmerksamkeit lenkt und es betrachtet *(theōrōn)*«, und in diesem Stadium der Entwicklung ist es nun möglich, daß er »mit vielen schönen und großartigen Worten und Gedanken niederkommt in unermeßlicher Wissensliebe *(tiktē en philosophia aphthonō)*«.[174] Die Dativformation »en philosophia aphthonō« ist schwierig zu übersetzen. Sei es, daß der Liebhaber »viel schöne und herrliche Reden und Gedanken erzeuge in ungemessenem Streben nach Weisheit« (Schleiermacher) oder »in überfließender Liebe zur Weisheit« (Hildebrandt) oder »auf großmütige Art und Weise die prächtigen Gedanken der Philosophie erzeugen wird« (Boutang): Die Präposition jedenfalls wird instrumental verstanden. Es liegt jedoch nahe, daß diese Formation entstanden ist in Anlehnung an den Ausgangspunkt der Entwicklung, das Werk und die Praxis des Eros »tokos en kalō«. Die eigentliche Funktion der Präposition »en« ist die Lokalisierung eines Vorgangs. Die »Niederkunft in der Philosophie« und ihrer »reichhaltigen Fülle *(aphthonō)*« ist die Ankunft im Bereich desjenigen Eros, der auf die Fülle des Wissens sich richtet, der selbst Philo-soph ist im Sinne des Wortes. Der philosophische Eros behält »die formale Struktur des Zeugens soweit wie möglich bei« (Wippern).[175] »Tokos en philosophia« erinnert an die sinnliche Form der Erfüllung des Liebesverlangens, von der es abstrahiert ist.

Nach der Abwendung von den konkreten und sinnlichen Dingen bewirkt dieser Akt die Hinwendung zu den Erkenntnissen *(epistēmai)* und den abstrakten Mathemata.[176] Es findet der Übergang statt vom ästhetischen zum noetischen Vermögen. Tiktein meint hier ein Hervorbringen von Worten oder Reden *(logoi)* und Gedanken, denen das Attribut »schön« zukommt; das »Worin« *(en hō)* des Aktes bildet anstelle des sinnlich Schönen die »reichhaltige Fülle der Philosophie«, das Reich des Denkens: das Wissen, die Erkenntnisse, die Mathemata. Die Begierden des Philosophen strömen den Mathemata zu.[177] Die so erreichte Abstraktionsebene bildet die Plattform, von der aus die Bewegung hin zum wahren Schönen gelangt. »Jenseits der verschiedenen schönen Dinge, denen sich der Verliebte hingeben kann, zeigt Diotima dem Sokrates, daß die Liebe im Denken zu zeugen sucht und ›das Schöne als solches‹ in der Wahrheit seiner Natur, in seiner unvermischten Reinheit und in der ›Einzigkeit seiner Form‹ zu finden sucht« (Foucault).[178]

Die Schlüsselrolle der Philosophie, der Liebschaft mit dem Wissen, im Programm des Verlangens nach dem Schönen war zuvor schon vorbereitet worden, denn Eros selbst, der das Schöne liebt, erwies sich als ein Philosoph: »Es zählt nämlich zu den schönsten Dingen bekanntlich das Wissen *(hē sophia)*, Eros aber ist Liebe zum Schönen *(Erōs d'estin erōs peri to kalon)*, so daß notgedrungen Eros das Wissen liebt / Philosoph ist *(hōste anangkaion Erōta philosophon einai)*.«[179] Als Philosoph wie als Dämon ist Eros ein Mittelwesen; seine Herkunft von einem klugen *(sophou)* Vater, aber einer unverständigen *(ou sophēs)* Mutter charakterisiert sein philosophisches Wesen: Als Philosoph steht er »mitten zwischen wissend und unwissend *(philosophon de onta metaxy einai sophou kai amathoas)*«.[180] Keineswegs hat der das Wissen, der das Wissen liebt, vielmehr hat er Verlangen danach, »niederzukommen« darin, in dieser Art von Schönheit, denn es zählt ja »zu den schönsten Dingen bekanntlich das Wissen«.

Alles Philosophieren erweist sich also als erotisch von Natur aus. Eros als Verlangen nach dem Schönen, das auch das Wissen ist, charakterisiert den Philosophen. Der Philosoph ist ein Erotiker. So sah es schon Sokrates. Er steht nicht ›über den Dingen‹, sondern mitten darin: mitten zwischen Wissen und Nichtwissen, denn sein Wissen ist es, nichts zu wissen, ferner aber einiges zu wissen über die Dinge der Liebe und im übrigen zu verlangen nach Wissen.[181] Als Erotiker ist er ein Mittler, ein »Kuppler«.[182] Seine eigene Geliebte *(paidika)* aber ist die Philosophie, wie Sokrates in Gorgias bekennt.[183]

Eros ist ein Philosoph, insofern kann er kein Gott sein und auch kein Weiser: »Keiner der Götter verlangt nach Wissen oder begehrt, wissend zu werden – denn er ist es –, und auch wenn irgendjemand sonst wissend ist, verlangt er nicht nach Wissen.«[184] Gemäß der Definition, daß das Verlangen naturgemäß nicht im Besitz dessen sein kann, wonach es verlangt, ist das Verlangen auch des Philosophen zu verstehen. Der Philosoph, als Liebhaber der Wissenschaft, ist charakterisiert durch dieses Verlangen und Begehren besonderer Art: Er begehrt, wissend zu werden *(epithymei so-*

phos genesthai). Die nicht Liebhaber der Wissenschaft sind, die »Unwissenden«, kennen nicht dieses Begehren: Sie begehren nicht, wissend zu werden *(oud' epithymousi sophoi genesthai).*[185]

Eros, definiert als das Verlangen nach dem Schönen, ist Verlangen nach der Niederkunft auch im Wissen, nach Hervorbringung von Gedanken und Worten im Reich der Episteme und Mathemata. Diotima macht ausdrücklich diese abstrahierte Form der Liebe geltend gegenüber der »angeblich einzigen Form *(hen ti eidos)*«.[186] Eros wird gegenüber der »angeblich einzigen Form« überhaupt als umfassend und wirksam in allen möglichen Bereichen gesehen. Da sein Streben das Begehren nach den Gütern und dem Glücklichsein ist *(tōn agathōn epithymia kai eudaimonein),* lebt er »in vielerlei Bereichen«, beispielsweise im Bereich »gewerblicher Tätigkeit *(kata chrēmatismon)*«, d.h. im Bereich der Erarbeitung und Bearbeitung materieller Güter und der Arbeit am materiellen Wohlstand. Oder er zeigt sich in Form der »Liebe zur Leibesübung *(kata philogymnastian)*«, also in Form einer Sorge um den Leib und das leibliche Wohl. Schließlich aber in Form der »Wissensliebe *(kata philosophian)*«, also in Form der Philosophie, deren Güter die ideellen Werte des Wissens sind.[187] Von denen freilich, klagt Diotima, die all diesen verschiedenen Formen des Eros nachgehen, »sagt man weder, daß sie lieben, noch gelten sie als Liebhaber; die anderen aber, die der angeblich einzigen Form nachgehen und eifrig sich ihrer befleißigen, verfügen über die Benennung des Ganzen, Liebe, und man sagt, daß sie lieben, und sie gelten als Liebhaber«.[188]

Eros ist der treibende Faktor nicht nur für Philosophie und Gymnastik, sondern auch im merkantilen Bereich: Dies ist eine umfassende Erweiterung des Erosbegriffes, die weit über das unmittelbare Liebesverlangen hinausgeht. Letztlich aber richtet sich der Eros der Philosophie auf die unsterbliche Idee des Schönen selbst. Der philosophische Mensch nämlich, »indem er von vielen Wahrnehmungen zu einem durch Denken *(logismō)* Zusammengebrachten fortgeht«, wie es im Phaidros heißt, bereitet sich so auf die Schau des Schönen vor.[189] Nur des Philosophen Seele ist »befiedert«, nur er versteht sich vom Leiblichen zu befreien und aufzufliegen zur wahren Schönheit, an jenen »überhimmlischen Ort *(hyperouranion topon)*«, den, wie Sokrates zu Phaidros sagt, noch keiner der Dichter je besungen hat.[190] Ein nicht philosophisches und weniger edles Leben führen jedoch die, die »das, was die Menge für das seligste hält, wählen und vollbringen«,[191] die nicht mit philosophischen Reden der Liebe ihr Leben widmen, sondern »jene süßeste Lust« kosten »für den Augenblick«.[192] Keineswegs wird diese Art, der Liebe nachzugehen, verworfen, sie gilt auch nicht als weniger ehrbar, sie ist vielmehr bereits ein Schritt auf dem »himmlischen Pfad«[193] und ist Bestandteil der Bewegung, die hin zum wahren Schönen führt. Sokrates selbst bekennt schließlich in Xenophons Symposion, er wisse keine Zeit, in der er nicht jemanden liebe.[194] Die letzte Weihe im Mysterium des Eros setzt die verschiedenen Stufen des Aufstiegs voraus. Nicht der Ausschluß des Leibes charakterisiert in Platons Symposion die wahrhafte Liebe, sondern, wie Foucault bemerkt, »daß sie durch die Erscheinungen des Objektes hindurch Bezug zur Wahrheit ist«.[195]

Tokos und wahres Objekt des Eros

»Wer nämlich bis hierher in den Liebesdingen unterrichtet worden ist und der Reihe nach und auf die rechte Weise *(orthōs)* die schönen Dinge angeschaut hat, der geht auf den Höhepunkt *(telos)* nunmehr der Liebesdinge zu.«[196] Diotimas Schüler vermag nun, unter ihrer Anleitung »kräftig und mächtig geworden« durch die Beschäftigung mit Philosophie, unter den Erkenntnissen und Mathemata »eine ganz bestimmte, die jenes Schöne betrifft« zu erblicken, nämlich die Mathema jenes Schönen selbst *(autou eikeinou tou kalou)*.[197] Der Blick auf das wunderbare wesenhaft Schöne *(thaumaston tēn physin kalon)* eröffnet sich plötzlich *(exaiphnēs)*.[198]

Das Schöne selbst erfährt eine Charakterisierung, die sich abhebt von all dem einzelnen Schönen, das zu überwinden war. Es ist »nicht angefüllt mit menschlicher Fleischfarbe und sonstigem zahlreichem vergänglichem Tand«, sondern »sonnenklar und rein und unvermischt« ist es die Idee des Schönen selbst, das »göttliche Schöne selbst in seiner einzigen Gestalt *(auto to theion kalon monoeides)*«.[199] Es ist eine »neutralisierte Schönheit« (H. Joly),[200] ein Neutrum – *to kalon* – von ontologischer und historischer Bedeutung: Mit dem substantivierten Adjektiv Neutrum erscheint unter dem Signum der Idealität, Essentialität und Objektivität die eigenschaftslose Eigenschaft, die »dequalifizierte Qualität«.[201] Das Schöne ist in keiner Weise faßbar, sondern ist reines Sein, höchste Abstraktion. Im besonderen erscheint es nicht »wie ein Gesicht oder wie Hände oder sonst etwas von dem, was dem Leib zugehört, und auch nicht als irgendein Wort oder eine Erkenntnis, und es befindet sich auch nicht in einem Zweiten, etwa in einem Lebewesen oder in der Erde oder im Himmel oder in Sonstigem«.[202] Bemerkenswerterweise findet nach der Abkehr von all dem Einzelschönen die Wiederkehr der Einzahl statt: Das Schöne ist »monoeides«. Aber weder einem Subjekt noch irgendwelchem Objekt ist die Schönheit zugehörig, sie ist abgelöst von allen irgendwie konkreten Dingen. Vielleicht ein sogenanntes konkretes Allgemeines. Für Hippias im Dialog Hippias I aber war dieser Schritt nicht nachvollziehbar. Er bekannte, nicht den Unterschied zu kennen, auf dem Sokrates so eigensinnig beharrte, den Unterschied zwischen dem, »was schön ist *(ti esti kalon)*«, und dem, »was das Schöne ist *(ti esti to kalon)*«.[203]

Dieser von allem Einzelschönen abgelösten Idee des Schönen *(to ep' eidei kalon)* kommt Unsterblichkeit zu.[204] Sie hat, wonach Eros verlangt, und ist eine Schönheit, die nicht flieht, wie in der Problematisierung der Knabenliebe immer wieder befürchtet worden war.[205] Diese Schönheit ist ewig und vergeht nicht, sie ist überhaupt den Gesetzen des Werdens und Vergehens enthoben, denn sie entsteht nicht, nimmt nicht zu und nimmt nicht ab, sondern bleibt sich immer gleich. Sie könnte zu umschreiben sein als das allumfassende immergleiche Potential, das die Möglichkeit aller Wirklichkeit ist, sozusagen Schoß in höchster Potenz. Alles konkrete Schöne hat Anteil *(metechonta)* an der Idee des Schönen, »und zwar so, daß, wenn auch das Andere entsteht und vergeht, jenes doch niemals irgendeinen Gewinn oder Schaden davon hat und auch in keiner Weise irgend etwas erleidet«.[206]

Die Anteilhabe an diesem Inbegriff des Schönen macht die Schönheit alles Einzelschönen aus, wie Platon im Dialog Phaidon ausführt, wenn er darauf zu sprechen kommt, »daß vermöge des Schönen die schönen Dinge schön sind *(tō kalō ta kala kata)*«.[207] Die Wahrheit, die Existenz der Idee des Schönen, erscheint hier als Voraussetzung für den Beweis der Unsterblichkeit der Seele: »Ich will also versuchen, dir den Begriff der Ursache aufzuzeigen, womit ich mich beschäftigt habe, und komme wiederum auf jenes Abgedroschene zurück und fange davon an, daß ich voraussetze *(hypothemenos)*, es gebe ein Schönes an und für sich *(ti kalon auto kath' hauto)*, und ein Gutes und Großes und so alles andere, woraus, wenn du mir zugibst und einräumst, daß es sei, ich dann hoffe, dir die Ursache zu zeigen und nachzuweisen, daß die Seele unsterblich ist.«[208] Die frühe Diskussion in der Akademie über die Möglichkeit einer Idee des Schönen scheint deutlich durch, wenn Platon-

Sokrates meint, die »gelehrten Gründe« dagegen nicht zu begreifen – er seinerseits lasse das Einzelschöne beiseite, denn er werde dadurch »nur verwirrt gemacht«; er halte sich stattdessen »ganz einfach und kunstlos und vielleicht einfältig bei mir selbst daran, daß nichts anderes es schön macht als eben jenes Schöne, nenne es nun Anwesenheit *(parousia)* oder Gemeinschaft *(koinōnia)*, wie nur und woher sie auch komme«.[209]

Das Schöne, dem Symposion zufolge, ist in einem solchen Maße rein und unvermischt, daß jede Mischung mit irgendwelchem »Häßlichen« definitiv ausgeschlossen ist. Eine Schönheit also, die nicht einmal jenen Hauch von Häßlichkeit hat, ohne den alle Seligkeit nicht ist, wie Degas, der ›Maler der Tänzerinnen‹, einmal sagte (Brief v. 5. 12. 1872). Sie ist, um ein Wort Foucaults aus anderem Zusammenhang hierherzusetzen, so schön, daß man um ihre Wahrheit zittern muß.[210] Das Schöne ist »ganz für sich mit sich allein in seiner Art für immer *(auto kath' hauto meth' hautou monoeides aei on)*«.[211] »Dieses, wenn Du es jemals siehst, wird nicht mit Goldschmuck und Gewändern und den schönen Knaben und Jünglingen Dir vergleichbar erscheinen, bei deren Anblick Du ja bereits die Besinnung verloren hast und bei welchen Du entschlossen bist, wie auch viele andere, wenn sie den Geliebten erblicken, zusammenzusein mit ihm immerzu und, wenn es wohl möglich wäre, weder zu essen noch zu trinken, sondern nur ihn anzuschauen *(theasthai)* und mit ihm zusammenzusein *(syneinai)*.«[212] An den Begriffen »theasthai« und »syneinai« wird die ganze Analogie deutlich, in der das Verhältnis zur Schönheit mit dem leiblichen Verhältnis noch steht. Denn charakteristisch für das Verhältnis zur Schönheit ist zum einen der Begriff des Anschauens: »An diesem Punkt des Lebens, oh lieber Sokrates, sprach die mantineische Fremde, wenn überhaupt irgendwo, kann der Mensch leben: wenn er das Schöne selbst anschaut *(theōmenō auto to* kalon).«[213] Zum anderen der Begriff des Zusammenseins: »Glaubst Du etwa, sprach sie, es wäre ein schlechtes Leben für einen Menschen, darauf zu achten und jenes anzuschauen, wie es sich geziemt, und zusammenzusein damit *(theōmenou kai synontos autō)*?«[214]

Wesentlich für dieses Zusammensein ist die Wahrung der Distanz des Blicks. Die Aufrechterhaltung der Distanz und Differenz ist das angemessene Verhältnis zum Schönen. Das schöne Objekt nicht anschauend zu verehren, sondern »der Lust ergeben« sich ihm zu nähern hieße, dem Dialog Phaidros zufolge, »widernatürlich der Lust nachzugehen«.[215] Und noch die Nomoi fordern, daß der Liebhaber »mehr schauend verehrt als begehrt *(horōn de mallon ē erōn)*«.[216]

Die Idee der Schönheit als das eigentliche Sein ist das eigentliche Objekt des Verlangens. Sie ist zwar Bild, Vorbild, Vorstellung, Repräsentation aller Schönheit. In Wahrheit aber ist sie das schöne Selbst, das Sein selbst. Die Distanz des Blicks ermöglicht den Fortbestand des Verlangens. Die Position des Liebhabers ist jenes Telos, der Höhepunkt, der nicht mit dem Erlangen des Objekts zusammenfällt, sondern das Verlangen darauf gerichtet hält. Vom Höhepunkt aus schaut der Liebhaber das Schöne an, indem er darauf »herabschaut« *(katopsetai, katidein)*.[217] Die Schönheit liegt für den Blick unten, das Werk des Eros ist in der Tat das eines »übersteigenden Aufstiegs« (Buchner) zum Schönen.[218] Die so geartete Anschauung führt den Zweck des Aufstiegs herbei, jenes Telos im anderen Sinne: die »Niederkunft«, die an den Ausgangspunkt des Aufstiegs erinnert. Es wird nun deutlich, welchen Sinn es hatte, den Begriff der Niederkunft *(tokos)* an die Stelle der Zeugung *(genesis)* zu setzen. Diese Niederkunft nämlich erlaubt die Aufrechterhaltung der Distanz zum Schönen. Es handelt sich nicht um eine Zeugung »im Schönen«, sondern um ein Gebären des Liebhabers aus sich selbst im Anblick des

Schönen: eine Jungfrauengeburt. Gleichermaßen nur durch »Berührung« mit der Wahrheit der Schönheit bringt der Liebhaber »wahre Vortrefflichkeit« hervor. »Oder ist Dir nicht klar, sprach sie, daß es dabei für ihn nur auf diese eine Weise, nämlich indem er das sichtbare Schöne sieht, möglich werden wird, nicht Truggestalten der Vortrefflichkeit hervorzubringen *(tiktein ouk eidōla aretēs)*, da er ja nicht mit einer Truggestalt sich befaßt, sondern wahre (Vortrefflichkeit), da er ja mit der Wahrheit sich befaßt *(tou alēthous ephaptomenō)*.«[219]

Der durch die Distanz des Blicks arretierte und durch das immerwährende Zusammensein eternalisierte Eros hat zum Zweck nicht den Vollzug des Aktes, sondern die Niederkunft oder Hervorbringung aus sich selbst im Anblick des Schönen und bei dessen Berührung. Es kann also keine Rede davon sein, daß die Seele des Liebhabers sich mit der eingestaltigen und immerseienden Idee der Schönheit »in kontinuierlich wiederholten Zeugungsakten verbindet«.[220] Was hier mit der Hervorbringung im Sinne einer Niederkunft *im Schönen* (tokos *en kalō*) verwechselt wird, ist das Hervorbringen *(tiktein)* aus sich selbst, aus eigener Psyche *angesichts* des Schönen, nicht *in* ihm. Das schöne Objekt steht nicht mehr beliebig zur Verfügung, es ist nicht mehr die Rede von tiktein »en kalō«. Die geschlechtslose neutrale Schönheit *(to kalon)* erfüllt lediglich dieselbe Funktion wie die Schönheit *(hē Kallonē)* als Schicksalsgöttin bei der Zeugung: Sie ist Geburtshelferin, nämlich der wahren Arete. Sie selbst aber bleibt jungfräulich.

Die Idee der Schönheit *(to ep' eidei kalon)* ist nicht ein Gedanke, sondern eine Gestalt, die im Denken zu betrachten ist. Sie ist objektive Wirklichkeit, aber von ganz anderer ontischer Qualität als die Wirklichkeit der schönen Dinge, der Truggestalten: Sie ist die Wahrheit, ist das Wesen der Dinge, das wahre Sein. Die Idee des Schönen ist das Objekt, auf das sich das Verlangen und Begehren des Philosophen richtet. Der distanzierte Blick, die »Berührung« des Schönen ist seine Antwort auf die Frage nach dem rechten Gebrauch der Lüste. Auf diese Weise, erklärt Platon in Politeia, wenn einer seine Triebe beschwichtige und nur jenen in Bewegung gesetzt habe, »in welchem das Denken einwohnt«, könne davon die Rede sein, daß er »gesund mit sich selbst umgeht und besonnen«, und man wisse wohl, »dass er in solchem Zustande mit der Wahrheit vorzüglich Verkehr hat *(haptetai)*«.[221] Der Zugang zur Wahrheit, der verbunden ist mit dem Aufstieg zur wahren Schönheit, ausgehend vom sinnlichen Eroswerk »tokos en kalō«, ist zu erlangen nur durch zunehmende Enthaltsamkeit von jeder Sinnlichkeit. Er verrät seine sinnliche Abkunft jedoch in den Vokabeln der Sinnlichkeit, mit welchen metaphorisch die Position des theoretischen Menschen als ein Anschauen, Berühren und Zusammensein mit der Idee beschrieben wird.

Er habe es »aufgegeben, die Dinge zu betrachten«, erklärte Sokrates seinen Schülern in Phaidon ein letztesmal, denn er sei geblendet worden von ihnen. »Sondern mich dünkte, ich müsse zu den Gedanken *(logous)* meine Zuflucht nehmen und in diesen das wahre Wesen der Dinge *(tōn ontōn tēn alētheian)* anschauen.«[222] Anstelle der Dinge das wahre Wesen der Dinge in Gedanken zu betrachten, hieß für ihn aber keineswegs, es nur mit idealen Bildern statt mit realen Dingen zu tun zu haben. »Denn das möchte ich gar nicht zugeben, daß, wer das Seiende in Gedanken betrachtet, es mehr in Bildern betrachte, als wer in den Dingen.«[223]

Die Idee des Schönen als das von allem Einzelnen abgelöste Allgemeine und Hervorscheinende ist nicht nur eine Idee unter anderen, sondern, wie Buchner sagt, »die höchste Idee, das Ideenhafte der Ideen selbst«[224], wie es dann im Höhlengleichnis zum Ausdruck kommt. Ihr Sinnbild ist die Sonne, als deren Anbeter Sokrates im Symposion erscheint.[225] Das Denken und Betrachten dieser Idee, Theorie im neuen Sinne, ist das Betrachten des wahren, unverborgenen Wesens der Welt selbst, getragen von der Macht des Eros, der auf sein wahres Wesen zuallererst befragt und demgemäß ›gereinigt‹ worden war. Gemäß der Bestimmung, daß diejenigen glückselig zu nennen seien, die die Güter und die schönen Dinge besitzen bzw. sie erworben haben und ihre Gegenwart genießen, ist auch die Idee des Schönen eine Erwerbung, ein Schatz, ein Besitz. Diese »Erwerbung« *(ktēma)*[226], als welche die Idee des Schönen bezeichnet wird, ist eine Erwerbung des Eros, des Verlangens. Der Begriff verweist zurück auf die Definition der Eudaimonia, die Diotima gegeben hatte: »Durch Besitz *(ktēsei)* nämlich der Güter sind die Glücklichen glücklich«.[227] Angesichts des Schönen, durch dessen »Besitz«, vermittelt Eros dem Erastes Glücklichsein und Gutsbesitz: das gelungene Sein, das mit dem Haben des Gutes verbunden ist. Die Frage, ob das Begehren noch bestehen kann, wenn es doch besitzt, wonach es begehrte, ist beantwortet durch die Aufrechterhaltung der Distanz zum begehrten Objekt, die das Begehren arretiert und eternalisiert. Es ist, als hätte Georges Bataille diesen Punkt im Symposion vor Augen gehabt, als er schrieb: »Wie süß ist es, lange vor dem Objekt dieses Verlangens auszuharren, uns lebend im Verlangen zu erhalten, statt bis zum Äußersten zu gehen und zu sterben, dem Exzeß des gewaltsamen Verlangens nachzugeben. Wir wissen, daß der Besitz dieses Objektes, das uns glühend erregt, unmöglich ist. Wir müssen zwischen zwei Dingen wählen: Das Verlangen wird uns verzehren, oder sein Objekt wird aufhören, uns zu erregen. Wir können es nur unter der einen Bedingung besitzen, daß nach und nach das Verlangen, das es in uns weckt, nachläßt. Aber lieber der Tod des Verlangens als unser eigener Tod! Wir begnügen uns mit einer Illusion. Ihr Objekt wird uns durch seinen Besitz, ohne daß wir sterben, das Gefühl verschaffen, unser Verlangen bis zum Äußersten zu treiben.«[228]

Sokrates schließt seine Rede nun doch mit einem Lob auf Eros, nachdem er die Wahrheit über ihn ausgesagt hat, wie er sie von Diotima erfahren hat. Denn Eros ist zwar kein Gott, aber er ist die gewaltige Macht des Verlangens, das den Verlangenden hin zur wahren Schönheit treibt, zum Wesen der Dinge, zum unvergänglichen Objekt, das dem Liebenden unentwegt zu lieben erlaubt. »Deshalb also behaupte jedenfalls ich, jeder Mann habe den Eros in Ehren zu halten, und auch selbst ehre ich die Erosdinge *(autos timō ta erōtika)* und verschiedentlich übe ich sie aus *(diapherontōs askō)* und die anderen treibe ich dazu an, und jetzt und immerzu lobpreise ich die Macht und Manneskraft *(dynamin kai andreian)* des Eros, soviel ich nur vermag.«[229]

»Sōkratēs hybristēs«

Ars erotica und platonische Techne[1]

Ausgehend von der Beunruhigung über die Macht der Lust führte die Frage nach dem rechten Gebrauch der Lüste zur sokratisch-platonischen Problematisierung des Verlangens selbst und zum Verlangen nach Wahrheit. Die drei Brennpunkte der Problematisierung des rechten Verhaltens: die Frage der Lebensführung, des Verhältnisses zum anderen Geschlecht, des Objekts in der Knabenliebe, hatten die Entwicklung von »Künsten« im ethisch-ästhetischen Sinne zur Folge gehabt: Arten zu leben, sich zu verhalten und »von den Lüsten Gebrauch zu machen«.[2] Der Maßstab, unter dem die Entwicklung der Diätetik, der Kunst der Ökonomie und der Erotik stand, war die Forderung nach Mäßigung und Mäßigkeit. »Seit dem 4. Jahrhundert findet man die Idee ganz klar formuliert, daß die sexuelle Aktivität an sich gefährlich und kostspielig ist und daß sie so eng an den Verlust der Lebenssubstanz gebunden ist, daß eine sorgfältige Ökonomie sie begrenzen muß« (Foucault).[3] Was hieraus entwickelt wird, ist jedoch nicht eine Kodifizierung im Sinne einer Vorschrift oder eines Verbots, sondern eine Stilisierung des Verhaltens in dem Sinne, seiner Existenz die möglichst »schönste und vollendetste Form« zu geben.[4]

Die griechische Moral im Umgang mit der Lust unterschied sich wesentlich von anderen Entwicklungen, wie K. J. Dover zum Ausdruck bringt: »Den Griechen war kein Glauben vorgegeben, der beinhaltete, daß eine göttliche Macht der Menschheit einen Gesetzeskodex enthüllt habe, der das Sexualverhalten regulieren sollte – sie schufen auch keinen solchen –; sie besaßen keine religiösen Institutionen, die mit der Autorität ausgestattet waren, sexuelle Verbote auszusprechen und ihre Befolgung zu erzwingen«, sie fühlten sich statt dessen »frei, auszuwählen, anzupassen, weiterzuentwickeln und – vor allem – zu erneuern«.[5] Was angesichts der Macht der Lüste entwickelt wird, ist, wie Foucault sagt, eine »Strategie des Maßes und des Augenblicks, der Quantität und der Gelegenheit«.[6] Angesichts der Macht der Lüste, diesem »agonistischen Feld schwer zu beherrschender Kräfte«, tendiert die Entwicklung hin zur Konstituierung des Subjekts, das Herr seiner selbst, d.h. seiner Lüste ist. Das Subjekt hat sich, mit Hilfe seiner Fähigkeit zur Reflexion, zu behaupten im Kampf um die Macht mit der Macht der Lust. Die »Ästhetik der Existenz«, der es nachstrebt, ist die »reflektierte Kunst einer als Machtspiel wahrgenommenen Freiheit«.[7]

Der sokratische bzw. mantineische Diskurs in Platons Symposion markiert einen Wendepunkt in der Problematisierung des Gebrauchs der Lüste, oder, um es in Foucaults früherer Terminologie zum Ausdruck zu bringen, erweist sich als Schwelle oder Bruch in der diskursiven Formation, die sich um die Frage nach dem rechten Umgang mit den Lüsten gebildet hatte. Die Dynamik der Aphrodisia wird aufgebrochen durch die Unterscheidung des Begehrens (Eros) vom Vollzug (Tokos) und seinem Zweck (Eudaimonia). Es geht nicht mehr um die Lust und die »Ästhetik ihres Gebrauchs«, sondern um das Begehren und seine Hinführung zur Wahrheit. Die Beunruhigung über das Objekt der Liebe, die Suche nach der Wahrung der Ehre des geliebten Knaben wird beantwortet mit dem Übergang zur Konvergenz der Liebe, der Gemeinsamkeit des Verlangens in Hinsicht auf ein Drittes: Am Leitfaden der Wahrheit, der die Fragestellung leitet, werden sowohl der Liebhaber als auch der Geliebte hingeführt zur Ausrichtung der Liebe auf die ideale Schönheit, das wahre Sein. Die mantineisch zu nennende Antwort auf die Beunruhigung über die Macht der Lust ist die Bejahung der Macht des Eros in Hinblick auf die wahre Schönheit. Die Antwort auf die Frage der Ehre ist die Hervorbringung wahrer Vortrefflichkeit aus sich selbst im Angesicht der Schönheit. In dieser Hinsicht ist Eros auf die rechte Weise zu gebrauchen und in Ehren zu halten.

Als die drei wesentlichen Aspekte der sokratisch-platonischen Erotik nennt Foucault:[8]

1. Die Auflösung der Schwierigkeit des Objekts der Lüste durch die Zurückführung der Frage auf die Natur der Liebe selbst, die Strukturierung der Liebesbeziehung als eine Beziehung zur Wahrheit, die Verdoppelung dieser Beziehung, indem sie sowohl dem Geliebten als auch dem Liebhaber zugeschrieben wird, schließlich die Umkehrung der Liebe, indem der, der die Wahrheit kennt über die Dinge der Liebe, selbst zum Objekt der Liebe wird (bei Foucault thematisiert als vierter Übergang[9]).
2. Einführung der Frage nach der Wahrheit in die Liebesbeziehung als fundamentale Frage. Es ist nicht die andere Hälfte seiner selbst, die das Individuum im Anderen sucht, wie Aristophanes in seinem Mythos meinte, sondern es ist das Wahre, das seiner Seele verwandt und demnach als das Andere seiner selbst zu suchen ist. Die Problematisierung, die um das Objekt der Liebe gravitierte, wird verschoben zum Subjekt und zur Wahrheit, zu der es fähig ist.
3. Symposion und Phaidros markieren den Übergang von einer Erotik, die gestaltet ist nach dem Modell einer »höfischen« Praktik, zu einer Erotik, die sich um eine Askese des Subjekts und den gemeinsamen Zugang zur Wahrheit dreht. Die platonische Fragestellung betrifft das Begehren; man muß es hinführen zu seinem wahren Objekt, das die Wahrheit ist.

Der Unruheherd der Fragestellung über den rechten Gebrauch der Lüste ist damit, kann man sagen, entschärft. Dem Objekt der Lüste kommt keinerlei Leiblichkeit und somit keine Vergänglichkeit mehr zu. Die Frage der Ehre ist umgeformt in die Forderung, Eros selbst auf diese Weise in Ehren zu halten. In der Liebe zur wahren Schönheit ist das Subjekt nun in der Lage, jene Mäßigung und Besonnenheit zu praktizieren, um welche die Problematisierung des Gebrauchs der Lüste gerungen hatte, ja die Liebe zur wahren Schönheit bringt überhaupt erst wahre Vortrefflichkeit hervor.

Der wesentliche Übergang besteht in der Abwendung des Begehrens von jedwedem leiblichen Objekt und seiner Hinwendung zum idealen Objekt der wahren Schönheit. Diese Antwort, die Platon auf die Fragestellung der Erotik gibt: die Anschauung der idealen Schönheit, erscheint als die einzig angemessene Art und Weise, Eros nachzugehen. Damit steht nicht mehr zur Debatte etwa der ärztliche Rat des Eryximachos, die Lüste »auf schöne Weise zu gebrauchen *(kalōs chrēsthai)*«,[10] d.h. das rechte Maß dabei zu wahren und Besonnenheit auf diese Weise zu praktizieren, und es geht auch nicht mehr um die Überlegung des Pausanias zum rechten Verhalten von Liebhaber und Geliebtem im Umgang miteinander. Die platonische Erotik, stellt Foucault fest, stellt wohl »viele Fragen, die in den Diskussionen über die Liebe geläufig waren. Aber sie sucht nicht das geziemende Verhalten zu definieren, in dem der hinreichend lange Widerstand des Geliebten und die hinreichend wertvolle Wohltat des Liebhabers zum Ausgleich kommen; sie versucht zu bestimmen, mit welcher eigenen Bewegung, mit welcher Anstrengung und welcher Arbeit an ihm selbst der Eros des Liebenden sein Verhältnis zum wahren Sein für immer aufdecken und festlegen kann«.[11]

Die Beziehung des Eros auf die wahre Schönheit statt auf das schöne Eroswerk »tokos en kalō« hebt die drei Problemkreise in sich auf, die sich gebildet hatten in der Beunruhigung über die Macht der Lust: das Verhältnis zum Leib, das Verhältnis zum anderen Geschlecht, das Verhältnis zum eigenen Geschlecht. Die platonische »Kunst des Liebens« hebt sich ab von jedweder sinnlichen Art von Ars erotica. Die *erōtikē technē*, von der Sokrates im Phaidros sagt, Eros selbst habe sie ihm verliehen,[12] ist gänzlich anders geartet als eine Ars erotica. Das Ritual der Liebe, das Sokrates zelebriert, zielt nicht ab auf die Stilisierung der Freuden, sondern auf die moralische Besserung von Liebhaber und Geliebtem in der Entsagung. Konstituierte sich eine Liebeskunst im klassischen Griechenland ohnehin nur im Verhältnis männlicher Partner, so geht aus deren Problemkreis der Wille zum Wissen über die Dinge der Liebe hervor: die Geburtsstunde der Philosophie. Die moralische Problematisierung der Lüste kulminiert in der Frage nach der Wahrheit des Eros. Eros, durch Wahrheit zurückgebracht auf sein Wesen, ist selbst nun das Streben nach Wahrheit, nach dem Sein selbst, und erfährt in dieser Funktion hymnische Affirmation. Dies erscheint als »die rechte Art, den Liebesdingen nachzugehen«, als der rechte Gebrauch der Lüste, nämlich »daß man beginnt, von den schönen Dingen her um des Schönen willen immer weiter aufzusteigen«, daß man »durch die rechte Art, Knaben zu lieben, höhersteigt und jenes Schöne zu erblicken beginnt«.[13] Die Liebe zum Wissen, die Philosophie, gründet im Wissen über die Liebe.

Im Unterschied zur vorsokratischen Problematisierung, im Symposion repräsentiert durch die Diskurse von Phaidros, Pausanias, Eryximachos, Aristophanes und Agathon, geht es Sokrates-Platon darum, den Dingen der Liebe auf den Grund zu gehen. Sokrates, der in allen übrigen Dingen weiß, daß er nichts weiß, gibt vor, von den Dingen der Liebe besonders viel zu verstehen. Sein »Wissen« aber hat keineswegs praktische Fragen einer Stilisierung der Liebe im Blick, sondern die Frage nach ihrem Wesen selbst, die Fundierung einer Wissenschaft über die Dinge der Liebe. Als Wesen des Eros offenbart sich seine enge Zugehörigkeit zu einem Subjekt: Er ist dessen Begehren. Das Verhältnis von Eros und Wahrheit besteht auf dieser Stufe aus einer Reduktion des göttlichen Eros auf das, was er seinem Wesen nach ist: Begehren, einem Subjekt zugehörig, auf ein Objekt ausgerichtet. Die Frage nach der Wahrheit erweist auch die Vergänglichkeit des Objekts. Das wahre Objekt ist daher die ideale Schönheit, die befreit ist von jedweder vergänglichen Leiblichkeit. Der Geliebte, das ursprüngliche leibliche Objekt der Liebe, wird selbst zu ihrem Subjekt. Beide Partner richten den ihnen zugehörenden Eros aus auf das wahre Objekt durch asketische Technik im neuen Sinne: durch stufenweises Absehen von leiblicher Schönheit und Aufstieg zur wahren Schönheit. Platons Symposion und Phaidros, stellt Foucault fest, bezeichnen den »Übergang von einer Erotik, die am Werben des Liebhabers und an der Freiheit des Umworbenen orientiert ist, zu einer Erotik, die sich um eine Askese des Subjekts und um den gemeinsamen Zugang zur Wahrheit dreht«.[14]

Nicht mehr das wechselseitige Verhältnis von Liebhaber und Geliebtem steht in Frage, sondern deren beider Verhältnis in Hinsicht auf das Dritte, das wahre Schöne, das zur Hervorbringung von Besonnenheit und Vortrefflichkeit dient. Das Wesen der Schönheit steht »mit der Besonnenheit auf heiligem Boden«.[15] Das besonnene Leben, das in den Nomoi beschrieben wird, ist charakterisiert als »mild in allem«, es kennt nurmehr »ruhige Lust und ruhige Schmerzgefühle«, »gelinde Begierden und keine an Wahnsinn grenzenden Liebesregungen«.[16] Nichtsdestotrotz wird das besonnene Leben mit den Kategorien der Lust gemessen: Anders als beim zügellosen Leben werden die Leiden von den Freuden überwogen, ganz wie beim gesunden Leben gegenüber einem kranken. Diese Art von ›Ökonomie der Lüste‹ ist abhängig von einem »wohlgeordneten Leben *(tetagmenēn te diaitan)*« und der Liebe zum Wissen, der Philosophie.[17] Mit Hilfe von Philosophie und rechter Lebensführung erlangt das Subjekt, »sich selbst beherrschend«, den Sieg über das Schlechte in seiner Seele und führt die Befreiung der Vortrefflichkeit herbei.

Den Mythos des Aristophanes, wonach die entzweiten Hälften des Menschen nacheinander verlangen, lehnt Diotima ab.[18] Eros verlange nicht nach dem Anderen, sondern nach dem »Gut«; die andere Hälfte des Menschen ist nicht der Andere, sondern das wahre Sein, das er zu besitzen begehrt wie ein Gut und zu genießen im Sinne der Eudaimonia. Der Eros Platons ist ein »teleologisches Selbstverwirklichungsstreben«, ein Werden hin zum Sein; ihm steht die entteleologisierte Dynamisierung gegenüber, wie sie Nietzsche unternimmt: Das Werden *als* Sein.[19] Wie in der Kunst der Ökonomie, die sich um die Institution der Ehe gruppiert und in der weniger das wechselseitige Verhältnis von Mann und Frau in Frage steht als vielmehr deren beider Verhältnis in Hinsicht auf ein Drittes, das der Haushalt im weitesten Sinne und seine Prosperität sowie die Zeugung und Erziehung der Nachkommenschaft ist, so ist analog das Verlangen der beiden männlichen Partner ausgerichtet auf das Dritte, das Schöne, das wahre Sein. Wenn auch abstrahiert von jeder Materialität, so wird doch diese Idee der Schönheit als »Erwerbung«, als »Besitz« charakterisiert, und das erklärte Ziel der Ausrichtung auf wahre Schönheit ist es, »schönere und unsterblichere Kinder« hervorzubringen, nämlich: nicht Truggestalten der Vortrefflichkeit, sondern »wahre Vortrefflichkeit«.

Ins Zentrum der Aufmerksamkeit rückt erst in späterer Zeit das heterosexuelle Verhältnis, und die Fragestellung der Erotik zentriert sich nicht mehr um die Beziehung zum eigenen Geschlecht. Eros hat seinen Platz dann im Verhältnis zwischen Mann und Frau, und die Sorge um sich, die der Einzelne sich angelegen sein läßt, findet ihre Ergänzung in der Forderung nach Treue in der Ehe. Es geht um Fragen des ehelichen Verhaltens, der Symmetrie und Reziprozität zwischen den Partnern, darüber hinaus, was die Enthaltsamkeit angeht, um Fragen der Jungfräulichkeit.[20] Man findet neue Ansätze zu einer Liebeskunst, die sich wesentlich unterscheidet von der platonischen Techne. In Fortsetzung des platonischen Ansatzes steht jedoch, wenn es zur Problematisierung des Sexualverhaltens kommen wird, nicht mehr die Lust und die »Ästhetik ihres Gebrauchs« zur Debatte, sondern das Begehren und seine »reinigende Hermeneutik«.[21]

Liebeskunst und Wahrheitsbezug:
Die Ars erotica der Philosophie

Platons Neuerung in der diskursiven Formation, die sich um die Frage nach dem rechten Gebrauch der Lüste bildete, besteht, wie Foucault sagt, in einem »doppelten Bezug zur Wahrheit«,[22] denn es handelt sich zum einen um den Bezug zu dem »als wahres Sein erkannten« Objekt des Begehrens. Eine neue Aussage taucht auf im Ensemble der Diskurse und verlagert den Schwerpunkt der gesamten Formation in entscheidender Weise: Eros ist nicht göttlich und nicht schön; Eros ist Begehren. Nachdem als Wahrheit des Eros sein Verlangen nach wahrer Schönheit feststeht, wird er dazu angehalten, abzusehen von der geschlechtlichen Erfüllung seines Verlangens und aufzusteigen zum Anblick des geschlechtslosen Schönen, nicht um sein Verlangen zur Erfüllung zu bringen, sondern um es zu eternalisieren und »schönere und unsterblichere Kinder«, wahre Arete aus sich selbst zu gebären.

Ist hier eine Antwort auf Foucaults Frage nach dem Verhältnis von Sexualität und Wahrheit zu finden? Worum ging es Foucault überhaupt, als er sich darüber wunderte, daß der moderne Mensch im Sex die Wahrheit seines Seins zu finden meint?[23] – Aber man muß weiter zurückgehen, um zu sehen, woher die Problematisierung der Sexualität bei Foucault kommt. Auch wenn dies problematisch erscheint: Das Denken Foucaults ist in der Spannweite seiner »Widersprüche« kohärenter, als selbst eine geschulte Dialektik ihm zutrauen mag. Foucaults »Reise nach Griechenland« ist in einem Zusammenhang zu sehen, der für ihn an Aktualität nie verloren hat. Denn in Wahrheit kam die Problematik der Sexualität bei ihm nicht erst zur Sprache mit der Arbeit über den »Willen zum Wissen«, sondern in einem Aufsatz, den er 1963 veröffentlichte unter dem Titel »Vorrede zur Überschreitung«, und der der Nachruf auf Georges Bataille war. »Man gibt sich heute gern der Meinung hin«, heißt es da, »daß Sexualität in der zeitgenössischen Erfahrung die Wahrheit ihrer Natur wiedergefunden habe, welche lange Zeit im Schatten gestanden sei oder nur in Verkleidungen habe auftreten können«; aber: »Wir haben die Sexualität nicht befreit, wir haben sie an die Grenze getrieben«.[24] Die Sexualität ist eben das eine nicht mehr: nicht mehr Begehren, Trunkenheit, Durchdringung, Ekstase, Schwinden der Sinne, das sie in der Mystik und Spiritualität zu Zeiten der christlichen Welt der gefallenen Körper und der Sünde gewesen war. Das Heilige und die Sexualität sind auseinandergetreten, und »das Wort, welches wir der Sexualität erteilt haben, ist durch Zeit und Struktur dem verwandt, mit dem wir uns selber den Tod Gottes verkündet haben«.[25] »Seit unsere Sexualität begonnen hat, zu sprechen und gesprochen zu werden, hat die Sprache aufgehört, das Unendliche aufzudecken; in ihrem Dickicht machen wir nunmehr die Erfahrung der Endlichkeit und des Seins. In ihrer dunklen Behausung begegnen wir der Abwesenheit Gottes und unserem Tod, den Grenzen und ihrer Überschreitung.«[26] Das Auftauchen der Sexualität – das heißt: das Sprechen über sie, die Entstehung einer diskursiven Praxis, die den Gegenstand einer »Sexualität« hervorbringt – verknüpft Foucault mit dem Tod Gottes, der ihn immer wieder beschäftigen wird:[27] »Vielleicht hat das Auftauchen der Sexualität in unserer Kultur eine mehrfache Bedeutung: es ist an den Tod Gottes und an jene ontologische Leere gebunden, welche dieser Tod an den Grenzen unseres Denkens hinterlassen hat«.[28] »Nicht unsere Sprache ist seit zwei Jahrhunderten erotisiert worden; unsere Sexualität ist seit Sade und dem Tod Gottes in ein Universum aus Sprache geworfen worden, ist von ihm denaturalisiert worden und in jene Leere gestellt worden, in der die Sprache ihre Souveränität aufrichtet und als Gesetz die Grenzen zieht, die sie überschreitet.«[29]

Die Sprache aber meint hier: die Existenz des sprechenden Subjekts, die Stelle des sprechenden Subjekts der Philosophie, »dessen offensichtliche und geschwätzige Identität niemand von Platon bis Nietzsche in Frage gestellt hatte«.[30] Foucault annonciert das Ende des philosophischen Subjekts und verweist auf das »exemplarische Unternehmen Batailles«, der unablässig und verbissen daran gearbeitet habe, die Souveränität des philosophischen Subjekts in sich zu brechen. Es geht nicht um das Ende der Philosophie, aber in der Philosophie um das Verschwinden des philosophierenden Subjekts als der souveränen und ersten Form der philosophischen Sprache: »Das ist genau das Gegenteil der Bewegung, die seit Sokrates die abendländische Weisheit gebildet hat: Jener Weisheit versprach die philosophische Sprache die heitere Einheit einer triumphierenden Subjektivität, die sich in der Sprache gebildet hat.«[31]

»Ginge es darum, der Erotik gegenüber der Sexualität einen spezifischen Sinn zu geben, so könnte man sie als die Erfahrung der Sexualität definieren, die von sich aus das Überschreiten der Grenze an den Tod Gottes knüpft.«[32] Die Erfahrung der Erotik ist, vor dem Hintergrund der Erfahrung der Überschreitung, die Wiedergewinnung des Raums des Göttlichen, eine Philosophie, die – seit Nietzsche – »die Erfahrung des Göttlichen wieder ins Herz des Denkens versetzt hat«. »Daß eine Philosophie, die dem Sein der Grenze nachfragt, auf eine solche Kategorie zurückgreift, ist offensichtlich eines der zahllosen Zeichen dafür, daß unser Weg zurückführt und wir den Griechen immer näher kommen.«[33] –

Die Griechen kannten nicht die »Sexualität«. Im Mittelpunkt ihrer Erotik standen die »Aphrodisia« – die »Lusthandlungen«.[34] Auch Platon, der im Symposion die Auflösung der Einheit von Erotika und Aphrodisia unternimmt, hält fest an der Struktur der Erotik. Eros, das unbändige Verlangen, und Aphrodite, die für seine Erfüllung steht, werden geschieden, die Geschlechtlichkeit neutralisiert. Die Umkehrung und schließliche Neutralisierung der Geschlechtlichkeit aber, die sich in der Entwicklung des Begriffs »tokos en kalō« zeigt, ist verbunden mit der Konstituierung einer »Erotik der Wahrheit«, einer Verknüpfung von Wahrheit und Intensität. In dieser philosophischen Erotik entwickelt sich eine Ars erotica eigener Art – eine Ars erotica, die sich nicht im Umgang mit den sinnlichen Dingen der Liebe, sondern im Zugang zur Wahrheit konstituiert. Durchaus hat auch die Ars erotica der Philosophie eine Stilisierung des Verlangens und eine Intensivierung der Lust im Blick. Die Stilisierung, die sie bewirkt, besteht allerdings aus der Subjektivierung des Verlangens und der Idealisierung des Objekts.

Wenn als charakteristisch für eine Ars erotica die Technik der Initiation gilt, so ist die platonische Techne dem ganz analog: Es ist die Sprache einer Initiation in die Mysterien, in der Diotima ihren Schüler beim Aufstieg zum Schönen anleitet.[35] Das Wissen um die Wahrheit der Dinge, die Ideenlehre und ihre Vermittlung stehen ganz im Zeichen der Initiation. Das Wissen um die wahre Schönheit erscheint als die »letzte und höchste Weihe« in Platons Symposion,[36] und es wurde auch an ebendieser Stelle der Übergang der Philosophie von Sokrates zu Platon vermutet.[37] Wie in der Tradition der Ars erotica wird hier das Wissen des Meisters weitergegeben in Form von persönlicher Unterweisung; das Wissen um die Wahrheit ist eingebunden in die Wahrung des Geheimnisses.

Wenn zur Form der Ars erotica die mündliche Aufbewahrung des wesentlichen Wissens gehört, so ist es kein Zufall, daß die Bedeutung der mündlichen Rede in besonderer Weise thematisiert wird in »Phaidros«. Geradezu als das Leitmotiv dieses Dialogs kann ja, wie festgestellt wird, die Frage gelten: Wie soll man reden? Welches ist die beste Redekunst? – und zugleich ist diese Frage doch »nicht zu trennen vom Thema der vorgetragenen Musterreden: sie handeln vom Wesen des Eros«.[38] Und so ist es auch kein Zufall, daß Alkibiades in der Abschlußrede des Symposions, als er Sokrates als die Einkörperung des Eros vorstellt, auf dessen Wirksamkeit durch das gesprochene Wort zu sprechen kommt. Die Macht des sokratischen Logos erweist sich als noch erstaunlicher als die dionysische Macht des Satyrs Marsyas: »Der nämlich verzückte wenigstens mithilfe von Instrumenten die Menschen durch die von seinem Mundwerk ausgehende Macht – was nämlich Olympos auf der Flöte spielte, stammt von Marsyas, meine ich, der sein Lehrer war –; dessen Weisen nun, möge ein guter Flötist sie blasen oder eine schlechte Flötistin, machen besessen wie nichts sonst und lassen erkennen die nach Göttern und Mysterien Verlangenden, aufgrund ihres göttlichen Wesens. Du aber unterscheidest Dich von jenem nur so weit, insoweit Du ohne Instrument mit nackten Worten dasselbe bewirkst.«[39]

Sokrates' Reden haben, wie er selbst, ein profanes Äußeres und ein kostbares Inneres. »Wenn nämlich einer willens ist, den Reden des Sokrates zuzuhören, so erscheinen sie ihm wohl höchst komisch zunächst: mit solchen Begriffen und Sentenzen von außen her (exōthen) rings umgeben wie ein übermütiger Satyr (satyrou hybristou) eben mit einem abgezogenen Fell. Von Eseln nämlich, von Packeseln spricht er und von irgendwelchen Schmieden und Schustern und Gerbern, und immer auf dieselbe Art scheint er dasselbe zu sagen, so daß ein jeder unkundige und unwissende Mensch wohl über seine Reden ins Fäustchen sich lacht. Aufgeklappt aber wenn einer sie sieht und eindringt in ihr Inneres (entos), so wird er erstens den Sinn der Reden, den sie im Innern (endon) nur haben, einsehen, ferner daß sie höchst göttlich sind und größte Götterbilder der

147

Vortrefflichkeit in sich enthalten und dabei über vieles sich erstrecken, ja eigentlich über alles, was sich zu beachten ziemt für den, der schön und vortrefflich werden will.«[40]

Das Äußere der sokratischen Logoi mag Spiel sein und inszeniert sein wie eine Komödie, ihr Inneres aber birgt den weihevollen Ernst und die Erhabenheit der Tragödie; und wenn Sokrates in den frühen Morgenstunden nach dem Symposion noch Aristophanes und Agathon zu dem Eingeständnis nötigt, daß ein und derselbe Mann Komödien und Tragödien verstehen müsse zu dichten, dann hat Alkibiades in seiner Rede bereits »die Wesensmerkmale der beiden dichterischen Gattungen den logoi des Sokrates zugesprochen«.[41] Aber das sokratische Bemühen um eine Ethik und Ästhetik der Existenz, die Erziehung zu Schönheit und Vortrefflichkeit, ist nicht eine Sache der Schrift. Geschrieben wird in dieser Philosophie nicht auf Papier, »geschrieben wird«, wie es im Phaidros heißt, »in des Lernenden Seele«, mit Hilfe der lebendigen Rede, und es ist »die lebende und beseelte Rede des wahrhaft Wissenden, von der man die geschriebene mit Recht wie ein Schattenbild *(eidolon)* ansehen könnte«.[42] Die Buchstabenkunst sei zwar erfunden worden als ein Mittel zur Erinnerung und Klugheit, sie werde aber den Seelen der Lernenden »vielmehr Vergessenheit einflößen aus Vernachlässigung der Erinnerung, weil sie im Vertrauen auf die Schrift sich nur von außen *(exothen)* vermittels fremder Zeichen, nicht aber innerlich *(endothen)* sich selbst und unmittelbar erinnern werden«.[43]

Gerade unter Bezug auf Platon lebte im französischen Strukturalismus die Debatte über den Gegensatz des Innen und Außen, über den Ernst und das Spiel wieder auf.[44] Die ganze Kritik des abendländischen Logozentrismus hat das Problem der Unterscheidung von Wort und Schrift im Blick. Mit Platon, mit dem Mythos von der Erfindung der Schrift in Platons Phaidros beginnt »die philosophische

Geschichte der Schrift«, nämlich deren »Verwerfung ins Unwesentliche« gegenüber der Ordnung der Ideen.[45] Die Schrift ist, wie der Leib, in dieser Geschichte das Äußere, bloße Materie, dem Logos äußerlich. Der Entwicklung, die Unterscheidung von Wort und Schrift aufzuheben, steht die Bewegung gegenüber, sie wiederzubeleben und Platons exoterischen Schriften eine »Esoterik« gegenüberzustellen.[46] Die Frage dürfte aber nicht so sehr darin bestehen, ob es diese Esoterik wirklich gab (das unterliegt wohl keinem Zweifel), sondern ob sie heute wiederherzustellen sei. Zu fragen wäre auch, ob das Phänomen der Wahrung und Vermittlung einer ungeschriebenen Lehre Platons unter dem Terminus der »Esoterik« am besten zu fassen ist, denn der Begriff legt wohl allzusehr eine moderne Innerlichkeit nahe; Innerlichkeit bei Platon aber darf »nicht im Sinne moderner Entleiblichung und Privatisierung verstanden werden« (Krüger).[47]

Die Frage schriftlich/mündlich – und damit die Frage Innerlichkeit/Äußerlichkeit – hält Foucault für sekundär gegenüber der Frage der Wahrheit. »Es ist nicht wichtig, ob ein Text geschrieben oder gesprochen ist«, meint er mit Bezug auf Platons Phaidros, »– das Problem ist, ob der in Frage stehende Diskurs den Zugang zur Wahrheit bringt«.[48] Es ist eine Erotik der Wahrheit, die der schriftlichen wie mündlichen Vermittlung der Lehre zugrundeliegt, Erotik ganz in dem Sinne, wie Bataille sie verstand – notwendig *geistig* und nicht einfach *körperlich*.[49] Erotik, Hinwendung zur Philosophie und Einweihung ins Mysterium gehen, wie das Symposion zeigt, in eins. Es ist die Mystagogin Diotima, die, im Wissen um die Wahrheit der Erotika, den Weg offenbart, der von äußerer leiblicher Geschlechtlichkeit zu jener inneren geistigen Wesensschau führt, wie sie gepflegt wird auch im Innern der Akademie, nach außen hin repräsentiert durch Schein und Spiel des geschriebenen Worts. Die Erotikoi logoi, ob sie gesprochen oder geschrieben sind, zielen ab auf den Zugang zur Wahrheit und den Aufstieg zur wahren Schönheit.

Die platonische Philosophie transformiert die lebendige Beziehung der Liebeskunst in die Beziehung zur Wahrheit. Das Wesentliche für den Sokrates des Symposions, Foucault zufolge, ist: daß ihm »das Sein der Wahrheit selbst zugänglich« ist.[50] Die Problematik, die damit verbunden ist, wird im Symposion selbst noch thematisiert, durch Alkibiades und – im Namen der Wahrheit.

Die Aporie des Alkibiades

Es hatte zu den Aufgaben der Liebeskunst gehört, das Verhältnis von Liebhaber und Geliebtem zu bestimmen zu suchen. Sollte der Vektor der Liebe ausschließlich von Seiten des Liebhabers auf den Geliebten gerichtet sein und nicht die Liebe auch erwidert werden vom Geliebten? Platon bezog dazu Position bereits im Dialog Lysis: »Notwendig muß auch der echte Liebhaber, der sich nicht nur so anstellt, wiedergeliebt werden von seinem Liebling«.[51] Im Symposion gehen Sokrates-Diotima davon aus, daß Eros sowohl dem Liebhaber als auch dem Geliebten zugehört, jedoch das Objekt, auf das beider Eros sich richtet, ist keineswegs mehr der jeweils Andere, sondern das wahre Schöne. Die Liebesbeziehung ist transformiert in die Beziehung zur wahren Schönheit. Der Aufstieg zu diesem Schönen ist ein Akt der Entschleierung, der Entblößung: ein Weg der Enthüllung des jeweiligen Objekts, um schließlich das Schöne selbst in seiner Unverborgenheit, d. h. Wahrheit zu sehen; der Weg des Eros ist »strebend enthüllend«.[52] Auf dem Hohepunkt *(telos)* des Aufstiegs, dort, wo der Blick auf das Schöne selbst geht, ist man gleichsam »über die Dinge hinausgetragen«, es ist ein Punkt hoch über der Welt, wo man konfrontiert ist mit deren tiefstem Geheimnis, ein »Blick auf die Welt von oben«[53] – ein Moment, vergleichbar vielleicht dem Augenblick des Blicks auf den blauen Planeten von außen.

Aber das Symposion endet nicht hier. Es fehlt das Satyrspiel, um das Fest abzurunden wie in der Tetralogie der Tragödie.[54] Hatten die vorsokratischen Redner Eros gepriesen »nur zum Schein«, Sokrates aber dessen Wahrheit gesagt, so tritt Alkibiades nun auf, um im Namen der Wahrheit die Erscheinung des Eros zu preisen, seine Ge-

stalt, sein Bild, und zwar »in Bildern«.[55] Alkibiades, beseelt
vom Gott des Weines und »geschmückt mit einem dichten
Kranz von Efeu und Veilchen«,[56] den Attributen von Dionysos und Aphrodite, sagt die Wahrheit über Sokrates: »Die
Wahrheit will ich sagen! Also prüfe, ob Dir das genehm ist! –
Aber natürlich, habe jener erwidert; die Wahrheit gefällt
mir auf jeden Fall und ich fordere Dich auf, sie zu sagen.«[57]
Das Bild, das Alkibiades von Sokrates zeichnet, ist das eines Satyrs und Silenen. »Daß Du ganz gewiss jedenfalls
dem Aussehen *(eidos)* nach diesen ähnlich bist, oh Sokrates, wirst Du selbst ja auch nicht etwa bestreiten«.[58] Aber
Sokrates gleicht den dionysischen Figuren nicht etwa nur
äußerlich, sondern auch innerlich, denn, so fährt Alkibiades anklagend fort: »*Hybristēs* bist Du, oder nicht?«[59]

Sokrates hybristes? Der Vorwurf ist ungeheuerlich.
Warum er gemacht wird, ist auf's erste nicht einsehbar. Die
gewöhnliche Hybris von Satyrn, erläutert K. J. Dover in
seinem Symposion-Kommentar zu dieser Stelle, ist sexuelle
Mißhandlung, »wenn ihre natürliche Schamlosigkeit noch
verstärkt ist vom Wein und ihre natürliche Feigheit übersteigt; die Hybris des Sokrates ist hiervon sehr verschieden,
wie die Erzählung des Alkibiades zeigen wird«.[60] Dover
führt an anderer Stelle aus, was der Vorwurf »hybristēs«
(hybrizein, hybristikos) im antiken Griechenland bedeutete: »Redner vor athenischen Gerichten verwendeten mit
Vorliebe diese emotionsgeladenen Wörter, wenn sie an-
prangern wollten, was sie als unerhörtes, arrogantes oder
verachtungswürdiges Verhalten ansahen.«[61] Insbesondere
taucht dieser Vorwurf auf, wenn der Angeklagte sich ein
Gewaltvergehen gegen eine Person hat zuschulden kommen lassen, denn dies wurde als Verstoß gegen die ganze
Gemeinschaft betrachtet. Hybris meint hier den Ausdruck
einer bestimmten Haltung oder Gesinnung, die Anmaßung
einer Überlegenheit, die Einnahme einer dominanten Stellung gegenüber dem andern oder ein sonstwie anmaßendes

Auftreten, das den Betroffenen entehrt und herabwürdigt zum Sklaven.

Vor diesem Hintergrund wird deutlicher, was der Vorwurf »Sōkratēs hybristēs« meint, denn Alkibiades fühlt sich »zum Sklaven erniedrigt von diesem Menschen wie keiner von einem andern.«[62] Der Vorwurf ist in den Rahmen einer improvisierten Gerichtsverhandlung gestellt. Bereits zu Anfang des Symposions warf Agathon Sokrates vor: »*Hybristēs* bist Du! Ein wenig später werden wir das ausmachen, Du und ich, was die Weisheit betrifft, als Richter den Dionysos gebrauchend«.[63] Mit den Insignien des Dionysos erscheint dann Alkibiades, aber er tritt nicht als Richter, sondern als Ankläger auf: Wenn Sokrates nicht zugeben wolle, daß er hybristes sei, werde er »Zeugen benennen«.[64] Zu Richtern ruft er die Teilnehmer des Symposions auf, mit einer Wendung, wie man sie vor Gericht gebrauchte: »Ihr Herren Richter *(ō andres dikastai)*; Richter nämlich sollt Ihr sein über den sokratischen Hochmut *(hyperēphanias)*!«[65]

Alkibiades spricht, als klage er Sokrates der Hybris an. Schon zu Beginn seines Auftritts, als er aufgefordert wurde, eine Lobrede auf ihn zu halten, fragte er zurück, wie das gemeint sei. »Soll ich wüten gegen den Mann und Rache nehmen an ihm vor euren Augen?«[66] Rache nehmen wofür? – Die Geschichte, die Alkibiades erzählt, im Bann des Weines »wahrheitsliebend«, gibt ein Bild vom hochmütigen »übermäßigen Werk *(ergon hyperēphanon)*« des Sokrates.[67] Als Alkibiades nämlich den Sokrates zum Liebhaber sich erhoffte und sich ihm geradezu anbot, »zeigte dieser sich mir so sehr überlegen und verschmähte und verlachte meine Jugendschönheit und war anmaßend *(hybrisen)*«.[68] Was Alkibiades als Hybris anklagt, ist nichts anderes als das sokratische Eroswerk: Das Absehen von leiblicher Schönheit und der Aufstieg zu eigentlicher Schönheit, diese Ars erotica der platonischen Philosophie. Sokrates sah ab von erotischer Praxis im herkömmlichen Sinne, er sprach Eros das Attribut der Schönheit und der Gottheit ab. Eros, bloßes Begehren, wurde transformiert in das Begehren nach der wahren Schönheit, und es ist die wahre Schönheit, die die Position der Gottheit innehat. Die Leugnung der Gottheit des Eros und der Aufstieg zur überhimmlischen Schönheit könnte sich in den Augen der Symposiasten ausgenommen haben wie die Anmaßung der Menschen im Mythos des Aristophanes, die von Zeus bestraft wurden, als sie den Himmel stürmen wollten – Anmaßung, deren Folgen Apollo erst heilte. Sokrates, der die Macht seines Verlangens gänzlich übersetzt hat in das Verlangen nach wahrer Schönheit, äußert im Phaidros denn auch die Befürchtung, daß ihm »noch etwas Übles begegnet wegen Schmähung des Eros«.[69] Seine zweite Rede stellt er ausdrücklich in den Dienst einer Erosbegeisterung – gegen deren Widersacher, die bloße Leidenschaft.

Alkibiades aber sieht in der philosophischen Art, sich zu begeistern für die ideale Schönheit, selbst eine unmäßige Leidenschaft am Werk, wenn er der Runde des Symposions vorwirft: »Alle nämlich habt Ihr Anteil an der philosophischen Manie und Bacchanterie«.[70] Nicht von ungefähr hat er Sokrates als Satyr und Silen beschrieben. Satyrn sind wilde Gesellen – »Kreaturen mit ungezügelter Begierde, die sich auf jeden, gleich welchen Geschlechts, stürzen würden, dessen Schönheit sie erregte.«[71] Dies ist die Leidenschaft, von der bewegt zu sein Sokrates nach außen hin vorgibt, wie Alkibiades schildert: »Ihr seht sicherlich, daß Sokrates immer lüstern ist auf die Schönen und immerzu um diese herum ist und hingerissen ist von ihnen, und auch, dass er unverständig ist in allem und nichts weiß.«[72] Er gibt sich nach außen hin verliebt, ist es aber nicht wirklich: »Wißt, daß wenn einer schön ist, ihm nichts daran liegt, sondern er dies so geringschätzt, wie es wohl kaum einer für möglich hält«.[73]

Innerlich ist Sokrates voller Besonnenheit, Mäßigkeit, Festigkeit und wohl auch Wissen. Seine Überhebung aber ist, einer Leidenschaft nachzugehen, die den Leib gering-schätzt. Die Entehrung des leiblich Schönen wirft Alkibia-des ihm vor, sich angemaßt zu haben *(hybrisen),* und be-nennt dafür zwei Zeugen, denen es ebenso ergangen ist: Charmides und Euthydemos »und sehr viele andere«.[74] Er selbst sei nach diesem Erlebnis ganz durcheinander gewe-sen: »Glaubte zum einen, entehrt zu sein *(ētimasthai),* be-staunte zum anderen aber die ihm eigene Natur, die Festig-keit und Männlichkeit *(sōphrosynēn kai andreian),* und daß ich zusammengetroffen war mit einem Menschen von solch einer Art, wie ich sie nicht für möglich gehalten hätte jemals anzutreffen in Hinsicht auf Festigkeit und Willens-kraft. Demnach also weder zu zürnen und so mich zu be-rauben des Umgangs mit ihm brachte ich fertig, noch auf irgendeine Weise ihn an mich zu ziehen war ich im-stande« – »Ratlos also war ich«.[75]

Aporie ist die Wirkung des sokratischen Eros auf Alki-biades. Aporie, erklärte Diotima, habe Eros von seiner Mutter geerbt. Und als Sokrates in Theätet auf seine Mut-ter zu sprechen kommt, da bringt er auch den Vorwurf zur Sprache, der ihm gemacht wird, nämlich »daß ich der wun-derlichste aller Menschen wäre und alle in Verwirrung brächte *(aporein)*«.[76] Der Grund dafür sei seine »Hebam-menkunst«, die er von seiner Mutter geerbt habe, die aber für gebärende Seelen Sorge trage, nicht für Leiber, und her-vorgeht aus einer gewissen Ungeschlechtlichkeit: »Ge-burtshilfe leisten nötigt mich der Gott, erzeugen aber hat er mir verwehrt«.[77]

Der Meister, der seine Liebe ausrichtet auf das ideale Objekt wahrer Schönheit, bewirkt die Umkehr der Rolle des Geliebten und zieht dessen Liebe auf sich. Die sokrati-sche Maieutik »kehrt die Beziehung zwischen Meister und Schüler völlig um« (Hadot).[78] Foucault sieht in dieser Liebesbeziehung, die strukturiert ist durch die Beziehung zur Wahrheit, einen »anderen Typ von Herrschaft« entstehen – Herrschaft, die »vom Wahrheitslehrer ausgeübt wird und zu der er durch die Souveränität qualifiziert wird, die er über sich ausübt«.[79] Nun ist es die Sorge *(epimelēs)* des Schülers, vor allem zu hören, was Sokrates sagt, und er erweist sich als dessen Liebhaber *(erastēs)*.[80] Nachdem die Hoffnung fehlgeschlagen ist, der Geliebte des Sokrates zu werden, versucht auch Alkibiades sich in der Rolle des Liebhabers, »in seltsamer Umkehrung des Natürlichen«.[81] Der Sinn des Spiels der Liebe ist umgekehrt, die Rollen sind vertauscht. Alkibiades, der hoffte, Sokrates »zu Gefallen zu sein *(charizesthai)*«,[82] ist irregeführt, denn Sokrates ist nur ein »vorgeblicher Liebhaber *(hōs erastēs)*, der als Geliebter eher sich erweist denn als Liebhaber«.[83]

Die sokratische Ethik und Ästhetik der Existenz hat anderes im Sinn als etwa das, was Phaidros in der ersten Rede des Symposions als unabdingbar pries für Menschen, die »auf schöne Weise leben wollen *(kalōs biōsesthai)*«: »Nicht nämlich weiß ich wenigstens zu sagen, was ein größeres Gut ist gerade für einen, der jung ist, als ein brauchbarer Liebhaber *(erastēs chrēstos)*, und für den Liebhaber ein geliebter Knabe.«[84] Die sokratische Hierarchie der Güter ist eine andere. Sein Interesse an apollinischer Schönheit ist anders bestimmt. Sokrates, »der Mittelpunkt der Geschichte der Selbstformung des griechischen Menschen« (W. Jaeger),[85] »das erste Individuum der Geschichte des abendländischen Denkens« (Hadot),[86] will anhalten zur Sorge um sich selbst. Zur Ethik der Selbstsorge gehörte schon im vorsokratischen Diskurs die Forderung nach Mäßigung im Umgang mit den Lüsten. Die Mäßigung, die Sokrates praktiziert und verlangt, ist jedoch nicht der maßvolle Gebrauch der Lüste, sondern die Enthaltsamkeit. So sind zwei Extreme verkörpert in Sokrates und Alkibiades: Dem theoretischen asketischen Menschen in seiner ersten

Ausformung steht sozusagen der »Don Juan« der Antike gegenüber. Don Juan, der sich zur Gewalt des Begehrens bekennt und sich bezaubern läßt von jeder Schönheit, die er trifft, um ihr den Tribut zu zollen, zu dem er sich von Natur aus verpflichtet fühlt, ist dem Philosophieren abhold. Er hat seine eigene abendländische Geschichte: »Die zwei großen Regelsysteme, die das Abendland verfaßt hat, um den Sex zu regieren – das Gesetz der Ehe und die Ordnung der Begehren –, sie beide werden durch die Existenz Don Juans, der an ihrer gemeinsamen Grenzlinie aufgetaucht ist, umgekehrt.«[87]

Alkibiades vernachlässigt die von Sokrates anempfohlene »Selbstsorge«. Das Unternehmen, ihm die mantineische Ethik zu vermitteln, scheitert. Er bekennt, gar nicht zu wissen, wie er umgehen solle *(chrēsomai)* mit Sokrates, und in Verlegenheit gebracht worden zu sein »von diesem Satyr«.[88] So sehr ihn die sokratisch-dionysischen Reden ergreifen, so sehr bringen sie auch seine Seele »in Verwirrung« und gar in den »Zustand der Knechtschaft«, und er meint unter ihrem Eindruck, das Leben sei »nicht lebenswert für einen, wie ich bin«.[89] »Er nötigt mich nämlich zuzustimmen, daß es an vielem mir mangelt, daß ich noch dazu für mich selbst nicht sorge *(emautou amelō)*, die Angelegenheiten aber der Athener betreibe.«[90]

Alkibiades sorgt sich nicht um die Beherrschung der Begierden. Sokrates, an anderer Stelle, muß sich den Vorwurf gefallen lassen, unerfahren zu bleiben in den Lüsten und Begierden der Menschen durch die Abwendung von ihnen.[91] Von den Begierden beherrscht zu sein, dies ist für Sokrates im Phaidros Hybris.[92] Als Hybris erscheint bei Platon das Übermaß und die Gewalt der geschlechtlichen Begierde, die Befriedigung des Körpers durch den Körper.[93] Ohne Anteil an Hybris sei nur Eros uranos, erklärt Pausanias im Symposion, und einem *hybreōs* Eros stellt der Arzt Eryximachos den maßvollen *(kosmios)* Eros gegenüber.[94]

Sokrates, der hybristes ist, wird von Alkibiades des Übermaßes und der Grenzenlosigkeit einer Begierde bezichtigt,
die nur scheinbar eine ganz andere ist: die »philosophische
Manie und Bacchanterie« – die Begierde nach Wissen und
nach Wahrheit, nach Erkenntnis der wahren Schönheit,
eine Begierde, die den Philosophen in dionysische Ekstase
versetzt und ganz außer sich sein läßt, ergriffen vom Enthu-
siasmus des Eros.

Es ist nicht anzunehmen, daß Platon seine eigene Position ins Zwielicht hat rücken wollen, indem er Sokrates
durch Alkibiades der Hybris bezichtigen ließ. Er kommt
darauf zu sprechen vielmehr mit der Freimütigkeit desjenigen, der sich in seinem Kern ganz unangetastet weiß – ganz
erfüllt von jener »parrhēsia«, die er Alkibiades zuschreibt,[95]
und die Foucault zuletzt so sehr fasziniert hat. Er fühlt sich
frei darzustellen, daß das Absehen von geschlechtlicher Begierde einhergeht mit dem Auftauchen jener anderen Begierde: der »Begierde, es zu wissen« (epithymia tou eidenai),[96] der sokratischen »Wahrheitsfindung«. Die Macht der
Lust wird transformiert in das Verlangen nach Wahrheit. Da
der so geartete Eros nie erlangt, wonach er verlangt, ist die
Dimension eines immensen Verlangens eröffnet, ein unermeßlicher Wunsch, ewig unerfüllbar, ein Exzeß, der mit
Entsagung einhergeht. Eine Bewegung zwischen Exzeß und
Entsagung, gleichermaßen im Rhythmus wie in einer Me-
trik, scheint für Sokrates-Platon nicht in Frage gekommen
zu sein, ebensowenig das aristokratische Modell einer Mitte
zwischen den Extremen, wie es Aristoteles vertrat. In der
Mitte zwischen den Extremen befindet sich allenfalls, jedenfalls in der Architektur des Symposions, der Diskurs des
Aristophanes. Aus der Begierde nach Wissen aber geht die
Konstituierung einer Wissenschaft hervor, und um Foucaults Wort abzuwandeln, müßte man vielleicht sagen, die
abendländische Gesellschaft habe sich, mit den Traditio-
nen des Ars erotica brechend, eine Scientia gegeben.

– Kann man damit sagen, verstanden zu haben, was »platonischer Eros« ist? Was ist Foucaults »Interpretation« des platonischen Eros? – Zum Schluß drängen Fragen sich auf – alle die Fragen, die man eingangs gehofft hatte sich zu beantworten, und noch einige mehr. Der Eindruck, eine Strecke gegangen zu sein und den Weg doch nicht gefunden zu haben. Man weiß nicht, was Foucault und Deleuze im Blick hatten, als sie eine »Umkehrung des Platonismus« propagierten.[97] Man ist irritiert, denn Foucault selbst sprach, wie es scheint, ganz platonisch von der Wißbegierde *(curiosité)*, von dem Wissenseifer *(l'acharnement du savoir)*,[98] der ihn dazu getrieben habe, die »Reise nach Griechenland« zu unternehmen. War es nicht die »beständige Sorge um die Wahrheit«,[99] die ihn immer – sehr platonisch – umgetrieben hat? Gab er nicht selbst das »Modell der Enthaltsamkeit« ab, das er in Sokrates verkörpert sah? Was überhaupt will es heißen, wenn er davon sprach, die Hybris sei »fundamental« gewesen?[100] Aber vielleicht war es dieselbe wie die, von der er sagte: »Vielleicht bringt die Erfahrung der Überschreitung mit ihrem Absturz in die Nacht den Bezug der Endlichkeit zum Sein an den Tag«.[101]

Wenn man seine Arbeit in einer Ratlosigkeit beendet, die dieselbe ist wie die, in der man sie begonnen hat, dann kann dies wohl nur heißen, daß man die Wahrheit auf Wegen gesucht hat, auf denen sie nicht zu finden ist. Eine Erfahrung, die vielleicht Foucault selbst gemacht hat: »Man meinte, sich zu entfernen und findet sich in der Vertikale seiner selber.«[102] Man ist darüber erstaunt, daß man, während man doch glaubte, der Faden der Ariadne sei gerissen, nach wie vor diesem Faden nachzugehen suchte. Was hat der Wille zum Wissen zu tun mit Sexualität? »Dann erinnert man sich an den Garten von Eden und den Baum des Wissens«;[103] – sollte ein neuer Baum des Wissens gepflanzt werden im Garten der Lüste? – Die wesentlichen Beziehungen entziehen sich immer dem Zugriff des Wissens. Was wäre das schon: die Wahrheit zu wissen. »Glücklicherweise«, sagt Baudrillard, »sind wir nicht an diesem Punkt, denn auf dem Höhepunkt der Dinge, im Augenblick, in dem sie sich verifizieren wollen, kehren sie sich immer um, und diese ironische Umkehrbarkeit sichert ihr Geheimnis.«[104] Die Wahrheit, um die es geht, ist eine andere, ist jene Art von Affirmation, in der das wahre Sein immer zum Ausdruck kommt.

Man würde fehlgehen in dem Versuch, Foucaults Arbeiten über die Antike als Antiplatonismus zu verstehen. Der platonische Eros in seiner Vielfalt, bis hin zur Entsagung in der Erotik der Wahrheit, erscheint in Foucaults Perspektive als Bereicherung des Ensembles der Lüste, nicht als deren Aufhebung. Was man Foucaults *apollinische Wendung* nennen kann, besteht in der Nutzung platonischer Elemente einer Philosophie des Selbst und der Beziehung zur Wahrheit zu einer Ethik und Ästhetik der Existenz. Foucaults Entwurf der Selbstsorge und des Gebrauchs der Lüste wurde entwickelt vor allem in der Auseinandersetzung mit platonischer Philosophie. Es ist eine Wiederaufnahme des sokratischen ethischen Impetus. Wie für Platon ist diese Form der Selbstsorge für Foucault keine bloße Reflexion des Subjekts auf sich selbst, sondern reflektierte Praxis bis hin zur Transformation seiner selbst in einer Konversion.

Mit dem Rückgang zum klassischen Selbst, zum *Individuum* im wirklichen Sinne, suchte Foucault sich abzukoppeln vom modernen »Subjekt« und seiner unseligen Geschichte – einer Geschichte zwischen Untertänigkeit und Selbstherrlichkeit, zwischen Anpassung und Anmaßung, Geschichte auch der merkwürdigen Selbstdoppelung in Subjekt und Objekt, der Selbstreflexion und Selbstinterpretation, Geschichte des Glaubens an ein Gegenüber von Subjekt und Objekt in der Welt und gegenüber der Welt selbst, der Glaube an ein Cogito.[105] Foucault setzt die Philosophie der Beziehung an die Stelle der Dialektik von Subjekt und Objekt. An die Stelle der einen platonischen Beziehung zur Wahrheit tritt das Eingebettetsein des Selbst in ein Netz von Beziehungen. Eine Philosophie der Differenz geht daraus hervor, nicht der Dialektik, der Differenz der Akzente und der Intensitäten, mit Deleuze zu sprechen, und der Repetition der Differenz, die den Rhythmus konstituiert. Die Selbstsorge ist nicht blutleere Reflexion, sondern Praxis, Übung seiner selbst, Askese im ursprünglichen Sinne, eine Renaissance der Lebenskunst. »Die Rückkehr zu sich selbst widerspricht dem christlich-asketischen Selbstverzicht, ist aber ein rekurrentes Thema unserer Kultur, in der immer wieder die Wiederherstellung einer Ethik und Ästhetik des Selbst versucht wird.«[106] Foucault, kein Zweifel, ist am Ende seines Lebens bei Montaigne gelandet, den er in diesem Zusammenhang nennt; dort also, wo, wie ihm vorgeworfen wird, andere beginnen.

Die Arbeit an sich selbst, an der Ethik und Ästhetik der Existenz, erscheint ganz sokratisch-platonisch als »unerläßliche politische Aufgabe«: Arbeit an sich jedoch nicht im Sinne der Nomoi, sondern als Bedingung der Möglichkeit einer werdenden Gesellschaft, die nicht bestimmt ist von der zugleich individualisierenden und totalisierenden Macht des modernen Staates.[107] Die Wiederentdeckung einer Moral schließlich, die nicht wie die christliche auf Codierung beruht, ist nichts anderes als der »Versuch zur Konstituierung einer nachchristlichen Moral« (Paul Veyne), ein Versuch, der nach Foucault nun fortgesetzt wird.[108] Inwieweit Foucaults Entwurf zusammenfällt mit dem Ansatz zur Konstituierung einer Individualethik aus antikem Geist[109] wäre eigens zu thematisieren.

Gewiß, es ging Foucault um die Wahrheit, die Wahrheit aber in einem anderen als dem platonischen Sinne. Zugleich mit der Forderung, dem Diskurs seinen Ereignischarakter zurückzugeben, betonte er auch, man müsse »unseren Willen zur Wahrheit in Frage stellen«.[110] Wenn die

Frage der Wahrheit ihn umtrieb, dann im Sinne einer Frage nach dem Wesen der Wahrheit, nach der Wahrheit der Wahrheit selbst. »Ich glaube zu sehr an die Wahrheit, um nicht anzunehmen, daß es verschiedene Wahrheiten und verschiedene Weisen gibt, sie auszusprechen.«[111] Philosophie wollte er nicht mehr mit der Frage betreiben, was wahr oder falsch sei, sondern mit der Frage: »Was macht, daß es Wahres gibt?«[112] Keineswegs läuft dies darauf hinaus, die Beziehung zur Wahrheit zu verwerfen, sondern sie anders zu verstehen und zu nutzen. Es geht in dieser Beziehung zur Wahrheit nicht um eine Hermeneutik des Begehrens und dessen Wendung ins Ideale, sondern um die »Konnexion des Wunsches mit der Realität (und nicht sein Rückzug in Repräsentationsformen)«.[113] Die Beziehung zur Wahrheit geht einher mit der Konstituierung einer neuen Lebenskunst.

In all dem kristallisiert sich ein anderes Selbstverständnis von Philosophie. Es ist weder der Weg zurück in Platons Höhle noch der Blick in die Sonne, sondern der Weg aus Platons Höhle heraus zur Wahrnehmung der Mannigfaltigkeit des Daseins, in der man die Sonne wohl am besten sieht. Zum Gebrauch der Lüste in dieser Philosophie zählt die Lust des Blicks. Im Anschluß an Bataille rekultiviert Foucault die Lust des Blicks, das Mysterium der *theoria*, der Theorie im eigentlichen Sinne,[114] hierin ganz Aristoteles vergleichbar, der aufgrund der theoretischen anschauenden Tätigkeit die Philosophie für die »genußreichste« aller Tätigkeiten hielt.[115] Historie, die Foucault als »philosophische Übung« betrieb, ist im ursprünglichen griechischen Sinne das Wissen, das aus der Wahrnehmung, der Anschauung und Erfahrung kommt. Historie, darüber hat Gadamer uns belehrt, »ist daher ursprünglich Welterkenntnis im Gegensatz zu der eigentlichen Wissenschaft *(epistēmē)*, die durch die Mathematik repräsentiert ist, d.h. durch ein Wissen, das aus allgemeinen Gründen bewiesen ist«.[116]

Foucault verlagert den Blick vom Anblick der Idee zur Wahrnehmung der Mannigfaltigkeit des Daseins. Das genealogische Verfahren dient ihm dazu, von der Historie einen »strikt antiplatonischen Gebrauch zu machen«.[117] Es geht nicht mehr darum, die Dinge zu durchdringen und ihnen auf den Grund zu kommen, sondern darum, »von der Gegenwart eine dichte, ausdauernde Wahrnehmung zu haben«,[118] und der Diagnostiker der Gegenwart zu sein. Diagnostik der Gegenwart aus der Distanz des Blicks aber ist verbunden mit einer neuen philosophischen Aktivität, einer Wiederbelebung der philosophischen Praxis. Die Sorge nämlich, »daß man sich um das, was existiert *und* was existieren könnte bemüht; ein geschärfter Sinn fürs Wirkliche, der aber niemals vor ihm zur Ruhe kommt; eine Bereitschaft, das, was uns umgibt, fremd und einzigartig zu finden«;[119] eine Wiederentdeckung der Formen und der Kunst, gerade in Hinsicht auf die Formung seiner selbst, denn dies meint eine Stilistik der Existenz: »Formen, mittels derer der Mensch sich darstellt und entwirft, sich vergißt oder verleugnet angesichts seines Schicksals, lebendig und sterblich zu sein«;[120] ein Übergang der Wissenschaft zur Wissenskunst, ein Spiel der Episteme in der Praxis.[121] »Philosophie als *Aktivität*. Denn Philosophie ist eine Bewegung, mit deren Hilfe man sich nicht ohne Anstrengung und Zögern, nicht ohne Träume und Illusionen von dem freimacht, was für wahr gilt, und nach anderen Spielregeln sucht.«[122] Diejenigen schließlich, die »einmal in ihrem Leben einen neuen Ton, eine neue Weise zu blicken, eine andere Art zu tun gefunden haben, sie, so glaube ich, werden *niemals* das Bedürfnis verspüren zu (be)jammern, daß die Welt ein Irrtum und die Geschichte vollgestopft von Nicht-Existenzen ist.«[123]

Es gibt viele Fragen an diese Philosophie. Denn wenn so viel die Rede ist von »Wahrheit«, »Macht«, »Sex«, »Gott« und »Politik«, dann kann dies sehr wohl heißen, daß all dies nirgendwo mehr ist; dann mag Foucaults Arbeit in der Tat nur mehr als die »Nostalgieerscheinung« erscheinen, als die Baudrillard sie bezeichnet.[124] »Sorge um sich«? – Man träumt von einer Ethik, in der der Andere nicht Objekt und nicht Nichts ist, sondern selbst ein Selbst, aber man träumt nicht von einem neuen Narzißmus – denn wenn jeder sich »zu einem hyperpotentiellen Punkt zusammenzieht, wird der ganze Rest zur Wüste.«[125] »Gebrauch der Lüste«? – Man kann hinter dieser Diätetik, um Foucaults eigenes Wort aufzugreifen, allzusehr eine »Medizin für verweichlichte Zeiten« vermuten.[126] »Der Genuß, die Lust aber sind eine Auferstehung des Körpers, etwas, wodurch der Körper dieses hormonale, vaskuläre und zwanghafte diätetische Gleichgewicht hinter sich läßt, in das man ihn einschließen will, diesen Exorzismus der Form und der Hygiene« (Baudrillard).[127] Es reicht nicht aus, zu einer »Haltung« zu kommen: Man muß sie auch verlieren können. Es genügt nicht, wegzukommen vom Trugbild einer »Sexualität«, die sich erschöpft in fleischloser Leidenschaft – man muß zurückkommen zu jener Sexualität, die grundlegend »ein ins Spielbringen der eigenen Identität ist und ein Versuch, sie zu verlieren (bis hin zur Tatsache, Kinder zu machen).«[128]

Wenn es darum geht, philosophische Manie und Bacchanterie wieder in Konnex zu bringen mit der Realität, dann sicher nicht, um eine neue Realität festzuzurren, die wieder ihre Ausschließungsgründe kennt. »Im übrigen hat das Reale noch nie jemanden interessiert. Es ist schlechthin der Ort der Entzauberung und der Ent-täuschung, der Ort einer trügerischen Akkumulation, die den Tod besiegen will. Es gibt nicht Schlimmeres.«[129] – Die Umkehrung des Platonismus ist nicht seine Aufhebung. Sie bedeutet nur, den umgekehrten Weg zu gehen, bis hin zur »Niederkunft im Schönen«. Der Philosoph ist ein »Liebhaber des Schönen«: Er stattet die nackte Schönheit mit den Dingen wieder aus, derer sie beraubt worden ist – vielleicht ein Spiel der Verführung, vielleicht die Wiederherstellung des Schleiers der Maja. Vielleicht exotisch, exoterisch jedenfalls. Eine exoterische Wendung, die die Schönheit dort wieder sieht, wo sie leibhaftig erscheint – denn das Sein, wie man weiß, ist immer das Sein des Seienden. Hat nicht Hölderlin Sokrates ebenso verstanden? – »Wer das Tiefste gedacht, liebt das Lebendigste«. Eine Exoterik, die ihren Gegensatz in Esoterik nicht hat: ein Nach-außen-hin nämlich aus tiefer Erfahrung heraus, aus einer Erfahrung, die viel Orient geatmet hat. Das Innen ist dem Außen nicht konträr, sondern komplementär – es ist die Erfahrung jenes »extremen Gefühls, das wir mit diesem Wort Erotik meinen und durch das der Mensch sich über das Tier erhebt« (Bataille).[130] Sympathie für Sokrates, den Satyr.

Aus diesem Grunde eine Philosophie, die Kunst ist – Kunst »in dem Sinne, in dem man zum Beispiel von einer ›Kunst der Erotik‹ spricht«.[131] Nicht wieder ein Cogito, sondern ein »exsisto«. Ein Ende der Selbstanalyse. Eine Identität im Sinne des Fließgleichgewichts, das dasselbe nur ist, indem es ein anderes immer ist. Die philosophische Praxis, zu der die Philosophie zurückkehrt, ist die Renaissance der Lebenskunst. Nicht die Renaissance des philosophischen Subjekts, sondern des philosophischen Diskurses und seiner gesunden Wirkung. Der Ereignischarakter des Diskurses ist ihr Kunstwerk. Wo aber die Philosophie zur Kunst wird, wird der Philosoph zum Artisten.

Anhang

Anmerkungen

»Reise nach Griechenland«

1 Archäologie des Wissens, S. 275. Der Begriff der »archäologi-schen Beschreibung« wird erläutert im folgenden Abschnitt. – Zur Zitierweise: Foucaults Schriften werden zitiert ohne Autoren-angabe. Die am häufigsten wiederkehrenden Werke werden ab-gekürzt: »Gebrauch« für den »Gebrauch der Lüste« bzw. »L'usage«, sofern auf den französischen Text rekurriert wird, so-wie »Sorge« für »Die Sorge um sich«

2 Siehe Günther Schiwy, Poststrukturalismus, S. 19. Zur Orientie-rung über die Biographie Foucaults dient vorzüglich Daniel Ron-deau, Le canard et le renard ou la vie d'un philosophe; sowie Ka-tharina von Bülow, Contredire est un devoir; ferner Jean-Marie Auzias, Michel Foucault – Qui suis-je? und Jürg Altwegg, Fou-cault und die (Un-)Ordnung der Dinge; sowie der Bildband mit Texten verschiedener Autoren: Michel Foucault – Une histoire de la vérité, Paris 1985; außerdem Jean-Paul Aron, Les moder-nes, bes. S. 185-199 u. 231-234. Eine Gesamtdarstellung von Foucaults Denken bieten Dreyfus/Rabinow, Michel Foucault; sowie, in unvergleichlicher Weise, Gilles Deleuze, Foucault. Bio-graphie und Darstellung des Denkens verknüpft poetisch Mau-rice Blanchot, Michel Foucault, tel que je l'imagine.

3 Die Ordnung des Diskurses, S. 46. Der Begriff des »Diskurses« wird im folgenden Abschnitt thematisiert.

4 Die Machtverhältnisse, S. 105.

5 Der Wille zum Wissen, S. 19 f. Vgl. Macht und Körper, S. 94, so-wie Freiheit und Selbstsorge, S. 10 f.

6 Le souci de la vérité, S. 21 (Gespräch mit Foucault, geführt von François Ewald, der sein Assistent am Collège de France gewesen war und sich anschickt, die Arbeit Foucaults nun nach einer von diesem noch angedeuteten Seite hin fortzuschreiben: Siehe Fran-çois Ewald, L'Etat-providence).

7 Der Wille zum Wissen, S. 23. Vgl. Foucaults Aufsatz über »Das Abendland und die Wahrheit des Sexes«.

8 Ebd. S. 7.

9 Ebd. S. 28.

10 Ebd. S. 58.

11 Ebd. S. 74. Näher ausgeführt in: Gebrauch, S. 176 f. Die Nennung von Rom in diesem Zusammenhang hat Foucault revidiert (siehe Sex als Moral, S. 77).

12 Sade, ein Sergeant des Sex, S. 67.

13 Das Abendland und die Wahrheit des Sexes, S. 100. Vgl. Der Wille zum Wissen, S. 74.

14 Der Wille zum Wissen, S. 74.

15 Ebd. S. 75. Zu der Bewegung »von der Begierde zum Wissen, von der Phantasie zur Wahrheit, von den ältesten Sehnsüchten zu den Bestimmungen der modernen Wissenschaft« siehe auch Foucaults Nachwort zu Gustave Flauberts »Versuchung des heiligen Antonius«, S. 240 ff.

16 Ebd. S. 77.

17 Das Abendland und die Wahrheit des Sexes, S. 97.

18 »Mit ihr erreicht man in der Geschichte der Prozeduren, die das Geschlecht mit der Wahrheit in Beziehung setzen, einen Kulminationspunkt.« (Ein Spiel um die Psychoanalyse, S. 159; vgl. Das Abendland, S. 98 f.).

19 Der Wille zum Wissen, S. 91.

20 Nein zum König Sex, S. 185.

21 Ebd. S. 192.

22 Ein Spiel um die Psychoanalyse, S. 118.

23 Der Wille zum Wissen, S. 192. Vgl. Le Monde v. 5. 11. 1976, S. 1.

24 Gebrauch S. 9. Die Einleitung war, bevor Foucault noch eine Anzahl redaktioneller Änderungen vornahm, vorweg veröffentlicht worden in Le Débat 27 (1983): »Usage des plaisirs et techniques de soi«. Wie sehr die neue Gesamtkonzeption bis zuletzt in der Schwebe war, geht hervor aus dem Gespräch »On the Genealogy of Ethics«, S. 230 f.

25 Pasquale Pasquino (langjähriger Mitarbeiter von Michel Foucault), Moderne, Subjekt und der Wille zum Wissen, S. 53, Anm. 5. Zur Problematik der Veröffentlichung aus dem Nachlaß siehe Jürg Altwegg, Die Sexualität und die Kirchenväter. Ein Auszug war von Foucault selbst vorveröffentlicht worden:

»Der Kampf um die Keuschheit«, in: Ariès/Béjin, Die Masken des Begehrens und die Metamorphosen der Sinnlichkeit.

26 Le souci de la vérité, S. 18, Sp. 1; ebenso in: Eine Ästhetik der Existenz, S. 133.

27 Das Abendland und die Wahrheit des Sexes, S. 101.

28 Maria Daraki: »Le voyage en Grèce de Michel Foucault«. Von einer »Reise in die griechisch-römische Welt« war auch in einem Gespräch mit Foucault die Rede gewesen (Eine Ästhetik der Existenz, S. 133); das Wort von der »Reise« verwendete Foucault schließlich selbst: Gebrauch S. 19. – Darakis Aufsatz ist eine kritische Auseinandersetzung mit Foucaults Arbeiten über die Antike, die ihm schon anderwärts den Vorwurf eintrugen, das Feld der Politik nun aufgeben zu wollen um ethisch-moralischer Fragen willen. Foucault, so Daraki (Le voyage S. 71), denke nicht den Homo politicus, sondern glaube an den Homo sexualis. Es scheint ihr entgangen zu sein, daß die Hinwendung zu Fragen der Ethik und insbesondere der Sexualmoral von Foucault nachdrücklich politisch gesehen wurde. Foucault als »notorisch unpolitisch« zu bezeichnen (ebd. S. 64), könnte leicht auf den Politikbegriff der Autorin selbst zurückfallen.

29 Die Anführungszeichen haben ihre Wichtigkeit, merkt Foucault an (Gebrauch S. 9): Sie stellen die Selbstverständlichkeit der Sexualität in Frage. Vgl. Der Wille zum Wissen, S. 87 f., Gebrauch S. 9 ff.

30 Jean Baudrillard, Oublier Foucault, S. 28 f.

31 »Sexualität und Wahrheit« ist der vom Französischen abweichende, aber zutreffende und von Foucault selbst gewünschte deutsche Serientitel der »Histoire de la sexualité«. Foucault hatte diesen Titel auch für die französische Ausgabe vorgesehen, war jedoch auf Ablehnung gestoßen (siehe Ein Spiel um die Psychoanalyse, S. 143).

32 Die Machtverhältnisse, S. 109. Den Mechanismus der Macht analysieren: »Dies wurde erst nach 68 möglich« (Wahrheit und Macht, S. 31).

33 Freiheit und Selbstsorge, S. 19.

34 Der Wille zum Wissen, S. 113 (La volonté de savoir, S. 121 f.). Zur Entfaltung der Machtanalyse siehe die Vorlesungen v. 7. u.

14. 1. 1976, in: Dispositive der Macht, S. 55-95. Zur Bedeutung der Machtanalyse im Gesamtzusammenhang von Foucaults Arbeit siehe Gebrauch S. 10 f.

35 Ebd. S. 114. Vgl. die Vorlesung »Die Macht und die Norm« von 1973. Baudrillard wirft Foucault dies vor, daß die Macht bei ihm »zwar zerstäubt, aber immer noch ein Strukturbegriff« sei (Oublier Foucault, S. 47).

36 Siehe The Subject and Power, S. 216-226.

37 Der Wille zum Wissen, S. 125.

38 The Subject and Power, S. 222 f.

39 Treiber/Steinert, Die Fabrikation des zuverlässigen Menschen. S. 77 f. Bemerkenswert dagegen Foucaults »systematische Weigerung, die üblichen soziologischen Kategorien zu akzeptieren« (Dreyfus/Rabinow, Michel Foucault, S. 113).

40 Gebrauch S. 10 ff. u. 40, Sorge S. 129.

41 Freiheit und Selbstsorge, S. 9. Unter »Spiel« ist zu verstehen die »Regelmenge zur Herstellung der Wahrheit«; eine außerordentliche Regelmenge hat »dem Abendland im Verhältnis zu anderen Gesellschaften Entwicklungsmöglichkeiten geboten, die man woanders nicht findet« (ebd. S. 24).

42 Der Wille zum Wissen, S. 78 (La volonté de savoir, S. 81). Der Schrägstrich macht im deutschen Text auf jenen Doppelsinn aufmerksam, den »sujet« im Französischen nie verloren hat. Foucault spricht wörtlich von der »constitution comme ›sujets‹, aux deux sens du mot«. Den Begriff der Unterwerfung nimmt er wieder auf in: Gebrauch S. 38, 44, 51, 71, 121, jedoch in veränderter Perspektive (siehe ebd. S. 72, vgl. das Gespräch »On the Genealogy of Ethics«, S. 239-241).

43 Wahrheit und Macht, S. 32. Es ist die »imperiale Sonderstellung des Menschen«, durch deren Auflösung Foucault »der europäischen Denktradition fremd gegenüberzustehen vermag« (Axel Honneth, Kritik der Macht, S. 130 f.). Zur Bedeutung der Frage nach dem Subjekt für sein gesamtes Werk siehe Foucault, The Subject and Power.

44 Gespräch mit Michel Foucault, S. 24.

45 Le souci de la vérité, S. 21.

46 Das Abendland und die Wahrheit des Sexes, S. 101.

47 Foucault nennt Burckhardt neben Benjamin als Vorläufer auf

dem Feld der historischen Untersuchung von »Selbsttechnik« und »Ästhetik der Existenz« (Gebrauch S. 18).

48 Gebrauch S. 16. Paul Veyne zufolge hält Foucault »die Historie für etwas, was Philosophie ist« (ders., Der Eisberg der Geschichte, S. 57). Zum Verhältnis Foucaults zur französischen Historiographie siehe Jacques Revel, Foucault et les historiens; sowie Arlette Farge, Face à l'histoire. Bedeutsam das Urteil von Georges Duby: »Niemand hat in den letzten Jahren den Historikern mehr geholfen, ihren Begriffsapparat zu erneuern, als Michel Foucault« (ders., Über einige Grundtendenzen der modernen französischen Geschichtswissenschaft, S. 545). Zur Fortschreibung von Foucaults Ansätzen siehe Ulrich Raulff, Vom Umschreiben der Geschichte.

49 Deleuze, Ein neuer Archivar, S. 70. Über die »Archäologie des Wissens« orientiert kurz Jozef van de Wiele, L'histoire chez Michel Foucault; ausführlich José Jara García, Die Archäologie des Wissens; sowie Clemens Kammler, Michel Foucault. Ein Beispiel ihrer Rezeption in Frankreich gibt Annie Guedez, Foucault.

50 Archäologie des Wissens, S. 22.

51 Paul Veyne: »Foucault révolutionne l'histoire« (deutsch unter dem Titel: Der Eisberg der Geschichte) – ein Appendix zur Zweitauflage seines Buches »Comment on écrit l'histoire«. Veyne hat seit 1976 einen Lehrstuhl für Römische Geschichte am Collège de France. Foucault in der Einleitung zum »Gebrauch der Lüste«, S. 15: »Sein Einfluß auf diese Seiten wäre nur schwer einzugrenzen.« Zu Foucaults neuem Verständnis von Historiographie siehe auch Hayden White, Foucault dekodiert: Notizen aus dem Untergrund; und Peter Sloterdijk, Michel Foucaults strukturale Theorie der Geschichte.

52 Archäologie des Wissens, S. 188.

53 Ebd. S. 181.

54 Paul Veyne, Der Eisberg der Geschichte, S. 36, vgl. S. 60 ff., 76.

55 Sie zu verwechseln damit, besteht keine Gefahr. Es bereite ihm immer Probleme, bekannte Foucault, wenn Habermas »den Kommunikationsbeziehungen diesen dermaßen wichtigen Platz und vor allem eine Funktion zuweist, die ich ›utopisch‹ nennen würde« (Freiheit und Selbstsorge, S. 25). Analog übri-

gens Lyotard: Der von Habermas favorisierte Konsens tue »der Heterogenität der Sprachspiele Gewalt an« (ders., Das postmoderne Wissen, S. 16). Zur Auseinandersetzung Foucault-Habermas siehe Bernhard Waldenfels, In den Netzen der Lebenswelt, S. 120-128; Dreyfus/Rabinow, Habermas et Foucault; sowie Michael Wetzel, ›Aufklärung dem Aufklärer‹; und Heidrun Hesse, RFA: une réception critique. Vgl. aber auch die Äußerungen Foucaults im Gespräch »Um welchen Preis sagt die Vernunft die Wahrheit?«, S. 24, Sp. 2 f. Habermas selbst führt die Auseinandersetzung fort in seinen Schriften über den philosophischen Diskurs der Moderne und die Neue Unübersichtlichkeit; siehe auch seinen Essay: Zu Foucaults Vorlesung über Kants ›Was ist Aufklärung?‹.

56 Paul Veyne, Der Eisberg der Geschichte, S. 61. Zur Bedeutung einer »Analyse der Diskurspraktiken« als Voraussetzung für die Geschichtsschreibung der Sexualität siehe Foucault in: Gebrauch S. 11.

57 Archäologie des Wissens, S. 289.

58 Paul Veyne, Der Eisberg der Geschichte, S. 11.

59 Archäologie des Wissens, S. 82.

60 Ebd. S. 178. Von besonderer Aufmerksamkeit für diese Frage und mit ständiger Rücksicht auf Nietzsche: Angèle Kremer-Marietti, Michel Foucault, der Archäologe des Wissens.

61 Ebd. S. 184.

62 Platon, Theätet 173 c.

63 Siehe Foucaults Aufsatz »Nietzsche, die Genealogie, die Historie«, S. 88-96. Der Begriff der »Archäologie« geht auf Freud zurück. Er fand sich zunächst in diesem Sinne auch in Foucaults Schrift »Maladie mentale et personnalité«, diesem in verschiedener Hinsicht ganz erstaunlichen kleinen Werk (1954, neu veröff. 1955 u. d. T.: Maladie mentale et psychologie, dt.: Psychologie und Geisteskrankheit, Frankfurt/M. 1968; siehe ebd. S. 39). Der Begriff wurde dann jedoch transformiert, die Neuauflage der genannten Schrift im übrigen 1973 untersagt: Kritik der eigenen Anfänge in der Psychologie (siehe Walter Seitter, Michel Foucault, S. 141 ff.).

64 Der Wille zum Wissen, S. 7.

65 Archäologie des Wissens, S. 197. In ihrem Interesse für das

»Spiel der Unterschiede« (ebd. S. 25) und ihrem Desinteresse für eine Synthese steht die diskursive Geschichtsschreibung der dialektischen entgegen. Vgl. Werner Künzel, Foucault liest Hegel.

66 Ebd. S. 198.

67 Ebd. S. 209-212.

68 Paul Veyne, Der Eisberg der Geschichte, S. 68 f. Veyne selbst stammt aus der Provence und lehrte 1961 bis 1968 in Aix-en-Provence. Zu Foucaults Verhältnis zur Malerei siehe seine Schriften »Dies ist keine Pfeife« (über Magritte) und »La peinture photogénique« (über Gérard Fromanger); vgl. Walter Seitter, Foucault und die Malerei; sowie Jean Pfeiffer, Georges Bataille, Manet, L'Impressionisme et nous, ebd. S. 439 über Foucault.

69 Zur »Lust an der Analyse« siehe Der Wille zum Wissen, S. 91, sowie Das Abendland und die Wahrheit des Sexes, S. 99.

70 Gebrauch S. 19, vgl. S. 21.

71 Reinhart Meyer-Kalkus, Ethik des Andersdenkens, S. 155.

72 In diesem Abschnitt wird Foucaults Einleitung in den »Gebrauch der Lüste«, S. 7-45, thematisiert.

73 Gebrauch S. 13, vgl. S. 19.

74 Ebd.; »l'homme de désir« (L'usage S. 12) meint das Produkt einer Macht, die stark ist, weil sie »auf der Ebene des Begehrens positive Wirkungen produziert« (Macht und Körper, S. 94).

75 Ebd. S. 18.

76 Siehe Foucaults Aufsatz »Das Denken des Außen«

77 Gebrauch S. 15.

78 Ebd. S. 17. Vorwurfsvoll von einem »rigoros verengten Blickfeld« Foucaults bei seinem Umgang mit den antiken Texten zu sprechen, der eine Reihe von Phänomenen und Praktiken außer acht lasse (Meyer-Kalkus, Ethik des Andersdenkens, S. 154), trifft die Sache nicht recht, da es Foucault ausdrücklich nicht um eine Geschichte sexueller Praktiken, sondern ihrer moralischen Problematisierung ging.

79 Ebd. S. 12.

80 Ebd. S. 18.

81 Sorge S. 305.

82 Siehe Platon, Alkibiades I, 119 a, 120 d, 123 d, 127 e-129 a u. 132 b, vgl. Apologie 36 c. Zur frühen Bedeutung des Alkibiades I

als philosophische Introduktion vgl. Proclus, Sur le premier Alcibiade de Platon.

83 Hermeneutik des Subjekts, S. 41.

84 Gebrauch S. 118.

85 Sorge S. 240.

86 Hermeneutik des Subjekts, S. 36.

87 Gebrauch S. 122

88 Ebd. S. 22.

89 Ebd. S. 31.

90 Ebd. S. 42 f.

91 Le souci de la vérité, S. 20, Sp. 1. – Eben diese »Selbstpraktik«, die Sorge um sich, diesen »Individualismus« sieht Maria Daraki in Foucault verkörpert. Sie meint ihm daher Mißachtung der Funktion der Gesellschaft, der Gruppe, des Anderen überhaupt für die Konstituierung des Individuums vorwerfen zu müssen (Le voyage en Grèce de Michel Foucault, S. 65 ff.).

92 Eine Ästhetik der Existenz, S. 136. – Wer um die Idee einer Moral und die Position des Subjekts bei Foucault in Sorge war (siehe Manfred Frank, Das Sagbare und das Unsagbare, bes. S. 37 f., u. ders., Was ist Neostrukturalismus? sowie ders., Die Unhintergehbarkeit von Individualität), wird sich neu zu orientieren haben. Daß im übrigen Foucaults neuerliche Rede vom Subjekt nichts gemein hat mit einer Rückkehr zum Subjekt, verdeutlichte Gilles Deleuze: Siehe ders., La vie comme une œuvre d'art, u. ders., Die Geschichte einer Freundschaft.

93 Pasquale Pasquino, Moderne, Subjekt und der Wille zum Wissen, S. 41.

94 Sex als Moral, S. 78. Zum Gedanken des »bios« als Kunstwerk siehe auch Gebrauch S. 271.

95 Sexualität und Einsamkeit, S. 36. Siehe hierzu auch Remo Bodei, Foucault: pouvoir, politique et maîtrise de soi.

96 Une histoire restée muette, S. 3.

97 Gebrauch S. 14, 16 f.

98 Christian Jambet, Une esthétique de l'amour, S. 25, Sp. 2. Jambets Aufsatz bietet im übrigen einen kurzgefaßten Überblick über »L'usage des plaisirs« und »Le souci de soi«; ebenso Hermann Kocyba, Hermeneutik des Begehrens; ausführlicher: Henri Joly, Retour aux Grecs.

99 Es wird grundsätzlich auf die von Foucault herangezogenen Texte selbst zurückgegangen. Sie werden zitiert nach der in der Bibliographie jeweils angegebenen Übersetzung. (Die Übersetzer von »L'usage des plaisirs« und »Le souci de soi« geben – wie es anders nicht möglich ist – in der Regel eine Übersetzung der Übersetzung, die Foucault vorgelegen hat: ein Verfahren, bei dessen Nachahmung hier allzuleicht die zugrundeliegenden Texte selbst aus den Augen verloren würden). Zitate aus Platons Symposion beruhen auf eigener Übersetzung, auf der Grundlage des von John Burnet konstituierten griechischen Textes. In Klammern wird die Stelle des jeweiligen Zitats in Foucaults Text vermerkt. Hinzugezogene Zitate sind kenntlich durch Fehlen des Klammervermerks. Die platonischen Dialoge werden zitiert ohne Autorenangabe, das Symposion abgekürzt »Symp.«.

Foucaults Theorie über den »Gebrauch der Lüste« in der Antike

1 L'usage S. 105 (Gebrauch S. 121). Eine Zusammenfassung des gesamten Kapitels I gibt Foucault selbst: Gebrauch S. 121-123.

2 Gebrauch S. 17.

3 Zu den Abschnitten »Aphrodisia«, Gebrauch S. 52-70, und »Chrēsis«, S. 71-83.

4 Die Literaturangabe hierzu, Gebrauch S. 49, Anm. 1, bezieht sich auf die Bemerkung Erna Leskys (Die Zeugungs- und Vererbungslehren der Antike und ihr Nachwirken, S. 1248), daß die Griechen für die Entstehung und Vererbung von Geschlechtlichkeit keinen Terminus hatten.

5 Homer, Ilias S. 429.

6 Aristoteles, Nikomachische Ethik III, 13, 1118 b 10-11, spricht mit Verweis auf Homer (Ilias 24.130) vom Begehren nach dem »Bette« *(epithymia eunēs)*, was Foucault mit »voluptés du lit« wiedergibt (L'usage S. 61, Gebrauch S. 69).

7 Vgl. Gebrauch S. 57.

8 Symp. 180 d.

9 Albin Lesky, Vom Eros der Hellenen, S. 23. Ausführlich zu Aphrodite: Erika Simon, Die Geburt der Aphrodite; u. dies., Die Göt-

ter der Griechen, S. 229-254, ebd. S. 231 zu ihrer orientalischen Herkunft.

10 Vgl. Kenneth J. Dover, Homosexualität in der griechischen Antike, S. 62 f. (Gebrauch S. 49). Dovers Buch markierte eine wichtige Station in Foucaults Reflexion über »L'usage des plaisirs« (siehe seine Rezension dieses Buches: Zärtlichkeit unter Männern als Kunst betrachtet). Kritik an Dovers Leitbegriff der »Homosexualität« übt allerdings Harald Patzer, Die griechische Knabenliebe, S. 43-67.

11 »Faire l'amour« bedeutete ursprünglich »den Hof machen« (siehe Jean-Louis Flandrin, Le sexe et l'occident, S. 91), was, wie sich zeigen wird, auch für die Ausübung der Aphrodisia von Bedeutung gewesen war.

12 Gebrauch S. 50.

13 Clemens v. Alexandrien, Paidagogos I 6, 48, nach Diogenes v. Apollonia (Gebrauch S. 163), in: Diels/Kranz, Die Fragmente der Vorsokratiker 64 A 24. Zur Etymologie vgl. Erna Lesky, Die Zeugungs- und Vererbungslehren, S. 1348.

14 Aristoteles, Über die Zeugung der Geschöpfe II, 2, 736 a 18-21.

15 K. J. Dover, Greek Popular Morality, S. 206 f. (Gebrauch S. 53). Vgl. die von Dover in seinem Buch »Homosexualität in der griechischen Antike« zusammengetragenen Vasenbilder und Zitate aus den Komödien.

16 Gebrauch S. 52.

17 Ebd. S. 58. Vgl. zu dieser Schematik Foucaults handschriftliche Notiz, abgebildet auf der Titelseite von Dreyfus/Rabinow, Michel Foucault, englische Edition, 2. Auflage 1983. Erklärung der Schematik im Gespräch »On the Genealogy of Ethics«, S. 242 f., dt. S. 280 f.

18 Vgl. Albin Lesky, Vom Eros der Hellenen, S. 41-59, bes. S. 43.

19 Politeia III, 403 a (Gebrauch S. 67 u. 120).

20 L'usage S. 53. Die Übersetzung vernachlässigt das Attribut »groß« (Gebrauch S. 59). Irrtümlich wird auch »Aktivitätsqualität« übersetzt, wo von »quantité« die Rede ist (Gebrauch S. 64, L'usage S. 57).

21 Gebrauch S. 62.

22 Ebd. S. 67; »hyperbolisch« nach dem griechischen »hyperbolē«.

23 Aristoteles, Nikomachische Ethik III, 13, 1118 a-b (Gebrauch

S. 54 f.). Im Gespräch mit Foucault wurde einmal bemerkt daß die »Architektur« seiner Arbeiten über die Antike an die Nikomachische Ethik erinnere (François Ewald in: Le souci de la vérité, S. 20, Sp. 3).

24 Siehe ebd. IX, 5, 1167 a 4.

25 Gebrauch S. 55, Anm. 9. Über Foucaults Text hinaus setzt die Übersetzung hier zum Kuß noch die »Vereinigung«.

26 Politeia VIII, 559 c (Gebrauch S. 65).

27 Den Begriff »chrēsis aphrodisiōn« führt Foucault ein mit Berufung auf Aristoteles, Tierkunde VII, 1, 581 b 13, u. ders., Über die Zeugung der Geschöpfe II, 7, 747 a 15 f. (Gebrauch S. 71). Siehe auch Platons Nomoi VIII, 843 a.

28 Aristoteles, Nikomachische Ethik VII, 14, 1154 a 17 f. (Gebrauch S. 70).

29 Symp. 187 e (Gebrauch S. 69).

30 Gebrauch S. 72.

31 Xenophon, Symposion IV, 38 f. (Gebrauch S. 73 f.).

32 Ebd. IV, 41. So auch Sokrates in: ders., Memorabilien IV, 5, 9 (Gebrauch S. 74 f.).

33 Gebrauch S. 65.

34 Ebd. S. 64.

35 Aristoteles, Nikomachische Ethik III, 15, 1119 b 17 (Gebrauch S. 115). Vgl. Helen North, Sophrosyne, S. 202.

36 Zum Abschnitt »Enkrateia«, Gebrauch S. 84-103.

37 Gebrauch S. 68.

38 Vgl. Helen North, Sophrosyne, S. 203 (Gebrauch S. 86).

39 Politeia IV, 430 e (Gebrauch S. 85, Druckfehler in der Stellenangabe L'usage S. 75 von der Übersetzung übernommen). Der Dialog Charmides, der Bestimmung der Besonnenheit eigentlich gewidmet, endete noch sokratisch, d. h. aporetisch.

40 Gorgias 491 d-e (Gebrauch S. 85 u. 109).

41 Aristoteles, Nikomachische Ethik II, 2, 1104 a 22-25.

42 Ebd. III, 14, 1119 a 14-15 (Gebrauch S. 93).

43 Diogenes Laertius, Leben und Meinungen berühmter Philosophen II, 8, 75 (Gebrauch S. 93 f.).

44 Symp. 187 c-188 d (Gebrauch S. 69).

45 Gebrauch S. 87.

46 Ebd. Nomoi I, 635 c-d. Xenophon, Memorabilien I, 2, 23: Alles

Adlige *(ta kala kai tagatha)* scheine der Übung zu bedürfen *(as-kēta einai)*, und nicht am wenigsten die Sophrosyne.

47 Politeia IX, 572 b (Gebrauch S. 89 u. 99). In »Die Sorge um sich« widmet Foucault diesen Träumen seine Aufmerksamkeit anhand des Traumbuches von Artemidor aus dem 2. Jh. n. Chr. (siehe ebd., Kapitel I »Von seinen Lüsten träumen«, S. 7-51).

48 Nomoi I, 626 e (Gebrauch S. 91).

49 Ebd. VIII, 840 c (Gebrauch S. 92).

50 Gebrauch S. 88 u. 92.

51 So Diogenes in: Diogenes Laertius, Leben und Meinungen berühmter Philosophen VI, 2, 71.

52 Gebrauch S. 92.

53 Symp. 217 a-219 e (Gebrauch S. 30 f., 92 u. 116).

54 Gebrauch S. 96. Maria Daraki wirft Foucault eine unzulässige Verwendung des Begriffs der Askesis vor. Es sei nicht statthaft, den »Gebrauch der Lüste« mit Askesis in Verbindung zu bringen (Le voyage en Grèce, S. 72). Bezüglich der Frage der Konstituierung des Subjekts behauptet sie gegen Foucault die Notwendigkeit in der antiken Polis, zu wählen zwischen dem »Gebrauch der Lüste« einerseits und der Superiorität über andere andererseits, sowie statt der Sorge um sich die Bereitschaft, »sich anzupassen an diese Gesellschaft« (ebd. S. 70 f.). Sie betont die »*Trennung*« zwischen den Bereichen von Sexualität und Politik und hält gerade dies für den Schlüssel zu einer Geschichte der Sexualität im antiken Griechenland (ebd. S. 75).

55 Nomoi I, 647 c-d (Gebrauch S. 96).

56 Symp. 196 c.

57 Zum Abschnitt »Freiheit und Wahrheit«, Gebrauch S. 104-123.

58 Gebrauch S. 103.

59 Nomoi VI, 783 c-d.

60 Gebrauch S. 94.

61 Symp. 184 b-e.

62 Xenophon, Memorabilien IV, 5, 3-5 (Gebrauch S. 106). »Die Sklaven«, sagte Diogenes, »dienen ihren Herren, und die Nichtsnutze ihren Begierden« (Diogenes Laertius, Leben und Meinungen berühmter Philosophen VI, 2, 66; Gebrauch S. 105 f.).

63 Gebrauch S. 113.

64 Hermeneutik des Subjekts, S. 39. Vgl. Gebrauch S. 123.

65 Gebrauch S. 118 u. 121.

66 Aristoteles, Nikomachische Ethik III, 15, 1119 b 13-15 (Gebrauch S. 68, 94 u. 115; Druckfehler in der Stellenangabe S. 94 von der Übersetzung übernommen).

67 Symp. 177 d: »ouden allo epistasthai ē ta erōtika«.

68 Gebrauch S. 117.

69 Phaidros 254 b (Gebrauch S. 117).

70 Gebrauch S. 118.

71 Ebd. S. 123. Eine Zusammenfassung zum Kapitel »Diätetik« findet sich ebd. S. 175-179, zum Kapitel »Ökonomik« S. 230-233.

72 Vgl. in »Die Sorge um sich« Kapitel II »Die Kultur seiner selber«, S. 53-94, bes. S. 60-62.

73 Zu den Abschnitten »Von der Lebensordnung im allgemeinen«, Gebrauch S. 129-140, und »Die Diät der Lüste«, ebd. S. 141-150. Vgl. den Abschnitt »Das Regime der Lüste« in: Sorge, S. 163-174.

74 Symp. 223 d.

75 Xenophon, Memorabilien IV, 7, 9 (Gebrauch S. 140).

76 Gebrauch S. 135. Vgl. Foucaults Notiz zur späteren theoretischen und praktischen »Annäherung« von Medizin und Moral (Sorge S. 79).

77 Ebd. S. 137.

78 Ebd. S. 138. Vgl. Foucaults Charakterisierung seiner Bücher als »kleine Werkzeugkisten« (Mikrophysik der Macht, S. 53) und seiner selbst als »Rezeptaussteller« (ebd. S. 129).

79 Hippokrates, Die Diät II, 58, 2 (Gebrauch S. 142 f.).

80 Gebrauch S. 150, vgl. S. 148.

81 Vgl. Jean-Louis Flandrin, Un temps pour embrasser, bes. Kapitel I »Le poids des interdits« (Gebrauch S. 150, Anm. 35).

82 Gebrauch S. 152.

83 Sorge S. 156.

84 Ebd. S. 177.

85 Xenophon, Memorabilien I, 3, 14.

86 Zu den Abschnitten »Risiken und Gefahren«, Gebrauch S. 151-160, und »Der Akt, die Verausgabung, der Tod«, ebd. S. 161-178.

87 Hippokrates, Die Diät III, 80, 2 (Gebrauch S. 151).

88 Diogenes Laertius, Leben und Meinungen berühmter Philosophen VIII, 1, 9 (Gebrauch S. 152, vgl. S. 25).

89 Hippokrates, Der Samen, 4, 3 (Gebrauch S. 166, vgl. S. 153, Anm. 44).

90 Ebd. 1, 1 f. (Gebrauch S. 168). Vgl. auch Sorge, S. 148.

91 Aristoteles, Über die Zeugung der Geschöpfe I, 18, 725 b 17 f. (Gebrauch S. 171).

92 Symp. 207 a-b (Gebrauch S. 172).

93 Philebos 47 a-b (Gebrauch S. 162).

94 Nomoi VI, 783 a (Gebrauch S. 67, Druckfehler in der Stellenangabe).

95 Ebd. IV, 721 b-c (Gebrauch S. 172 u. 174). Vgl. Symp. 207 d.

96 Symp. 209 c (Gebrauch S. 173). Vom Gebären des Schönen selbst – »donner naissance à ce qui, par soi-même, est beau« (L'usage S. 151) –, von dem Foucault mit Bezug auf Symp. 209 b spricht, ist allerdings weder an dieser Stelle noch sonstwo im Symposion die Rede.

97 Gebrauch S. 174, L'usage S. 152.

98 Georges Bataille, Die Tränen des Eros, S. 44.

99 Sorge S. 188. Vgl. Gebrauch S. 184.

100 Nomoi VI, 775 d-e (Gebrauch S. 156).

101 Gebrauch S. 161.

102 Zum Kapitel III »Ökonomik«, Gebrauch S. 181-233, dessen drei Abschnitte eng zusammengehören. Zusammenfassung siehe ebd. S. 230-233. Vgl. zur Thematik in »Die Sorge um sich« das Kapitel V »Die Frau«, S. 191-240, und den Abschnitt »Die Rolle der Ehe«.

103 Plutarch, Solon, 20 (Gebrauch S. 186, Sorge S. 266). Vgl. Sarah B. Pomeroy, Goddesses, Whores, Wives, and Slaves, S. 87 (Gebrauch S. 187, Anm. 9).

104 Xenophon, Symposion VIII, 3 (Gebrauch S. 191 u. 240).

105 Gebrauch S. 194.

106 Ebd. S. 199.

107 Xenophon, Oikonomikos III, 12 (Gebrauch S. 196 f.).

108 Ebd. VII, 39-40 (Gebrauch S. 201).

109 Ebd. VII, 26-27 (Gebrauch S. 204).

110 Nomoi VI, 783 d-784 c (Gebrauch S. 213).

111 Ebd. VIII, 840 d-e (Gebrauch S. 214).

112 Aristoteles, Nikom. Ethik VIII, 14, 1162 a 20-27 (Gebrauch S. 223).

113 Ebd. VIII, 13, 1161 a 23-25 (Gebrauch S. 229). Zur Philia in der Ehe im Gesamtzusammenhang der aristotelischen Philia-Philosophie siehe Jean-Claude Fraisse, Philia, la notion d'amitié dans la philosophie antique, Kapitel II (Gebrauch S. 229, Anm. 90).

114 Sarah B. Pomeroy, Goddesses, Whores, Wives, and Slaves, S. 78.

115 Sorge S. 219. Vgl. Gebrauch S. 232.

116 Plutarch, Das Gastmahl der sieben Weisen, 13, 156 c-d (Sorge S. 237).

117 Ders., Erōtikos, 5, 752 b (Sorge S. 263 f.).

118 Gebrauch S. 50, vgl. das »Themenviereck der sexuellen Strenge« ebd. S. 32 u. 34.

119 Ebd. S. 289.

120 Zum Abschnitt »Eine problematische Beziehung«, Gebrauch S. 237-258. Als Zusammenfassung kann Punkt 5, ebd. S. 256-258, gelesen werden. Vgl. Sorge, Kapitel VI »Die Knaben«, S. 241-297.

121 Gebrauch S. 237.

122 Politeia IX, 573 d (Gebrauch S. 237).

123 Vgl. K. J. Dover, Homosexualität in der griechischen Antike, S. 64 f. (Gebrauch S. 239).

124 Symp. 181 b (Gebrauch S. 239). Der Beiname »pandemos« war ursprünglich nicht ethisch, sondern politisch gemeint: »allen gemein«, »von allen gemeinsam geehrt«. Das platonische Gegensatzpaar Pandemos – Uranos hat Geschichte gemacht, aber »mit dem ursprünglichen Kult hat es nichts zu tun« (Erika Simon, Die Götter der Griechen, S. 251).

125 Ebd. 185 b.

126 Xenophon, Symposion IX, 7 (Gebrauch S. 240). Die Interpretation dieser Textstelle durch Foucault erscheint etwas fragwürdig.

127 Gebrauch S. 244.

128 Vgl. Symp. 182 a-183 d (Gebrauch S. 242 f.). Die Initiationsfunktion der Knabenliebe betont Harald Patzer, Die griechi-

sche Knabenliebe, und weist deren Gleichsetzung mit »Homosexualität« zurück (siehe ebd., bes. S. 67-128).

129 Gebrauch S. 247.

130 Vgl. Félix Buffière, Eros adolescent, S. 605-607.

131 Gebrauch S. 248, L'usage S. 216: »pratiques de ›cour‹«.

132 Protagoras 309 a-b, nach Ilias 24.348 (Gebrauch S. 253).

133 Symp. 181 d-e (Gebrauch S. 253).

134 Gebrauch S. 250.

135 K. J. Dover, Homosexualität in der griechischen Antike, S. 83 f.

136 Ebd. S. 68 (Gebrauch S. 254).

137 Symp. 182 b.

138 Xenophon, Symposion V, 9. Vgl. Buffière, Eros adolescent, S. 89-91.

139 Gebrauch S. 257.

140 Ebd. S. 255. In der Diskussion späterer Jahrhunderte erscheint eben dies als Argument für die Liebe zur Frau: Daß sie bis ins Alter hinein ihre Reize bewahre (Sorge S. 280).

141 Zu den Abschnitten »Die Ehre eines Knaben«, Gebrauch S. 259-272, und »Das Objekt der Lust«, ebd. S. 273-286.

142 Symp. 181 a u. 183 d (Gebrauch S. 264).

143 Zum Verständnis der Ethik als Frage des Ethos und des Gebrauchs sowie als »Praxis des Selbst« bei Foucault siehe Freiheit und Selbstsorge, S. 12, 14 u. 25.

144 Gebrauch S. 265.

145 Phaidros 250 e-251 a (Gebrauch S. 282, Anm. 70). In Xenophons Memorabilien I, 2, 29, hält Sokrates Kritias davon ab, seinen Geliebten zu verführen und ihn »zu gebrauchen *(chrēsthai)*, wie man den Körper zum Liebesgenuß *(pros taphrodisia)* zu genießen pflegt.«

146 Vgl. K. J. Dover, Homosexualität in der griechischen Antike, S. 94-101, bes. S. 96 (Gebrauch S. 268, Anm. 55).

147 Diese Problematik der Knabenliebe wird deutlich am Prostitutionsprozeß gegen Timarchos. Vgl. Buffière, Eros adolescent, S. 598-604; K. J. Dover, Homosexualität, S. 25-101; Gebrauch S. 276-278.

148 Xenophon, Symposion VIII, 21 (Gebrauch S. 283).

149 Symp. 180 b.

150 Gebrauch S. 280.

151 Nomoi VIII, 836 c-e (Gebrauch S. 282). Vgl. ebd. 841 d.

152 Ebd. I, 636 b-c (Gebrauch S. 60, 66 u. 282).

153 Symp. 184 d-e (Gebrauch S. 284; Druckfehler in der Stellenangabe).

154 Ebd. 184 b-d.

155 Sorge S. 8.

156 Xenophon, Memorabilien II, 6, 28 f. – Vgl. ders., Symposion
VIII, 16-19 (Gebrauch S. 255 f.).

157 Gebrauch S. 286. Von der »philosophischen Erotik« Platons
spricht auch Nietzsche (Götzen-Dämmerung, Streifzüge eines
Unzeitgemäßen, 23).

158 Zum Kapitel V »Die wahrhafte Liebe«, das von Foucault in
bestimmter Weise als Fortsetzung der »Erotik« (Kapitel IV)
charakterisiert wird (Gebrauch S. 289); hier bes. zu S. 289-297.

159 Gebrauch S. 293.

160 Symp. 191 e-192 a (Gebrauch S. 293 f.). Zur Herkunft des Ari-
stophanes-Mythos siehe Hermann Baumann, Das doppelte
Geschlecht, S. 175-187.

161 Ebd. 178 d (Gebrauch S. 291).

162 Paul Friedländer, Platon III, S. 12.

163 Symp. 181 a-c (Gebrauch S. 291).

164 Ebd. 183 d-e, vgl. Phaidros 231 a-233 a (Gebrauch S. 292).

165 Gebrauch S. 291. Zu beachten ist die nichtsystematische,
selbstpraktische Bestimmung von Ethik und Moral als Gebrauch und Haltung, die Foucault in Gebrauch, S. 36-45 zugrunde gelegt hat.

166 Ebd. S. 290.

167 Ebd. S. 291.

168 Xenophon, Symposion VIII, 12 (Gebrauch S. 295).

169 Ebd. VIII, 13 (Gebrauch S. 295). Vgl. Philia und Koinonia in
Platons Symposion, 209 c.

170 Ebd. IV, 25-27; zur »Macht des Kusses« *(dynamis tou philēma-
tos)* siehe ders., Memorabilien I, 3, 11-13 (Gebrauch S. 295).
Zur Differenzierung von Eros, Philia, Epithymia vgl. Nomoi
VIII, 836 e-837 d. Siehe auch Harald Patzer, Die griechische
Knabenliebe, S. 46 ff.

171 Ebd. VIII, 18 (Gebrauch S. 296, vgl. S. 256).

172 Siehe hierzu Jean-Claude Fraisse, Philia, S. 151-167; K. J. Dover, Homosexualität, S. 51-55; Paul Kienzl, Die Theorie der Liebe und Freundschaft bei Platon, S. 40 f.
173 Gebrauch S. 297.
174 Ebd. S. 298.

Das Exempel des Begriffs »tokos en kalō« in Platons Symposion

1 Siehe Gebrauch, Kapitel V »Die wahrhafte Liebe«, S. 298-309.
2 Ebd. S. 299.
3 L'usage S. 259, Gebrauch S. 299. – Daß die Eros-Thematisierung der vorsokratischen Reden nun in etwas völlig Neues, in die Frage nach dem Wesen des Eros und sein Sein übergeführt wird, fand in der Symposion-Rezeption vor allem bei Hartmut Buchner Aufmerksamkeit, der in seiner von Heidegger herkommenden Arbeit über »Eros und Sein« hier von einem »Sprung« spricht, dem Sprung nämlich »in eine philosophisch denkende Erörterung aus einer, so paradox das klingen mag, nicht-philosophischen (was nicht gleichbedeutend ist mit: unphilosophischen)« (ebd. S. 17).
4 Nomoi VIII, 836 e-837 a.
5 Symp. 177 c.
6 Ebd. 177 d.
7 Apologie 21 d.
8 Symp. 198 c-d. Die Rede der Diotima wird der Prozeß der Vermittlung dieser »Außerordentlichkeit in Liebesdingen« sein. Es trifft allerdings nicht zu, wie Foucault meint, daß Diotima Sokrates als wissend in der Sache der Liebe bezeichnet hat (Gebrauch S. 305). Sie zog vielmehr in Zweifel, ob er es dazu bringt (207 c). Als wissend bezeichnet sich Sokrates selbst (177 d, siehe oben).
9 Ebd. 199 a, nach Euripides, Hippolytos v. 612.
10 Ebd. 175 c-e. Vgl. Gerhard Krüger, Einsicht und Leidenschaft, S. 80-92. – Dem Philosophen wie dem Poeten ist nachgesagt, außerordentlich zu sein in Liebesdingen *(deinois ousi peri ta erōtika)* (193 e).

11 Gebrauch S. 299, mit Bezug auf 204 c, Diotimas Resümee (siehe unten).

12 Was die Interpretation der Stelle Symp. 199 d-200 a angeht, so herrscht in den Übersetzungen einige Konfusion. Die Frage, auf welche Art und Weise Sokrates hier den mit Eros verbundenen Genetiv variiert, kann wohl nicht mit Sicherheit entschieden werden, da die lebendige Sprache uns nicht mehr gegenwärtig ist. Im Griechischen kann dieser Genetiv »sowohl das Subjekt meinen: jemandes Liebe, als auch das Objekt bezeichnen: Liebe zu jemandem« (Ute Schmidt-Berger in ihrer Symposion-Über-setzung, S. 207, Anm. 43: Eros als »Korrelationsbegriff«). Es er-scheint als naheliegend im Zusammenhang, daß Sokrates den Genetiv zunächst als Herkunftskasus einsetzt, um dann überzu-gehen zur Erörterung des Objekts. Buchner hält demgegenüber diese Unterscheidung für nicht sehr bedeutend. Das Genetiv-Verhältnis des Eros, welches auch immer, sei seine »Wesensver-fassung«, d.h.: »Er *ist* dieses Verhältnis« (Eros und Sein, S. 27).

13 Symp. 199 d.

14 Ebd. 200 a.

15 Ebd. 199 d-e. Pointierte Aufnahme der Aussage Agathons, der erklärte, daß Eros Vater des Liebesverlangens *(pothou patēr)* sei (197 d).

16 Krüger, Einsicht und Leidenschaft, S. 53 u. ö.

17 Symp. 200 a.

18 Ebd. 200 e.

19 Ebd. 200 a. Analog bereits Lysis 221 d-e: »das Begehrende be-gehrt doch das, was ihm fehlt«.

20 Nach dem Begriff »aisthesthai«, Wahrnehmung der Macht des Verlangens, Symp. 207 a: »Oder nimmst du etwa nicht wahr . . .« (vgl. 189 c).

21 Symp. 207 a-b (Gebrauch S. 172).

22 Ebd. 186 b, 197 a, 200 a u. e, 205 d, 207 a. Zur »Etymologie« der Begriffe Lust, Begehren, Verlangen siehe Kratylos 419 b-420 b. Hans-Georg Gadamer bemerkt in seiner Dissertation »Das Wesen der Lust nach den platonischen Dialogen« (1922), daß im Symposion nicht von Lust im Sinne der Hedone die Rede sei (S. 56), geht den Gründen dafür aber nicht nach.

23 Ebd. 206 b, 208 b.

24 Phaidros 245 b, 249 e, 256 d, 65 a-b.
25 Symp. 204 c (Gebrauch S. 299, Druckfehler in der Stellenangabe).
26 Krüger, Einsicht und Leidenschaft, S. 282.
27 Gebrauch S. 12.
28 Ebd. S. 309.
29 Ebd. S. 300.
30 Symp. 198 d-e, vgl. 199 a-b.
31 Phaidros 247 c, 262 b-c.
32 Henri Joly, Le renversement platonicien, S. 111. Übergang von der Dichte des Worts zum Legitimationsdiskurs der Philosophie, mit Lyotard zu reden.
33 Die Ordnung des Diskurses, S. 13.
34 Phaidros 259 e (Gebrauch S. 299, Anm. 27). Vgl. Symp. 198 d.
35 Symp. 198 d.
36 Ebd. 201 b.
37 Ebd. 201 b-c.
38 Gebrauch S. 308.
39 Ebd. S. 300.
40 Werner Jaeger, Paideia II, S. 248.
41 Menexenos 235 e-236 c, 249 d. Vgl. Xenophon, Oikonomikos III, 14 u. ders., Memorabilien II, 6, 36.
42 Barbara Ehlers, Eine vorplatonische Deutung des sokratischen Eros. Der Dialog Aspasia des Sokratikers Aischines, S. 33.
43 Ebd. S. 95.
44 Ebd. S. 89.
45 Ebd. S. 80, Anm. 108.
46 Ebd. S. 94 u. 96 f.
47 Ebd. S. 99. B. Ehlers hält die Gestalt der Diotima nicht für identisch mit Aspasia, sondern eigens für ihre Rede über den Eros erfunden (ebd. S. 133). Für Wippern (Eros und Unsterblichkeit, S. 126) ist Diotimas Rede »genuin platonisch« und nimmt dem sokratischen Vorgehen die »verletzende Wirkung« auf Agathon. Für Buchner (Eros und Sein, S. 56) ergibt sich der Grund ihres Auftretens »allein aus der Thematik dessen, wovon sie spricht«. Ein aufrechter Verfechter der Historizität Diotimas selbst und ihrer Herkunft aus einem Kreis von Frauen-Philosophen in Mantineia ist R. Godel (Socrate et

Diotime, S. 14 ff.). – Zu Wesen und Bedeutung Diotimas siehe Krüger, Einsicht und Leidenschaft, S. 142-145, zu ihrer Rede siehe Walther Kranz, Diotima von Mantineia.

48 Symp. 208 c.

49 Buchner, Eros und Sein, S. 70.

50 Symp. 193 a-b.

51 Ernst Hoffmann, Über Platons Symposion, S. 18.

52 Symp. 202 d.

53 Ebd. 203 a. Dämonischer Mensch, der »um derartige Dinge weiß« (ebd.), ist Sokrates selbst (219 b).

54 Ebd. 204 b.

55 Ebd. 203 c.

56 Phaidros hatte dagegen behauptet, Eros habe keine Eltern (178 b), um zu beweisen, daß er zu den ältesten Göttern zu zählen sei.

57 Vgl. 183 a. Hier steht wohl das Bild des auch in der Dichtung besungenen abgewiesenen Liebhabers vor Augen, der die Nacht über ausharrt vor der Tür, in die er nicht eingelassen wird (Beispiele aus der Dichtung des »Paraklausithyrons« bei Albin Lesky, Vom Eros der Hellenen, S. 131).

58 Symp. 203 c-e.

59 Ebd. 204 d.

60 Ebd. 205 a. Buchner spricht von Eudaimonia als dem »gelungenen Sein des Menschen«, herbeigeführt von Eros, dem »Seinsverlangen« und »Selbsterstrebnis« des Menschen (Eros und Sein, S. 113 f.).

61 Ebd. 205 a. Bezogen auf diese Stelle nennt Buchner die Übersetzung von »tagatha« mit »das Gute« ein »ontologisches Mißverständnis« (Eros und Sein, S. 104, Anm. 75). – Im »Gut« ist wesentlich die Kategorie des Besitzes mitgedacht, »Besitz« über den materiellen Besitz hinaus im Sinne von »Gegenwart« und »Genuß«. Um dies gegenwärtig zu halten, wird statt »das Gute« grundsätzlich »das Gut« im Singular für »to agathon« und »die Güter« im Plural für »tagatha« gesetzt.

62 Ebd. 205 d.

63 Ebd. 206 b.

64 So z. B. Mario Meunier, Pierre Boutang. Mit »enfanter« übersetzt auch Foucault das Verb »tiktein« (zur Stelle Symp. 210 d,

L'usage S. 261), von seinen Übersetzern wiedergegeben mit »zeugen« (Gebrauch S. 300). Léon Robin übersetzt »procréation« und »génération« (La théorie platonicienne de l'Amour, S. 13 f.), Victor Cousin »production«.

65 Symp. 209 b: das »Worin«, das Schöne.

66 Ebd. 203 c.

67 Ebd. 192 c.

68 Albin Lesky, Vom Eros der Hellenen, S. 148.

69 Gebrauch S. 57.

70 Buchner, Eros und Sein, S. 118.

71 Symp. 206 c.

72 Ute Schmidt-Berger in ihrer Symposion-Übersetzung, S. 209, Anm. 47.

73 Jürgen Wippern, Eros und Unsterblichkeit, S. 136.

74 Krüger, Einsicht und Leidenschaft, S. 280 f., Anm. 71.

75 Homer, Ilias 19.119, 17.5.

76 Ebd. 7.128, 15.141.

77 Hippokrates, Die Frauenkrankheiten I,1 nimmt Bezug auf die Schrift über das Werden des Kindes: »en tē physei tou paidiou tou en tokō«.

78 Aristoteles, Tierkunde V, 8, 542 a 24 f. – Vgl. Politeia V, 454 d-e.

79 Ders., Über die Zeugung IV, 10, 777 b 13 f.

80 Politeia V, 451 d: Kratylos 393 c; Theätet 160 e; Politikos 268 a; Nomoi IX, 879 d; Charmides 158 b; Menexenos 237 e; wohl auch Sophistes 242 d *(gamous te kai tokous)*.

81 Politeia VI, 507 a u. VIII, 555 e; Politikos 267 a; Nomoi V, 742 c, u. VIII, 842 d. Foucault bemerkt wohl die sexuell-ökonomische Doppeldeutigkeit mancher griechischer Begriffe, nennt jedoch nicht Tokos (Sorge S. 39 f.), wie er überhaupt auf diesen Begriff wenig aufmerksam ist.

82 Symp. 205 d.

83 Politeia V, 454 d-e; vgl. Nomoi IX, 879 d die Unterscheidung von *phitysai* (erzeugen) und *tekein* (gebären).

84 Nomoi VII, 789 e, 792 e.

85 Symp. 206 c.

86 Ebd. 218 d: »oudena kyriōteron« – *kyrios* von *kyein* (Fruchttragen).

87 Theätet 151 b, 184 b, 210 b.

88 Ebd. 49 b, 150 b-c, 151 a u. c, 210 b.

89 Ebd. 150 c.

90 Ebd. 150 b.

91 Symp. 206 c. Den Begriff des Fruchttragens statt des Schwangerseins für *kyein* schlägt K. J. Dover, Plato. Symposion, S. 147 vor, um eine »weniger paradoxe Übersetzung« zu geben, paradox nämlich in Hinsicht auf die schwangeren Männer.

92 Vgl. Konrad Blersch, Wesen und Entstehung des Sexus im Denken der Antike, S. 61: »Die Bedeutung Platons liegt in der Anwendung der philosophischen Teleologie auf das Sexusproblem.«

93 Diels/Kranz, Die Fragmente der Vorsokratiker, 68 B 32. Die Emission der Spermien meint vielleicht auch Platon in Timaios 86 c, wo er über die »Begierden und deren Erzeugnisse *(en tais epithymiais kai tois ta toiauta tokois)*« spricht. Jedenfalls legt der Kontext dies nahe.

94 Symp. 206 c.

95 Ebd. 191 c. Vgl. die Bestimmung des männlichen Wesens bei Aristoteles als »zeugend in ein anderes hinein *(arren men gar legōmen zōon to eis allo gennōn)*«. (Über die Zeugung der Geschöpfe I, 2, 716 a 13 f.).

96 Wippern, Eros und Unsterblichkeit, S. 148, Anm. 45. Für Albin Lesky (Vom Eros der Hellenen, S. 93) ist es klar, daß hier »für einen Augenblick das weibliche Prinzip Rang und Würde erhält«.

97 *To kyoun,* eigentlich: das, was Frucht trägt, hier wohl das männliche Glied. Zu »kyon« als männliches Genitale siehe Erna Lesky, Die Zeugungs- und Vererbungslehren der Antike, S. 15.

98 Symp. 206 d.

99 Ebenso 209 b, c, in umgekehrter Reihenfolge 206 e und in der Rede des Aristophanes 191 b-c: »und sie zeugten und kamen nieder *(kai egennōn kai etikton)* nicht ineinander hinein *(ouk eis allēlous),* sondern in die Erde hinein *(all' eis gēn)*«.

100 K. J. Dover, Plato. Symposium, S. 146 f.

101 Symp. 206 d-e.

102 Hippokrates, Der Samen, 4, 1 (Gebrauch S. 164 u. 168).

103 Erna Lesky, Die Zeugungs- und Vererbungslehren der Antike, S. 24. Vgl. Hippokrates, Der Samen, 5.

104 Symp. 212 b.

105 Buchner, Eros und Sein, S. 124. – *Tiktein* ist auch für Buchner durchaus »Gebären im Sinne von Hervorbringen« (ebd.). Trotzdem er aber vom Eroswerk als dem Erlangen des vereinzelten, besonderen Körperlichen »bzw. der Zeugung in ihm« spricht (ebd. S. 152), verzichtet er darauf, auf die Umwertung des Begriffes näher einzugehen.

106 Symp. 206 c-d.

107 Ebd. 206 d.

108 Ebd. – K. J. Dover allerdings ist überzeugt, daß hier »gleicherweise die Reaktion der männlichen und weiblichen Genitalien auf sexuelle Stimulation und Revulsion« beschrieben werde (Plato. Symposium, S. 147).

109 Nomoi VIII, 839 a. Vgl. ebd. 841 d die Rede vom nicht aufkeimenden Samen, der in den Armen der Knaben »der Natur zuwider« ausgesät werde (Gebrauch S. 215 f.).

110 Zitiert bei Plutarch, Erōtikos, 23, 768 e, um den Vollzug des Aktes in der Knabenliebe zurückzuweisen.

111 Symp. 208 e.

112 Timaios 50 c-d. Vgl. Aristoteles, Über die Zeugung I, 21, 729 b 6, der im männlichen Sperma das schöpfende, wirkende Prinzip sieht *(hē poiousa),* im weiblichen Uterus den zu formenden Stoff.

113 Ebd. 91 d.

114 Wippern, Eros und Unsterblichkeit, S. 132.

115 Werner Jaeger, Paideia II, S. 263.

116 Sorge S. 262.

117 Plutarch, Das Gastmahl der sieben Weisen, 2, 146 d.

118 Symp. 206 d. Zu *Eileithyia* siehe Semeli Pingiatoglou, Eileithyia.

119 Zu Aphrodite als Schicksalsgöttin *(Moira)* siehe Erika Simon, Die Götter der Griechen, S. 236.

120 Symp. 206 c.

121 Ebd. 206 e-207 a. Vgl. Batailles Definition der Erotik als der »Sehnsucht nach der verlorenen Kontinuität« (Der heilige Eros, S. 143 f.).

122 Ebd. 202 a, b, d, e.

123 Ebd. 204 c. Der Begriff *chreia* (= *chrēsis*) erscheint auch in Poli-

teia V, 451 c, verknüpft mit *ktēsis:* Besitz und Gebrauch. Die
Politeia-Stelle ist bei Foucault eine der Referenzen für den Begriff »chrēsis« (Gebrauch S. 71, Anm. 54). – Man hat am sokratischen Nützlichkeitsdenken in der Rezeption Anstoß genommen: Wiewohl »Quintessenz der sokratischen Erziehung«, sei es doch »aus dem sophistischen Subjektivismus
noch nicht ganz herausgetreten« (Schmidt/Stählin, Geschichte
der griechischen Literatur I, 3, S. 255).

124 Ehlers, Eine vorplatonische Deutung, S. 94.

125 Symp. 207 b-c.

126 Ebd. 208 a-b. Vgl. Nomoi IV, 721 b-c u. VI, 776 b, wonach die
Zeugung dazu dient, das Leben weiterzureichen »wie eine Fak-
kel von andern an andere«.

127 Timaios 91 b-c.

128 Symp. 207 d-e. Dazu, wie sehr hier und in Platons Eroskonzep-
tion überhaupt »heraklitisches Denken am Werk« ist (Albin
Lesky, Vom Eros der Hellenen, S. 93) siehe J. Bels, La procréation, de Platon à Héraclite.

129 Vgl. Foucaults Antwort auf die Kritik an seinen »Verlagerungen« in der Einleitung zur Archäologie des Wissens (S. 30):
»Man frage mich nicht, wer ich bin, und man sage mir nicht,
ich solle der gleiche bleiben.«

130 Symp. 207 e-208 a.

131 Wippern, Eros und Unsterblichkeit, S. 133.

132 Buchner, Eros und Sein, S. 130 f.

133 Symp. 207 a, b, c.

134 Wippern, Eros und Unsterblichkeit, S. 130, weist hin auf diese
Fortwirkung der Eros-Auffassung bis zu Nietzsche. – Den Willen des Eros interpretiert Buchner, Eros und Sein, S. 132, dementgegen von der »Negativität« des Todes her: »Das Treibende
im Willen des Eros ist, streng genommen, der Tod« – ihm zu
entkommen nämlich.

135 Symp. 208 e-209 a.

136 Ebd. 209 a-b.

137 Buchner, Eros und Sein, S. 128.

138 Philebos 26 d, vgl. 54 a-e.

139 Wippern, Eros und Unsterblichkeit, S. 134. Zur »Veränderung
des Blickpunktes« von somatisch-geschlechtlicher zu psy-

chisch-ethischer Fragestellung bei Platon siehe auch Erna Lesky, Die Zeugungs- und Vererbungslehren der Antike, S. 19.

140 Hermeneutik des Subjekts, S. 34.

141 »methienai«, nämlich: den Dingen der Liebe auf die rechte Weise nachzugehen (Symp. 210a); gleichsam »musikalisch zu lieben« (*mousikōs erān* – Politeia III, 403a).

142 Symp. 211b, vgl. 210a, e. Das Adverb »orthōs« (die rechte Art und Weise), zuweilen in Verbindung mit »kalōs« (181a), ist ein zentraler Begriff der sokratischen Ethik (vgl. Nomoi V, 733a), von ungemeiner Präsenz in allen Texten und von Bedeutung auch für den Gebrauch des Wissens (Phaidon 69d).

143 Wippern, Eros und Unsterblichkeit, S. 137. Die Sinnlichkeit des Sokrates betont dementgegen Paul Kienzl, Die Theorie der Liebe, S. 13 u. ö.

144 Symp. 209b.

145 Ebd. 209b-c.

146 Ebd. 209c.

147 Phaidros 255e-256a (Gebrauch S. 303).

148 Ebd. 256a-b (Gebrauch S. 309).

149 Gebrauch S. 303.

150 Ebd. S. 302.

151 Ebd. S. 303.

152 Kienzl, Die Theorie der Liebe und Freundschaft bei Platon, S. 39.

153 Symp. 209c. »Es war Zeit, daß endlich etwas von geistigen Kindern gesagt würde«, meint Wilamowitz, Platon II, S. 174, ungehalten anmerken zu müssen.

154 Ebd. Die Übersetzung der Philia mit »Liebschaft« soll die Konnotation hervorheben, die der Freundschaft bei Platon immanent ist. Vgl. den Dialog Lysis und das Dion-Gedicht: »O, wie hat dich mein Herz, Dion, so glühend geliebt *(ō emon ekmēnas thymon erōti Diōn)*« (Anthologia Graeca VII, 99). Zu diesem Epigramm siehe Harald Patzer, Die griechische Knabenliebe, S. 44, Anm. 28.

155 Wippern, Eros und Unsterblichkeit, S. 156, Anm. 102. Wilamowitz zufolge soll man aber, aus welchen Gründen auch immer, »so artig sein, nicht zu fragen«, was das Schöne hier sei (Platon II, S. 174).

156 Symp. 210 a.

157 Ebd. 211 c.

158 Ebd. 210 a-b.

159 Vgl. demgegenüber »eidos« 189 e, 205 d, 215 b, und auch »idea« 204 c. – Zum Anblick der sinnlichen Gestalt *(eidos)* als Konstituens der Liebe siehe Aristoteles, Nikomachische Ethik IX, 5, 1167 a 5.

160 Symp. 210 b (Gebrauch S. 301).

161 Ebd. 210 b (Gebrauch S. 301).

162 Ebd. 210 c.

163 Gebrauch S. 301.

164 Symp. 210 c.

165 Ebd. 210 c-d (Gebrauch S. 301).

166 Nomoi VIII, 841 a.

167 Gebrauch, S. 301.

168 Phaidon 67 d.

169 Ebd. 68 b-c. Vgl. Politeia IX, 581 c-583 a.

170 Xenophon, Symposion VIII, 23.

171 Symp. 210 d.

172 Ebd. 184 b-c.

173 Ebd. 184 c-d. Vgl. das Paradeigma des Sokrates, der sowohl Alkibiades als auch die Philosophie liebt (Gorgias 481 d).

174 Ebd. 210 d (Gebrauch S. 300).

175 Wippern, Eros und Unsterblichkeit, S. 139.

176 Symp. 211 c.

177 Politeia VI, 485 d. Die Lust an den Mathemata ist nämlich »unvermischt mit Unlust« (Philebos 52 b).

178 Gebrauch S. 300.

179 Symp. 204 b. Die Verknüpfung von Eros und Philosophie ist ein Hauptanliegen auch des Dialogs Aspasia des Sokratikers Aischines (siehe B. Ehlers, Eine vorplatonische Deutung des sokratischen Eros, S. 95).

180 Ebd.

181 Zum Verhältnis Eros – Sokrates siehe Pierre Hadot, Exercices spirituels, S. 95-108 (Gebrauch S. 305, Anm. 33; mit mißverständlicher Seitenangabe).

182 Xenophon, Symposion III, 10; IV, 56 ff. u. V, 2. Als Erotiker *(dia to erōtikos einai)* vermag der Philosoph bei der Suche nach

den schönen Gütern vermittelnd tätig zu sein (ders., Memorabilien II, 6, 28).

183 Gorgias, 482 a.

184 Symp. 204 a, vgl. Lysis 218 a.

185 Ebd.

186 Ebd. 205 d; »hen ti eidos« – die bestimmte Qualifikation »eins *(hen)*« und die unbestimmte »irgendeins *(ti)*« folgen aufeinander, wohl um zum Ausdruck zu bringen, daß was als einzige Form *(hen)* angesehen wird, nur irgendeine *(ti)* unter vielen ist, daher zugespitzt übersetzt als die »angeblich einzige Form«.

187 Ebd. – Konnex Philosophia-Philogymnastia bereits in 182 b.

188 Ebd.

189 Phaidros 249 b-c.

190 Ebd. 247 c. Daß die Schönheit »überhimmlisch« ist, geht auch aus Symp. 211 a-b hervor. Ausgangspunkt der Reden im Symposion ist (177 a-c), noch keiner der Dichter habe je angemessen *Eros* besungen.

191 Ebd. 256 c.

192 Ebd. 251 e-252 a. Der Philosoph werde sich dagegen um leibliche Lüste nicht kümmern (Phaidon 64 d-e).

193 Ebd. 256 d.

194 Xenophon, Symposion VIII, 2.

195 Gebrauch S. 302.

196 Symp. 210 e, vgl. 211 b.

197 Ebd. 210 d-e, 211 c.

198 Ebd. 210 e.

199 Ebd. 211 e. Demgegenüber das Vielgestaltige *(polyeides)* der Dinge und Lebewesen (Phaidon 80 b).

200 Henri Joly, Le renversement platonicien, S. 22.

201 Ebd. S. 25.

202 Symp. 211 a-b.

203 Hippias I, 287 d. Vgl. Henry Joly, Le renversement, S. 26.

204 Für Buchner ist es »kein Zufall, daß Platon die Anfänge der sogenannten Ideenlehre erstmals innerhalb einer Erörterung des Eroswesens darlegt, sondern entspricht einer innersten Notwendigkeit der in dieser Lehre gedachten Sache« (Eros und Sein, S. 134). Denn die Idee des Schönen ist das unsterblichste der Güter, deren Überlieferung Eros bewirkt.

205 Vgl. Symp. 183 e, Nomoi VIII, 837 b-c, Alkibiades I, 131 c, sowie Xenophon, Symposion VIII, 14; Kritobulos ebd. IV, 17:
 »Aber man darf die Schönheit nicht tadeln, weil sie schnell ver-
 blüht! Denn nicht nur der Knabe ist schön, sondern auch der
 Jüngling, der Mann und der Greis.«

206 Symp. 211 b.

207 Phaidon 100 e.

208 Ebd. 100 b-c.

209 Ebd. 100 c-d. Massiven Widerspruch gegen die Ideenlehre eines »An-sich«, das abgetrennt ist von allem Einzelnen, erhob
 Aristoteles (z. B. Nikomachische Ethik 1, 4, 1096 a 11-1097 a
 14). Er schreibt den Ideen kein objektives Sein, abgetrennt von
 der Existenz der sinnlichen Einzelerscheinungen zu. Siehe
 hierzu zuletzt Hermann Schmitz, Die Ideenlehre des Aristoteles, Bd. II: Platon und Aristoteles, bes. §§ 59, 70, 85, 87 etc.

210 Vgl. Die Ordnung des Diskurses, S. 26.

211 Symp. 211 b.

212 Ebd. 211 d. Ganz außer sich war z. B. Sokrates selbst beim Anblick des schönen Charmides (Charmides 155 d).

213 Ebd. 211 d.

214 Ebd. 211 e-212 a.

215 Phaidros 250 e-251 a.

216 Nomoi VIII, 837 c.

217 Symp. 210 e, 211 e.

218 Buchner, Eros und Sein, S. 147.

219 Symp. 212 a. Der »seltsame Sprachgebrauch Platos«, die Rede
 von *tiktein* (gebären), wird sehr zutreffend von Krüger erklärt:
 Da beim Ewigen, das der Mensch »berührt«, nicht von Emp-
 fänglichkeit die Rede sein kann, werde der Zeugende zugleich
 zum »Gebärenden« (Einsicht und Leidenschaft, S. 280 f.,
 Anm. 71).

220 So meint Wippern, Eros und Unsterblichkeit, S. 141. Auch
 Claus-Arthur Scheier, Schein und Erscheinung im platonischen ›Symposion‹, S. 371 f. sieht das Schöne als »Ort des her-
 vorzubringenden Guten«, wiewohl es sich doch um das Sein
 beim Schönen handelt.

221 Politeia IX, 571 d-572 a; »haptetai« aber: anfassen, berühren.

222 Phaidon 99 d-e.

223 Ebd. 100a.

224 Buchner, Eros und Sein, S. 134.

225 Symp. 220d.

226 Ebd. 212b.

227 Ebd. 205a.

228 Georges Bataille, Der heilige Eros, S. 139.

229 Symp. 212b. Der Begriff »dynamis« war gebraucht worden in der Rede des Eryximachos (188d) und der des Aristophanes (189c), »andreia« in jener des Agathon (196d).

»Sōkratēs hybristēs«

1 In diesem Abschnitt kommt Foucaults Resümee der platonischen Erotik, Gebrauch S. 306-310, sowie der Schlußteil seines Buches, S. 311-319, zur Sprache.

2 Gebrauch, S. 313.

3 Ebd. S. 314.

4 Ebd. S. 315.

5 K. J. Dover, Homosexualität, S. 177 (Gebrauch S. 317).

6 Gebrauch S. 315.

7 Ebd. S. 318.

8 Ebd. S. 306-308.

9 Ebd. S. 304.

10 Symp. 187e.

11 Gebrauch S. 307f.

12 Phaidros 257a.

13 Symp. 211b-c.

14 Gebrauch S. 308.

15 Phaidros 254b.

16 Nomoi V, 733e-734a (Gebrauch S. 308).

17 Phaidros 256a (Gebrauch S. 308f.).

18 Symp. 205d-e.

19 Siehe Hans Joachim Krämer, Plädoyer für eine Rehabilitierung der Individualethik, S. 51.

20 Gebrauch S. 318.

21 Ebd. S. 319.

22 Ebd. S. 309.

23 Siehe Der Wille zum Wissen, S. 185, 187, 190 u. ö.

24 Vorrede zur Überschreitung, S. 32. Daß Foucault darauf zurückkam, war »nur eine Frage der Zeit« (Alan Sheridan, Michel Foucault, S. 164).

25 Ebd. S. 33.

26 Ebd. S. 52.

27 Vgl. z. B. den Schluß der Archäologie des Wissens, S. 301: »Der Diskurs ist nicht das Leben: seine Zeit ist nicht die Eure; in ihm versöhnt Ihr Euch nicht mit dem Tode; es kann durchaus sein, daß Ihr Gott unter dem Gewicht all dessen, was Ihr gesagt habt, getötet habt. Denkt aber nicht, daß Ihr aus all dem, was Ihr sagt, einen Menschen macht, der länger lebt als er.«

28 Vorrede zur Überschreitung, S. 51.

29 Ebd. S. 51 f.

30 Ebd. S. 44.

31 Ebd. S. 45.

32 Ebd. S. 35.

33 Ebd. S. 39.

34 Gebrauch S. 314.

35 Vgl. Walther Kranz, Diotima von Mantineia, S. 445 f.; Karl Kerényi, Der große Daimon des Symposion, S. 22 ff.

36 Symp. 210 a.

37 Werner Jaeger, Paideia II, S. 264.

38 Konrad Gaiser, Platone come scrittore filosofico, S. 78.

39 Symp. 215 c-d.

40 Ebd. 221 e-222 a.

41 Gaiser, Platone come scrittore filosofico, S. 64. Ebenso bereits Krüger, Einsicht und Leidenschaft, S. 296.

42 Phaidros 276 a.

43 Ebd. 275 a.

44 Vgl. François Wahl, Die Philosophie diesseits und jenseits des Strukturalismus, S. 408 f.

45 Ebd. S. 424 f.

46 Vgl. Gaiser, Platone come scrittore filosofico, S. 100 f. Zum Problem des esoterischen Platon siehe v. a. Hans Joachim Krämer, Arete bei Platon und Aristoteles. Zum Wesen und zur Geschichte der platonischen Ontologie, S. 380-486; sowie ders., Zum neuen Platon-Bild.

47 Krüger, Einsicht und Leidenschaft, S. 243.

48 On the Genealogy of Ethics, S. 246, dt. S. 284.

49 Vgl. Georges Bataille, Jenseits der Grenzen, S. 95.

50 Gebrauch S. 30.

51 Lysis 222 a-b.

52 Buchner, Eros und Sein, S. 154.

53 Foucault über die »spirituelle Bewegung des Subjekts« in der platonischen Philosophie, Hermeneutik des Subjekts, S. 52. Vgl. Theätet 174 e: Der Philosoph sei es gewohnt, »über die ganze Erde zu schauen *(eis hapasan eiōthōs tēn gēn blepein)*«; Politeia VI, 486 a: Er habe den Blick über alle Zeit und alles Sein *(theōria pantos men chronou, pasēs de ousias)*.

54 Ein »Satyr- und Silenendrama« nennt Sokrates die Rede des Alkibiades, Symp. 222 d.

55 Symp. 215 a; vgl. Claus-Artur Scheier, Schein und Erscheinung im platonischen ›Symposion‹, S. 374 f.

56 Ebd. 212 e.

57 Ebd. 214 e.

58 Ebd. 215 b. Vgl. Xenophon, Symposion IV, 19.

59 Ebd., ebenso Alkibiades I, 114 d.

60 K. J. Dover, Plato. Symposium, S. 166.

61 Ders., Homosexualität in der griechischen Antike, S. 39.

62 Symp. 219 e.

63 Ebd. 175 e. Man hat bei der Interpretation dieser Stelle immer nur den Agon um die Sophia im Auge und übersieht die Klassifizierung »hybristēs«, erst recht, was die Rede des Alkibiades angeht. Übersetzungen geben »hybristēs« einheitlich so wieder, als stünde hier »eironikōs«.

64 Ebd. 215 b.

65 Ebd. 219 c.

66 Ebd. 214 e.

67 Ebd. 217 e.

68 Ebd. 219 c.

69 Phaidros 243 b.

70 Symp. 218 b.

71 K. J. Dover, Homosexualität, S. 41.

72 Symp. 216 d.

73 Ebd. 216 d.

74 Ebd. 222b.

75 Ebd. 219d.

76 Theätet 149a.

77 Ebd. 150c.

78 Hadot, Exercices spirituels et philosophie antique, S. 90.

79 Gebrauch S. 306.

80 Symp. 172 (Apollodoros), 173b (Aristodemos).

81 Albin Lesky, Vom Eros der Hellenen, S. 99.

82 Symp. 218c, d.

83 Ebd. 222d.

84 Ebd. 178c.

85 Werner Jaeger, Paideia II, S. 74.

86 Hadot, Exercices spirituels, S. 95.

87 Der Wille zum Wissen, S. 54.

88 Symp. 216c.

89 Ebd. 215e-216a.

90 Ebd. 216a.

91 Gorgias 484d.

92 Phaidros 238a.

93 Nomoi VI, 783a; VIII, 837c.

94 Symp. 181c (Pausanias) u. 188a (Eryximachos).

95 Ebd. 222c.

96 Hippias I, 297e.

97 Theatrum philosophicum, S. 24; Gilles Deleuze, Différence et répétition, S. 82.

98 L'usage S. 14, Gebrauch S. 15, vgl. Der maskierte Philosoph, S. 18.

99 Le souci de la vérité, S. 22, Sp. 1.

100 Ebd. S. 20, Sp. 3.

101 Vorrede zur Überschreitung, S. 50.

102 Gebrauch, S. 19.

103 Alan Sheridan, Michel Foucault. The Will to Truth, S. 165.

104 Jean Baudrillard, Die Rituale der Transparenz, S. 401.

105 Eine Rettung des Subjekts vornehmen zu wollen (siehe Jochen Hörisch, Das doppelte Subjekt) oder seine Wiederauferstehung zu feiern (Meyer-Kalkus, Ethik des Andersdenkens, S. 150), ist jedenfalls im Namen Foucaults fehl am Platz. Vgl. Waldenfels, In den Netzen der Lebenswelt, S. 126.

106 Hermeneutik des Subjekts, S. 54.

107 The Subject and Power, S. 216.

108 Paul Veyne, Essai sur les mœurs, S. 108, Sp. 2. Siehe auch Ulrich Raulff, Die verführerische Sorge um sich selbst.

109 Krämer, Plädoyer für eine Rehabilitierung der Individualethik. Siehe auch ders., »Antike und moderne Ethik?«.

110 Die Ordnung des Diskurses, S. 35.

111 Eine Ästhetik der Existenz, S. 139.

112 Hermeneutik des Subjekts, S. 34.

113 Der ›Anti-Oedipus‹ – Eine Einführung in eine neue Lebenskunst, S. 229.

114 Vgl. Jean-Paul Aron, Les modernes, S. 34 f.

115 Aristoteles, Nikomachische Ethik X, 7, 1177 a 23.

116 Gadamer, Geschichtsphilosophie, S. 1488.

117 Nietzsche, die Genealogie, die Historie, S. 104.

118 Macht und Körper, S. 97, vgl. die Vorlesung »Was ist Aufklärung?«.

119 Der maskierte Philosoph, S. 17 f.

120 Ariès oder die Sorge um die Wahrheit, S. 120.

121 »Im Ausdruck ›Episteme‹, der ursprünglich ›Sichaufetwasverstehen‹ bedeutet, steckt freilich bereits ein latenter Bezug auf Praxis« (Krämer, Plädoyer für eine Rehabilitierung der Individualethik. S. 8, Anm. 67).

122 Der maskierte Philosoph, S. 22.

123 Ebd. S. 24.

124 Baudrillard, Oublier Foucault, S. 74.

125 Ders., Die Rituale der Transparenz, S. 405.

126 Gebrauch S. 130.

127 Baudrillard, Die Rituale der Transparenz, S. 395.

128 Ebd., S. 398.

129 Ders., Oublier Foucault, S. 56.

130 Bataille, Die Tränen des Eros, S. 33.

131 Der ›Anti-Oedipus‹ – Eine Einführung in eine neue Lebenskunst, S. 226 f.

Bibliographie

Die Zitate beziehen sich auf die jeweils an erster Stelle genannte Veröffentlichung. Handelt es sich dabei um einen fremdsprachigen Text, so ist er – wenn im folgenden nicht anders vermerkt – wiedergegeben nach eigener Übersetzung.

Michel Foucault

Das Abendland und die Wahrheit des Sexes, übers. v. Ulrich Raulf, in: Dispositive der Macht, S. 96-103. Zuerst veröff. u. d. T.: L'Occident et la vérité du sexe, in: Le Monde 5. 11. 1976, S. 24.

Der ›Anti-Oedipus‹ – Eine Einführung in eine neue Lebenskunst, übers. v. Hans-Joachim Metzger, in: Dispositive der Macht, S. 225-230. Zuerst veröff. u. d. T.: Preface, in: Gilles Deleuze/Félix Guattari, Anti-Oedipus, Capitalism and Schizophrenia, New York 1977.

Archäologie des Wissens, übers. v. Ulrich Köppen, Frankfurt/M. 1981. Zuerst veröff. u. d. T.: L'archéologie du savoir, Paris 1969.

Der Ariadnefaden ist gerissen, übers. v. Walter Seitter, in: Deleuze/Foucault, Der Faden ist gerissen, S. 7-12. Zuerst veröff. u. d. T.: Ariane s'est pendue, in: Le Nouvel Observateur 31. 3. 1969.

Ariès oder die Sorge um die Wahrheit, übers. v. Marianne Karbe, in: Von der Freundschaft, S. 117-121. Zuerst veröff. u. d. T.: Le Souci de la vérité, in: Le Nouvel Observateur 17. 2. 1984.

Das Denken des Außen, in: Walter Seitter (Hg.), Michel Foucault, Von der Subversion des Wissens, S. 54-82. Zuerst veröff. u. d. T.: La pensée du dehors, in: Critique 229 (1966).

Dies ist keine Pfeife, übers. u. m. e. Nachwort v. Walter Seitter, München 1974. Zuerst veröff. u. d. T.: Ceci n'est pas une pipe, Montpellier 1973 (erweiterte Fassung eines gleichnamigen Aufsatzes in: Les cahiers du chemin 2 [1968]).

Dispositive der Macht. Michel Foucault. Über Sexualität, Wissen und Wahrheit, Berlin 1978.

Ein Spiel um die Psychoanalyse. Gespräch mit Angehörigen des

Département de Psychanalyse der Universität Paris VIII in Vincennes, übers. v. Monika Metzger, in: Dispositive der Macht, S. 118-175. Zuerst veröff. u. d. T.: Le jeu de Michel Foucault, in: Ornicar 10 (1977).

Eine Ästhetik der Existenz (Gespräch, geführt von Alessandro Fontana), übers. v. Marianne Karbe, in: Von der Freundschaft, S. 133-141. Zuerst veröff. u. d. T.: Une esthétique de l'existence. Faire de sa vie une œuvre d'art, in: Le Monde 15./16. 7. 1984, S. XI.

Foucault, passe-frontières de la philosophie (Gespräch, geführt von Roger-Pol Droit am 20. Juni 1975, Auszüge), in: Le Monde 6. 9. 1986, S. 12.

Freiheit und Selbstsorge. Interview 1984 und Vorlesung 1982. Hg., eingel. u. übers. v. Helmut Becker u. Lothar Wolfstetter, Frankfurt/M. 1985. Interview zuerst veröff. u. d. T.: L'Ethique du souci de soi comme pratique de liberté, in: Concordia 6 (1984), S. 99-116.

Der Gebrauch der Lüste. Sexualität und Wahrheit, zweiter Band, übers. v. Ulrich Raulff u. Walter Seitter, Frankfurt/M. 1986. Zuerst veröff. u. d. T.: L'usage des plaisirs. Histoire de la sexualité 2, Paris 1984.

Gespräch mit Michel Foucault (geführt von Paolo Caruso), in: Walter Seitter (Hg.), Michel Foucault, Von der Subversion des Wissens, S. 7-31. Zuerst veröff. u. d. T.: Conversazione con Michel Foucault, in: Paolo Caruso, Conversazioni con Lévi-Strauss, Foucault, Lacan, Mailand 1969.

Hermeneutik des Subjekts. Vorlesung am Collège de France (1982), Nachschrift u. Übers. v. Helmut Becker in Zusammenarbeit m. Lothar Wolfstetter, in: Freiheit und Selbstsorge, S. 32-60.

Die Intellektuellen und die Macht. Gespräch zwischen Michel Foucault und Gilles Deleuze, in: Walter Seitter (Hg.), Michel Foucault, Von der Subversion des Wissens, S. 128-140. Zuerst veröff. u. d. T.: Les intellectuels et le pouvoir, in: L'Arc 49 (1972).

Der Kampf um die Keuschheit, in: Philippe Ariès u. André Béjin (Hg.), Die Masken des Begehrens und die Metamorphosen der Sinnlichkeit, S. 25-39.

Macht und Körper (Gespräch mit der Zeitschrift »Quel Corps?«), übers. v. Werner Garst, in: Mikrophysik der Macht, S. 91-98. Zuerst veröff. in: Quel Corps? 2 (1975).

Die Macht und die Norm. Vorlesung am Collège de France 1973, übers. v. Ulrich Raulf, in: Mikrophysik der Macht, S. 99-107.

Die Machtverhältnisse durchziehen das Körperinnere, übers. v. Jutta Kranz, in: Dispositive der Macht, S. 104-117. Zuerst veröff. u. d. T.: Les rapports de pouvoir passent à l'intérieur des corps, in: La Quinzaine littéraire 247 (1977).

Der maskierte Philosoph (Gespräch mit Christian Delacampagne), übers. v. Peter Gente, in: Von der Freundschaft, S. 9-24. Weitere Übers. v. Birgit Wagner u. d. T.: Der Philosoph mit der Maske (Michel Foucault), in: Peter Engelmann (Hg.), Philosophien, S. 27-40. Zuerst veröff. u. d. T.: Le philosophe masqué, anonym in: Le Monde 6. 4. 1980, S. I u. XVII.

»Messieurs, faites vos jeux«. Michel Foucault: entretien avec Pierre Boulez, in: Le Débat 41 (1986), S. 179-188.

Mikrophysik der Macht. Michel Foucault. Über Strafjustiz, Psychiatrie und Medizin, Berlin 1976.

Nachwort (zu Gustave Flaubert, Die Versuchung des heiligen Antonius), übers. v. Anneliese Botond, in: Flaubert, Die Versuchung, Frankfurt/M. 1980, S. 215-251. Zuerst veröff. u. d. T.: Un ›fantastique‹ de bibliothéque, in: Cahiers de la compagnie M. Renaud – J. L. Barrault 59 (1967).

Nein zum König Sex. Ein Gespräch mit Bernard-Henri Lévy, übers. v. Ulrich Raulf, in: Dispositive der Macht, S. 176-198. Zuerst veröff. u. d. T.: Non au sexe roi, in: Le Nouvel Observateur 12. 3. 1977.

Nietzsche, die Genealogie, die Historie, übers. v. Walter Seitter, in: Walter Seitter (Hg.), Michel Foucault, Von der Subversion des Wissens, S. 83-109. Zuerst veröff. u. d. T.: Nietzsche, l'histoire, la généalogie, in: Hommage à Jean Hyppolite, Paris 1971.

Omnes et singulatim: Vers une critique de la raison politique (Vorträge v. 10. u. 16. 10. 1979 in Stanford), in: Le Débat 41 (1986), S. 5-35.

On the Genealogy of Ethics. An Overview of Work in Progress (Gespräch mit Hubert L. Dreyfus u. Paul Rabinow), in: Dreyfus/Rabinow, Michel Foucault, S. 229-252.

Die Ordnung der Dinge. Eine Archäologie der Humanwissenschaften, übers. v. Ulrich Köppen, Frankfurt/M. 1974. Zuerst veröff. u. d. T.: Les mots et les choses. Une archéologie des sciences humaines, Paris 1966.

Die Ordnung des Diskurses. Inauguralvorlesung am Collège de France, 2. Dezember 1970, übers. v. Walter Seitter, Frankfurt/ M. 1977. Zuerst veröff. u. d. T.: L'ordre du discours, Paris 1971.

La peinture photogénique, in: Gérard Fromanger, Le désir est partout, Paris 1975 (aus Anlaß einer Ausstellung des Werkzyklus »Le désir est partout« von Gérard Fromanger in Paris 1975).

Pierre Boulez oder die aufgerissene Wand, übers. v. Peter Geble, in: Dry. Ein Magazin, Berlin 1983, S. 62-65. Nachdruck in: Michel Foucault, Wien 1984, S. 23-25.

Présentation, in: Georges Bataille, Œuvres complètes (hg. v. Michel Foucault), Bd. 1, Paris 1970, S. 5 f.

Die Prosa Aktaions, übers. v. Sigrid v. Massenbach, in: Pierre Klossowski u. a., Sprachen des Körpers, S. 25-38. Zuerst veröff. u. d. T.: La prose d'Actéon, in: Nouvelle Revue Française, März 1964.

Sade, ein Sergeant des Sex. Interview mit Gérard Dupont, übers. v. Marianne Karbe, in: Von der Freundschaft, S. 61-67. Zuerst veröff. u. d. T.: Sade, Sergent du Sexe, in: cinématographe 16 (1975/ 76).

Sex als Moral. Gespräch mit Hubert Dreyfus und Paul Rabinow, übers. v. Marianne Karbe, in: Von der Freundschaft, S. 69-83. Franz. Übers. u. d. T.: Le sexe comme une morale, in: Le Nouvel Observateur 1.-7. 6. 1984. Zuerst u. vollständig veröff. u. d. T.: On the Genealogy of Ethics, in: Dreyfus/Rabinow, Michel Foucault, S. 229-252.

Sexualität und Einsamkeit. Michel Foucault und Richard Sennett (Seminar am Institute for the Humanities, New York, am 20. 11. 1980), übers. v. Walter Seitter, in: Von der Freundschaft, S. 25-53. Zuerst veröff. u. d. T.: Sexuality and Solitude, in: London Review of Books 21. 5.-3. 6. 1981.

7 Worte über den 7. Engel, übers. v. Jean-Pierre Brisset u. Walter Seitter, in: Tumult, Zeitschrift für Verkehrswissenschaft, hg. v. Frank Böckelmann, Dietmar Kamper u. Walter Seitter, 6 (1983), S. 106-116.

Die Sorge um sich. Sexualität und Wahrheit, dritter Band, übers. v.

Ulrich Raulff u. Walter Seitter, Frankfurt/M. 1986. Zuerst veröff. u. d. T.: Le souci de soi. Histoire de la sexualité 3, Paris 1984.

Le souci de la vérité (Gespräch mit François Ewald), in: Magazine
littéraire 207 (1984), S. 18-23. Übers. v. Frank Berberich veröff.
u. d. T.: Geschichte der Sexualität, in: Ästhetik und Kommuni-
kation 57/58 (1985), S. 157-164. Übers. v. Walter Seitter veröff.
u. d. T.: Die Sorge um die Wahrheit, in: Michel Foucault, Wien
1984, S. 8-14.

Der Staub und die Wolke (u. a. Vorlesungen zur Analyse der
Machtmechanismen von 1978, übers. v. Andreas Pribersky),
Bremen 1982.

The Subject and Power, in: Dreyfus/Rabinow, Michel Foucault,
S. 208-226 (bestehend aus zwei Essays: 1. Why Study Power:
The Question of the Subject, engl. v. Michel Foucault, dt. Übers.
v. Claus-Dieter Rath u. d. T.: Warum ich Macht untersuche: Die
Frage des Subjekts, in: Freibeuter 28 (1986), S. 103-110; 2. How
Is Power Exercised, aus d. Franz. v. Leslie Sawyer).

Theatrum philosophicum, übers. v. Walter Seitter, in: Deleuze/
Foucault, Der Faden ist gerissen, S. 21-58. Zuerst veröff. u.
dems. Titel in: Critique 282 (1970), S. 885-908.

Um welchen Preis sagt die Vernunft die Wahrheit? Ein Gespräch
(erster Teil), geführt v. Gerard Raulet, in: Spuren. Zeitschrift für
Kunst und Gesellschaft 1/83, S. 22-26.

Une histoire restée muette, in: La Quinzaine littéraire 8 (1966).

Usage des plaisirs et techniques de soi, in: Le Débat 27 (1983),
S. 46-72.

Vom Licht des Krieges zur Geburt der Geschichte (Vorlesungen v.
21. u. 28. 1. 1976 am Collège de France), hg. v. Walter Seitter,
Berlin 1986.

Von der Freundschaft als Lebensweise. Michel Foucault. Im Gespräch, Berlin 1984.

Von der Subversion des Wissens, hg. u. übers. v. Walter Seitter,
Frankfurt/M. 1978.

Vorrede zur Überschreitung (Nachruf auf Georges Bataille), übers.
v. Walter Seitter, in: Walter Seitter (Hg.), Michel Foucault, Von
der Subversion des Wissens, S. 32-53. Weitere Übers. v. Karin
von Hofer u. d. T.: Zum Begriff der Übertretung, in: Michel Foucault, Schriften zur Literatur, München 1974, S. 69-89. Zuerst

veröff. u. d. T.: Préface à la transgression, in: Critique 195/196 (1963), S. 751-769.

Wahrheit und Macht. Interview mit Michel Foucault von Alessandro Fontana und Pasquale Pasquino, übers. v. Elke Wehr, in: Dispositive der Macht, S. 21-54. Zuerst veröff. u. d. T.: Intervista a Michel Foucault, in: Microfisica del Potere, Turin 1977. Ferner veröff. u. d. T.: Vérité et pouvoir. Entretien avec Alessandro Fontana, in: L'Arc 70 (1977), S. 16-26.

Was ist Aufklärung? Was ist Revolution? Übers. v. Thierry Chervel, in: die tageszeitung 2. 7. 84, S. 10 f. (Antwort v. Jürgen Habermas hierauf u. d. T.: Zu Foucaults Vorlesung über Kants ›Was ist Aufklärung?‹, in: die tageszeitung 7. 7. 84, S. 13). Zuerst veröff. u. d. T.: Un cours inédit, in: Magazine littéraire 207 (1984), S. 35-39 (Vorlesung am Collège de France von 1983).

Der Wille zum Wissen. Sexualität und Wahrheit, erster Band, übers. v. Ulrich Raulf u. Walter Seitter, Frankfurt/M. 1977. Zuerst veröff. u. d. T.: La volonté de savoir. Histoire de la sexualité 1, Paris 1976.

Zärtlichkeit unter Männern als Kunst betrachtet, übers. v. Marianne Karbe, in: Von der Freundschaft, S. 111-215. Zuerst veröff. u. d. T.: Des caresses d'hommes considerées comme un art, in: Libération 1. 6. 1982, S. 27.

Zu Foucault und Moderne

Altwegg, Jürg: Foucault und die (Un)Ordnung der Dinge, in: ders., Die Republik des Geistes. Frankreichs Intellektuelle zwischen Revolution und Reaktion, München 1986, S. 200-213.

Die Sexualität und die Kirchenväter, in: Frankfurter Allgemeine Zeitung 1. 11. 1986, S. 27.

Améry, Jean: Französische Tendenzwende? Politische und philosophische Aporien im Lande des Cartesius, in: Merkur 354 (1977), S. 1040-1053.

Ariès, Philippe: A propos de »La volonté de savoir«, in: L'Arc 70 (1977), S. 27-32.

Aron, Jean-Paul: Les modernes, Paris 1984.

Auzias, Jean-Marie: Michel Foucault. Qui suis-je? Lyon 1986.

Baudrillard, Jean: Oublier Foucault (1977), übers. u. Mitarb. v. Horst Brühmann, München ²1983.

Die Rituale der Transparenz, übers. v. Bernhard Dieckmann, in: Christoph Wulf (Hg.), Lust und Liebe, Wandlungen der Sexualität, München 1985, S. 395-410.

Blanchot, Maurice: Michel Foucault, tel que je l'imagine (mit Illustrationen v. Jean Ipoustéguy), Montpellier 1986.

Bodei, Remo: Foucault – pouvoir, politique et maîtrise de soi, in: Critique 471/72 (1986), S. 899-917.

Bolz, Norbert W.: Stop Making Sense, in: die tageszeitung 8. 1. 1985, S. 10.

Bourdieu, Pierre: Der Tod des Philosophen Michel Foucault, übers. v. Leonhard Schmeiser, in: Michel Foucault, Wien 1984, S. 4-6. Zuerst veröff. u. d. T.: Le plaisir de savoir, in: Le Monde 27. 6. 1984.

Bülow, Katharina von: L'art du dire vrai, in: Magazine littéraire 207 (1984), S. 34.

Contredire est un devoir, in: Le Débat (1986), S. 168-178.

En écoutant Michel Foucault, in: Libération 30. 6./1. 7. 1984, S. 26.

Canguilhem, Georges: Mort de l'homme ou épuisement du Cogito? in: Critique 242 (1967), S. 599-618.

Sur l'Histoire de la folie en tant qu'événement, in: Le Débat 41 (1986), S. 37-40.

Corvez, Maurice: Les structuralistes. Les linguistes ... Michel Foucault, Claude Lévi-Strauss, Jacques Lacan, Louis Althusser, Paris 1969.

Dane, Gesa, Wolfgang Eßbach u. a. (Hg.): Anschlüsse. Versuche nach Michel Foucault, Tübingen 1985.

Daraki, Maria: Le voyage en Grèce de Michel Foucault, in: Esprit April 1985, S. 55-83.

Deleuze, Gilles: Différence et répétition, Paris 1968.

Ein neuer Archivar, übers. v. Ulrich Raulf, in: Deleuze/Foucault, Der Faden ist gerissen, S. 59-85. Zuerst veröff. u. d. T.: Un nouvel archiviste, in: Critique 274 (1970), S. 195-209. Als Buch ersch. m. Illustrationen von Ipoustéguy, Paris 1972. Modif. u. erw. in: Deleuze, Foucault, S. 11-30.

Der Faden ist gerissen (Schriften von Deleuze und Foucault),

Berlin 1977. Faille et feux locaux, in: Critique 275 (1970), S. 344-351.

Foucault, Paris 1986. Dt. Übers. Frankfurt/M. 1987.

Die Geschichte einer Freundschaft. Ein Interview mit Gilles Deleuze (geführt v. Robert Maggiori), übers. v. Andreas Eisenhart, in: die tageszeitung 11. 10. 1986, S. 17-19. Zuerst veröff. in: Libération. L'homme, une existence douteuse, in: Le Nouvel Observateur 1. 6. 1966, S. 32-34.

Kein Schriftsteller: Ein neuer Kartograph, übers. v. Ulrich Raulf, in: Deleuze/Foucault, Der Faden ist gerissen, S. 100-136. Zuerst veröff. u. d. T.: Ecrivain non: un nouveau cartographe, in: Critique 343 (1975), S. 1207-1227. Auszugsweise wiederabgedruckt aus Anlaß des Todes von Foucault, in: Libération 26. 6. 1984, S. 7. Modif. u. erw. in: Deleuze, Foucault, S. 31-51.

La vie comme une œuvre d'art. Un entretien avec Gilles Deleuze (geführt v. Didier Eribon), in: Le Nouvel Observateur, 29. 8.-4. 9. 1986, S. 8-60.

Derrida, Jacques: L'archéologie du frivole (Vorwort zur Neuherausgabe von Etienne Bonnot de Condillac: Essai sur l'origine des connaissances humaines [1746], Paris 1973).

Die Postkarte. Von Sokrates bis an Freud und jenseits I u. II, übers. v. Hans-Joachim Metzger, Berlin 1986. Zuerst veröff. u. d. T.: La carte postale de Socrate à Freud et au-delà, Paris 1980.

Die Schrift und die Differenz (1976), übers. v. Rodolphe Gasché, Frankfurt/M. 1972.

Descombes, Vincent: Das Selbe und das Andere. Fünfundvierzig Jahre Philosophie in Frankreich 1933-1978 (1979), übers. v. Ulrich Raulff, Frankfurt/M. 1981.

Dreyfus, Hubert L. u. Paul Rabinow: Habermas et Foucault – Qu'est-ce que l'age d'homme? Aus d. Engl. übers. v. Jean-François Roberts, in: Critique 471/72 (1986), S. 857-872.

Michel Foucault. Beyond Structuralism and Hermeneutics (1982), Second Edition with an Afterword by and an Interview with Michel Foucault, Chicago 1983. Ins Franz. übers. v. Fabienne Durand-Bogaert u. d. T.: Michel Foucault. Un parcours philosophique, Paris 1984. Besprechung durch François Ewald u. d. T.: Foucault et la modernité, in: Magazine littéraire November 1984. Dt. Übers. v. Claus-Dieter Rath u. d. T.: Michel Foucault – Jenseits von Strukturalismus und Hermeneutik, Frankfurt/M. 1987.

Duby, Georges: Aujourd'hui, l'historien (Gespräch, geführt v. Raymond Bellour), in: Magazine littéraire 164 (1980), S. 20-23.

L'exercise de la liberté (Gespräch, geführt v. Jean-Jacques Brochier u. Michel Pierre), in: Magazine littéraire 189 (1982), S. 19-25.

Über einige Grundtendenzen der modernen französischen Geschichtswissenschaft, aus d. Franz. übertr. v. Eva u. Theodor Schieder in: Historische Zeitschrift 241 (1985), S. 543-554.

Dumézil, Georges: Ein glücklicher Mensch, übers. v. Leonhard Schmeiser, in: Michel Foucault, Wien 1984, S. 2 f. Zuerst veröff. u. d. T.: Un homme heureux, in: Le Nouvel Observateur 1025 (1984).

Engelmann, Peter (Hg.): Philosophien. Gespräche mit Foucault, Axelos, Derrida, Descombes, Glucksmann, Lévinas, Lyotard, Rancière, Ricœur, Serres, Wien 1985.

Ewald, François: L'art de Foucault. Six études où Gilles Deleuze s'attache à retrouver selon quelle technique Michel Foucault opérait, in: Magazine littéraire 233 (1986), S. 83 f.

L'Etat-providence, Paris 1986.

Fin d'un monde, in: Magazine littéraire 207 (1984), S. 30-33.

Foucault et la modernité, in: Magazine littéraire 212 (1984), S. 70 f.

Le joueur des savoirs. La pensée au singulier d'un homme sans système, l'ironie d'un philosophe qui avait le rire de sa liberté, in: Libération 30. 6./1. 7. 1984, S. 20 f.

Farge, Arlette: Face à l'histoire, in: Magazine littéraire 207 (1984), S. 40-42.

Ferry, Luc u. Alain Renaut: La pensée 68, Paris 1985.

Florence, Maurice: Art. »Michel Foucault«, in: Dictionnaire des philosophes, hg. v. Denis Huisman, Bd. 1, Paris 1984, S. 941-944.

Frank, Manfred: Das Sagbare und das Unsagbare. Studien zur neueren französischen Hermeneutik und Texttheorie, Frankfurt/M. 1980.

Die Unhintergehbarkeit von Individualität. Reflexionen über

Subjekt, Person und Individuum aus Anlaß ihrer ›postmoder-
nen‹ Toterklärung, Frankfurt/M. 1986.

Was ist Neostrukturalismus? (27 Vorlesungen), Frankfurt/M.
1983.

Guedez, Annie: Foucault, Paris 1972.

Habermas, Jürgen: Die neue Unübersichtlichkeit, Frankfurt/M.
1985.

Der philosophische Diskurs der Moderne. Zwölf Vorlesungen,
Frankfurt/M. 1985. Vorlesung über Foucault ins Franz. übers. v.
Christian Bouchindhomme u. d. T.: Les sciences humaines dé-
masquées par la critique de la raison: Foucault, in: Le Débat 41
(1986), S. 70-92.

Zu Foucaults Vorlesung über Kants ›Was ist Aufklärung?‹, in:
die tageszeitung 7. 7. 1984, S. 13. Ins Franz. übers. v. Christian
Bouchindhomme u. d. T.: Une flèche dans le cœur du temps pré-
sent, in: Critique 471/72 (1986), S. 794-799.

Hesse, Heidrun: Denken in der Leere des verschwundenen Men-
schen. Überlegungen zu Foucaults Konzept von Geschichte und
Kritik, in: Konkursbuch 3 (1979), S. 81-98. Replik hierauf v.
Gerd Kimmerle: Die Leere im Denken des verschwundenen
Menschen, in: Konkursbuch 5 (1980), S. 111-133.

RFA: une réception critique, ins Franz. übers. v. Robert Roth,
in: Actes 54 (1986), S. 33-35.

Hörisch, Jochen: Das doppelte Subjekt. Die Kontroverse zwischen
Hegel und Schelling im Lichte des Neostrukturalismus, in: Konkursbuch 15 (1985), S. 43-60.

Honneth, Axel: Kritik der Macht. Reflexionsstufen einer kriti-
schen Gesellschaftstheorie, Frankfurt/M. 1985 (Kapitel über
Kritische Theorie und Theorie Foucaults, S. 9-224, urspr. phil.
Diss. Berlin 1983).

Jambet, Christian: Une esthétique de l'amour, in: Magazine littéraire 207 (1984), S. 24-26.

Jara García, José: Die Archäologie des Wissens. Zu Michel Foucaults Theorie der Wissensbildung, phil. Diss. München 1975.

Joly, Henri: Retour aux Grecs. Réflexions sur les »pratiques de soi«
dans ›L'Usage des plaisirs‹, in: Le Débat 41 (1986), S. 100-120.

Kammler, Clemens: Michel Foucault. Eine kritische Analyse seines
Werkes, Bonn 1986.

Klossowski, Pierre (u. a.): Sprachen des Körpers. Marginalien zum Werk von Pierre Klossowski, Berlin 1979.

Kocyba, Hermann: Hermeneutik des Begehrens. Zu Michel Foucaults »Der Gebrauch der Lüste« und »Die Sorge um sich«, in: die tageszeitung 15. 4. 1986, S. 12 f.

Kremer-Marietti, Angèle: Michel Foucault – Der Archäologe des Wissens. Mit Texten von Foucault (1974), aus d. Franz übers. v. Gerhard Ahrens, Frankfurt/M. 1976.

Künzel, Werner: Foucault liest Hegel, Frankfurt/M. 1985 (urspr. phil. Diss. Freiburg i. Br. 1981 u. d. T.: Rekonstruktion der Foucaultschen Kritik am dialektischen Denken).

Lecourt, D.: Pour une critique de l'épistémologie (Bachelard, Canguilhem, Foucault), Paris 1972.

Lévy, Bernard-Henri: Le système Foucault, in: Magazine littéraire 101 (1975), S. 7-9.

Lyotard, Jean-François: A la place de l'homme, l'expression, in: Esprit 383 (1969), S. 155-178.

Das postmoderne Wissen. Ein Bericht, hg. v. Peter Engelmann, übers. v. Otto Pfersman u. a., Wien 1986. Zuerst veröff. u. d. T.: La condition postmoderne. Rapport sur le savoir, Paris 1979.

Megill, Allan: Prophets of Extremity: Nietzsche, Heidegger, Foucault, Derrida, Berkeley 1985.

Merquior, José Guilherme: Michel Foucault ou le nihilisme de la chair, Paris 1986.

Meyer-Kalkus, Reinhart: Ethik des Andersdenkens – Zum Autor der ›Histoire de la sexualité‹, in: Gesa Dane (Hg.), Anschlüsse, S. 147-157.

Miklenitsch, Wilhelm: La pensée de l'épicentration, aus d. Dt. übers. v. Christian Bouchindhomme, in: Critique 471/72 (1986), S. 816-825.

Pasquino, Pasquale: Moderne, Subjekt und der Wille zum Wissen, in: Gesa Dane (Hg.), Anschlüsse, S. 39-54. Teil 11 ins Franz. übers. u. d. T.: La volonté de savoir, in: Le Débat 41 (1986), S. 93-99.

Pfeiffer, Jean: Georges Bataille, Manet, L'Impressionisme et nous, in: La Nouvelle Revue Française 207 (1970), S. 433-441.

Rajman, John: Michel Foucault. La liberté de savoir, Paris 1986.

Raulf(f), Ulrich: Das normale Leben. Zu Michel Foucaults Theorie der Normalisierungsmacht, phil. Diss. Marburg 1977.

Die verführerische Sorge um sich selbst. Michel Foucaults Rückkehr zur Philosophie – Die Frage einer nachchristlichen Ethik, in: Frankfurter Allgemeine Zeitung 4. 6. 1986.

(Hg.): Vom Umschreiben der Geschichte. Neue historische Perspektiven, Berlin 1986.

Reif, Adelbert (Hg.): Antworten der Strukturalisten, Hamburg 1973.

Revel, Jacques: Foucault et les historiens, in: Magazine littéraire 101 (1975), S. 10-13.

Rondeau, Daniel: Le canard et le renard ou la vie d'un philosophe, in: Libération 30. 6./1. 7. 1984, S. 16-19.

Rorty, Richard: Méthode, science sociale et espoir social, aus d. Amerik. v. Nicole Sels, in: Critique 471/72 (1986), S. 873-897.

Schiwy, Günther: Poststrukturalismus und »Neue Philosophen«, Reinbek 1985 (überarb. Neuausg. des 1978 ersch. Titels: Kulturrevolution und »Neue Philosophen«).

Schlesier, Renate: Humaniora. Eine Kolumne, in: Merkur 429 (1984), S. 817-823.

Schmid, Wilhelm: Auf der Suche nach einer neuen Lebenskunst. Michel Foucaults »Geschichte der Sexualität«, in: Merkur 450 (1986), S. 676-681.

Foucault, der Fuchs. Aus dem Leben eines Philosophen, in: Süddeutsche Zeitung 11. 10. 1986, S. 157.

Seitter, Walter: Ein Denken im Forschen. Zum Unternehmen einer Analytik bei Michel Foucault, in: Philosophisches Jahrbuch 87 (1980), S. 340-363.

Menschenfassungen. Studien zur Erkenntnispolitikwissenschaft, München 1985.

Michel Foucault als Literaturkritiker, in: Michel Foucault, Wien 1984, S. 16-19.

Michel Foucault und die Malerei, in: Michel Foucault, Dies ist keine Pfeife, München 1974, S. 61-68.

Michel Foucault, Von der Subversion des Wissens, hg. u. übers. v. Walter Seitter, Frankfurt/M. 1978.

Michel Foucault, Von der Subversion des Wissens, in: Michel Foucault, Von der Subversion des Wissens, S. 141-170 (Nachwort).

Sheridan, Alan: Michel Foucault. The Will to Truth, London u. New York 1980.

Sloterdijk, Peter: Michel Foucaults strukturale Theorie der Geschichte, in: Philosophisches Jahrbuch 79 (1972), S. 161-184.

Treiber, Hubert u. Heinz Steinert: Die Fabrikation des zuverlässigen Menschen. Über die »Wahlverwandtschaft« von Kloster- und Fabrikdisziplin, München 1980.

Van de Wiele, Jozef: L'histoire chez Michel Foucault. Le sens de l'archéologie, in: Revue philosophique du Louvain 81 (1983), S. 601-633.

Vegetti, Mario: Foucault et les Anciens, aus d. Italien. v. Riccardo Pineri, in: Critique 471/72 (1986), S. 925-932.

(Versch. Autoren): Michel Foucault – Une histoire de la vérité, Paris 1985.

Veyne, Paul: Comment on écrit Rome (Gespräch, geführt von François Ewald), in: Magazine littéraire 199 (1983), S. 84-89.

Le dernier Foucault et sa morale, in: Critique 471/72 (1986), S. 933-941.

Der Eisberg der Geschichte. Foucault revolutioniert die Historie, übers. v. Karin Tholen-Struthoff, Berlin 1981. Zuerst veröff. u. d. T.: Foucault révolutionne l'histoire, in: Paul Veyne, Comment on écrit l'histoire. Essai d'épistémologie, Paris ²1978, S. 345-385.

Das Ende von zweieinhalb Jahrtausenden Metaphysik, übers. v. Christine Donnermair, in: Michel Foucault, Wien 1984, S. 26 f. Zuerst veröff. u. d. T.: La fin de vingt-cinq siècles de métaphysique, in: Le Monde 27. 6. 1984.

Essai sur les mœurs (Gespräch, geführt v. François Ewald), in: Magazine littéraire Dezember 1985, S. 106-109.

Vorwort zu Peter Brown, Die letzten Heiden. Eine kleine Geschichte der Spätantike, Berlin 1986, S. 7-18.

Wörterbuch der Unterschiede. Über das Geschichtemachen (Gespräch, geführt v. Ulrich Raulff), in: Ulrich Raulff (Hg.), Vom Umschreiben der Geschichte, Berlin 1986, S. 132-146.

Wahl, François: Die Philosophie diesseits und jenseits des Strukturalismus, in: ders. (Hg.), Einführung in den Strukturalismus (1968), übers. v. Eva Moldenhauer, Frankfurt/M. 1973, S. 323-480.

Waldenfels, Bernhard: In den Netzen der Lebenswelt, Frankfurt/M. 1985. Phänomenologie in Frankreich, Frankfurt/M. 1983.

Wellmer, Albecht: Zur Dialektik von Moderne und Postmoderne. Vernunftkritik nach Adorno, Frankfurt/M. 1985.

Wetzel, Michael: »Aufklärung dem Aufklärer«. Der Archäologe des Wissens als kritischer Theoretiker »malgré tout« !, in: Gesa Dane (Hg.), Anschlüsse, S. 122-129.

White, Hayden: Foucault dekodiert: Notizen aus dem Untergrund, in: ders., Auch Klio dichtet oder Die Fiktion des Faktischen. Studien zur Tropologie des historischen Diskurses, übers. aus d. Amerik. v. Brigitte Brinkmann-Siepmann u. Thomas Siepmann, Stuttgart 1986, S. 268-302.

Wolton, Dominique: Qui veut savoir? In: Esprit Juli/August 1977, S. 36-47.

Wulf, Christoph: Die Transformation des Sexuellen – Sechs Annäherungen, in: ders. (Hg.), Lust und Liebe, Wandlungen der Sexualität, München 1985, S. 17-40.

Antike Autoren

Anthologia Graeca, griechisch-deutsch, ed. v. Hermann Beckby, München [2]1964-65.

Aristoteles: Die Nikomachische Ethik, übers. u. hg. v. Olof Gigon (1951), München 1972. – Ethikōn Nikomacheiōn, in: Aristotelis opera, hg. v. Immanuel Bekker (1831), Zweitauflage besorgt v. Olof Gigon, Berlin 1960, Bd. II, S. 1094-1181.

Tierkunde, in: Aristoteles, Die Lehrschriften (8,1), hg., übertr. u. in ihrer Entstehung erl. v. Paul Gohlke, Paderborn 1949. – Peri Ta Zōia Historiōn, in: Aristotelis opera, hg. v. Bekker/Gigon, Bd. 1, S. 486-638.

Über die Zeugung der Geschöpfe, in: Aristoteles, Die Lehrschriften (8,3), hg. u. übertr. v. Paul Gohlke, Paderborn 1959. – Peri Zōiōn Geneseōs, in: Aristotelis opera, hg. v. Bekker/Gigon, Bd. I, S. 715-789.

Diels, Hermann/Walther Kranz: Die Fragmente der Vorsokratiker, griech. u. deutsch (1903), Berlin [6]1951-52.

Diogenes Laertius: Leben und Meinungen berühmter Philoso-

phen, Buch I-X, aus d. Griech. übers. v. Otto Apelt (1921), neu
hg. v. Klaus Reich, Hamburg ²1967. – Biōn Kai Gnōmōn Tōn En
Philosophiai Eudokimēsantōn Tōn Eis Deka, in: Diogenes Laertius, Lives of Eminent Philosophers, with an Engl. transl. by R.
D. Hicks (1925), London 1958-59.

Hippokrates: Die Diät (Lebensordnung), in: Die Werke des Hippokrates. Die hippokratische Schriftensammlung in neuer dt.
Übers., hg. v. Richard Kapferer, Stuttgart 1933-40, Bd. 1, Teile
3 u. 4. – Peri Diaitēs, in: Hippocrate, Du régime, texte établi et
traduit par Robert Joly, Paris 1967.
Die Frauenkrankheiten, 1. Buch, in: Die Werke des Hippokrates, hg. v. R. Kapferer, Bd. V, Teil 23, S. 24-133. – Gynaikeiōn
Prōton, in: Œuvres complètes d'Hippocrate, trad. par E. Littré,
t. VIII, Paris 1853, S. 10-233.
Der Samen, in: Die Werke des Hippokrates, hg. v. R. Kapferer,
Bd. III, Teil 16, S. 19-28. – Peri Gonēs, in: Hippocrate, t. XI, texte
établi et traduit par Robert Joly, Paris 1970, S. 44-52.

Homer: Ilias, neue Übertr. v. Wolfgang Schadewaldt, mit antiken
Vasenbildern, Frankfurt/M. 1975. – Ilias, hg. v. Bruno Snell, gr.
Text ed. v. Eduard Schwartz, Übers. v. Johann Heinrich Voss be-
arb. v. Hans Rupé, Darmstadt 1960.

Platon: Alkibiades I, übers. v. Franz Susemihl, in: Platon, Sämt-
liche Werke l, Heidelberg (o. J.), S. 815-871. – Gr. Text m. engl.
Übers. v. W. R. M. Lamb, in: Plato, Bd. VIII, London 1955.
Apologie, übers. v. Friedrich Schleiermacher, in: Platon, Samt-
liche Werke, hg. v. Walter F. Otto, Ernesto Grassi u. Gert Plam-
böck, Bd. 1, Reinbek 1981. – Gr. Text m. engl. Übers. v. Harald
North Fowler, in: Plato, Bd. I, London 1953.
Charmides, übers. v. F. Schleiermacher, in: Platon, Sämtliche
Werke, Bd. 1, Reinbek 1981. – Gr. Text m. engl. Übers. v. W. R.
M. Lamb, in: Plato, Bd. VIII, London 1955.
Gorgias, übers. v. F. Schleiermacher, in: Platon, Sämtliche
Werke, Bd. 1, Reinbek 1981. – Gr. Text m. engl. Übers. v. W. R.
M. Lamb, in: Plato, Bd. V, London 1953.
Hippias I, übers. v. F. Schleiermacher, in: Platon, Sämtliche
Werke, Bd. 2, Reinbek 1983. – Gr. Text m. engl. Übers. v. Harald
North Fowler, in: Plato, Bd. VI, London 1953.
Kratylos, übers. v. F. Schleiermacher, in: Platon, Sämtliche

Werke, Bd. 2, Reinbek 1983. – Gr. Text m. engl. Übers. v. Harald North Fowler, in: Plato, Bd. VI, London 1953.

Lysis, übers. v. F. Schleiermacher, in: Platon, Sämtliche Werke, Bd. 2, Reinbek 1983, – Gr. Text m. engl. Übers. v. W. R. M. Lamb, in: Plato, Bd. V, London 1953.

Menexenos, übers. v. F. Schleiermacher, in: Platon, Sämtliche Werke, Bd. 2, Reinbek 1983. – Gr. Text m. engl. Übers. v. R. G. Bury, in: Plato, Bd. VII, London 1952.

Nomoi, übers. v. Hieronymus Müller, in: Platon, Sämtliche Werke, Bd. 6, Reinbek 1982. – Gr. Text m. engl. Übers. v. R. G. Bury, in: Plato, Bd. IX, 1 u. 2, London 1952.

Phaidon, übers. v. F. Schleiermacher, in: Platon, Sämtliche Werke, Bd. 3, Reinbek 1980. – Gr. Text m. engl. Übers. v. Harald North Fowler, in: Plato, Bd. I, London 1953.

Phaidros, übers. v. F. Schleiermacher, in: Platon, Sämtliche Werke, Bd. 4, Reinbek 1980. – Gr. Text m. engl. Übers. v. Harald North Fowler, in: Plato, Bd. I, London 1953.

Philebos, übers. v. F. Schleiermacher u. Hieronymus Müller, in: Platon, Sämtliche Werke, Bd. 5, Reinbek 1985. – Gr. Text m. engl. Übers. v. W. R. M. Lamb, in: Plato, Bd. III, London 1952.

Politeia, übers. v. F. Schleiermacher, in: Platon, Sämtliche Werke, Bd. 3, Reinbek 1980. – Gr. Text m. engl. Übers. v. Paul Shorey, in: Plato, Bd. X, 1 u. 2, London 1953-56.

Politikos, übers. v. F. Schleiermacher u. Hieronymus Müller, in: Platon, Sämtliche Werke, Bd. 5, Reinbek 1985. – Gr. Text m. engl. Übers. v. W. R. M. Lamb, in: Plato, Bd. III, London 1952.

Protagoras, übers. v. F. Schleiermacher, in: Platon, Sämtliche Werke, Bd. 1, Reinbek 1981. – Gr. Text m. engl. Übers. v. W. R. M. Lamb, in: Plato, Bd. IV, London 1952.

Sophistes, übers. v. F. Schleiermacher, in: Platon, Sämtliche Werke, Bd. 4, Reinbek 1980. – Gr. Text m. engl. Übers. v. Harald North Fowler, in: Plato, Bd. II, London 1952.

Symposion, in: Platonis opera, ed. v. John Burnet, Bd. II (1901), Oxford 1950. – Übersetzungen und weitere Editionen:

Das Gastmahl, übers. u. erl. v. Otto *Apelt* (1926), neubearb. v. Annemarie Capelle, griech.-deutsch, Hamburg [3]1981.

Symposion (gr. u. dt.), hg. u. übers. v. Franz *Boll*, neu bearb. v. Wolfgang Buchwald, München [6]1969.

Le Banquet, nouvelle trad. et comm. de Pierre *Boutang*, avec 39 dessins de Vieira da Silva, Paris 1972.

Le Banquet, ou de l'Amour, in: Œuvres de Platon, trad. par Victor *Cousin*, t. 6, Paris 1831, S. 233-345.

Symposium, ed. by Kenneth *Dover*, Cambridge 1980.

Das Gastmahl oder Von der Liebe, übertr. u. eingel. v. Kurt *Hildebrandt*, Stuttgart 1979.

Das Gastmahl, die dt. Übertr. v. F. Schleiermacher aufgrund d. griech. Textes neu bearb. v. Karl *Kerényi*, in: Platon, Über Liebe und Unsterblichkeit. Die Sokratischen Gespräche Gastmahl, Phaidros, Phaidon, mit e. Einf. v. Karl Kerényi, Zürich 1946.

Symposion, gr. Text m. engl. Übers. v. W. R. M. *Lamb*, in: Plato, Bd. V, London 1953.

Le Banquet ou de l'amour, trad. de Mario *Meunier*, orné de 26 décorations grecques en couleur, Paris 1911.

Le Banquet, texte établi et traduit par Léon *Robin*, in: Platon, Œuvres complètes, t. IV, 2, Paris 1951 (Die Einleitung ist eine Weiterführung von Robins »La théorie platonicienne de l'amour« von 1908).

Symposion, übers. v. Friedrich *Schleiermacher*, in: Platon, Sämtliche Werke, Bd. 2, Reinbek 1983.

Das Trinkgelage oder Über den Eros, Übertragung, Nachwort u. Erl. v. Ute *Schmidt-Berger*, mit e. Wirkungsgeschichte v. Jochen Schmidt u. griech. Vasenbildern, Frankfurt/M. 1985.

Das Gastmahl (übers. v. Franz *Susemihl*), in: Platon, Sämtliche Werke, hg. v. Erich Loewenthal, Bd. I, Heidelberg [8]1982 (Berliner Ausg. v. 1940).

Theätet, übers. v. F. Schleiermacher, in: Platon, Sämtliche Werke, Bd. 4, Reinbek 1980. – Gr. Text m. engl. Übers. v. Harald North Fowler, in: Plato, Bd. II, London 1952.

Timaios, übers. v. F. Schleiermacher u. Hieronymus Müller, in: Platon, Sämtliche Werke, Bd. 5, Reinbek 1985. – Gr. Text m. engl. Übers. v. R. G. Bury, in: Plato, Bd. VII, London 1952.

Plutarch: Erōtikos, in: Plutarchs Moralia IX, mit e. engl. Übers. v. W. C. Helmbold, London 1969, S. 306-441.

Das Gastmahl der sieben Weisen, in: Plutarch, Moralische Schriften, Bd. 3, übers., m. Einl., Anm. u. Register versehen v. Otto Apelt, Leipzig 1927, S. 135-180. – Tōn Hepta Sophōn Symposion, in: Plutarchs Moralia II, mit e. engl. Übers. v. Frank Cole Babbitt, London 1962, S. 348-449.

Solon, in: Plutarch, Große Griechen und Römer, Bd. 1, eingel. u. übersetzt v. Konrat Ziegler, Zürich-Stuttgart 1954, S. 211-250.

Xenophon: Memorabilien. Erinnerungen an Sokrates, in: Xenophon, Die sokratischen Schriften, übertr. u. hg. v. Ernst Bux, Stuttgart 1956. – Gr. Text in: Xenophontis opera omnia, hg. v. E. C. Marchant, Bd. 2: Commentarii, Oeconomicus, Convivum, Apologia Socratis, Oxford 1901.

Oikonomikos. Die Hauswirtschaftslehre, in: Xenophon, Die sokratischen Schriften, übertr. u. hg. v. E. Bux, S. 238-302. – Gr. Text in: Xenophontis opera omnia, hg. v. E. C. Marchant, Bd. 2.

Symposion. Das Gastmahl, in: Xenophon, Die sokratischen Schriften, übertr. u. hg. v. E. Bux, S. 195-231. – Gr. Text in: Xenophontis opera omnia, hg. v. E. C. Marchant, Bd. 2.

Zu Antike, Erotik und Symposion

Ariès, Philippe u. André Béjin (Hg.): Die Masken des Begehrens und die Metamorphosen der Sinnlichkeit. Zur Geschichte der Sexualität im Abendland, aus d. Franz. übers. v. Michael Bischoff, Frankfurt/M. 1984. Zuerst veröff. u. d. T.: Sexualités occidentales, Paris 1982.

Austin, Michel u. Pierre Vidal-Naquet: Gesellschaft und Wirtschaft im alten Griechenland (1972), aus d. Franz. übers. v. Andreas Wittenburg, München 1984.

Barthes, Roland: Fragmente einer Sprache der Liebe (1977), aus d. Franz. übers. v. Hans H. Henschen, Frankfurt/M. 1984.

Bataille, Georges: Der heilige Eros (L'Erotisme, 1957), mit e. Entwurf zu e. Schlußkapitel, aus d. Franz. übers. v. Max Hölzer, Frankfurt/M. 1984.

Jenseits der Grenzen. Heute abend, Roberte, übers. v. Gilbert Strasmann, in: Pierre Klossowski u. a., Sprachen des Körpers, S. 91-97. Zuerst veröff. u. d. T.: Hors des limites, in: Critique, Februar 1954.

Die Tränen des Eros, aus d. Franz. übers. v. Gerd Bergfleth, mit

e. Einf. v. Lo Duca u. unveröff. Briefen Batailles, München 1981, Zuerst veröff. u. d. T.: Les larmes d'Eros, Paris 1961.

Baumann, Hermann: Das doppelte Geschlecht. Studien zur Bisexualität in Ritus und Mythos (1955), Berlin 1986.

Bels, J.: La procréation, de Platon à Héraclite. Notes sur le refus d'une influence, in: Revue des Sciences Philosophiques et Théologiques Juli 1985, S. 400-408.

Blersch, Konrad: Wesen und Entstehung des Sexus im Denken der Antike, Stuttgart-Berlin 1937 (= Tübinger Beiträge zur Altertumswissenschaft, 29. Heft).

Brown, Peter: Die letzten Heiden. Eine kleine Geschichte der Spätantike. Vorwort v. Paul Veyne, Berlin 1986.

Buchner, Hartmut: Eros und Sein. Erörterungen zu Platons Symposion, Bonn 1965.

Buffière, Félix: Eros adolescent. La pédérastie dans la Grèce antique, Paris 1980.

Davies, Nigel: Liebe, Lust und Leidenschaft. Kulturgeschichte der Sexualität, übers. v. Abzbeta Lettowsky, Reinbek 1987. Zuerst veröff. u. d. T.: The Rampant God, New York 1984.

Descombes, Vincent: Le platonisme, Paris 1971.

Dover, Kenneth James: Greek Popular Morality in the time of Plato and Aristotle, Oxford 1974.
    Homosexualität in der griechischen Antike, aus d. Engl. übertr. v. Susan Worcester, München 1983. Zuerst veröff. u. d. T.: Greek Homosexuality, London 1978. Übers. ins Franz. v. S. Said u. d. T.: Homosexualité grecque, Grenoble 1982. Besprechung durch Michel Foucault u. d. T.: Zärtlichkeit unter Männern als Kunst betrachtet, in: Von der Freundschaft, S. 111-115.
    Plato. Symposium (ed. u. komm.), Cambridge 1980.

Eglington, J. Z.: Griechische Liebe, Hamburg 1967. Zuerst veröff. u. d. T.: Greek Love, New York 1964.

Ehlers, Barbara: Eine vorplatonische Deutung des sokratischen Eros. Der Dialog Aspasia des Sokratikers Aischines, München 1966 (= Zetemata, Heft 41).

Erbse, Hartmut: Sokrates und die Frauen, in: Gymnasium 73 (1966), 201-220.

Flacelière, Robert: L'Amour en Grèce, Paris 1960.

Flandrin, Jean-Louis: Familien. Soziologie – Ökonomie – Sexualität (1976), übers. v. Eva Brückner-Pfaffenberger, Frankfurt/M. 1978.

Le sexe et l'occident. Evolution des attitudes et des comportements, Paris 1981.

Un temps pour embrasser. Aux origines de la morale sexuelle occidentale (VIe-XIe siècle), Paris 1983.

Fraisse, Jean-Claude: Philia. La notion d'amitié dans la philosophie antique, Paris 1974 (zgl. phil. Diss. Paris IV).

Friedländer, Paul: Platon, Bd. III. Die platonischen Schriften, zweite und dritte Periode, Berlin ²1960.

Gadamer, Hans-Georg: Art. »Geschichtsphilosophie«, in: Religion in Geschichte und Gegenwart, Bd. 2 (1958), Sp. 1488-1496.

Das Wesen der Lust nach den platonischen Dialogen, Diss. masch. Marburg 1922.

Gaiser, Konrad: Platone come scrittore filosofico. Saggi sull'ermeneutica dei dialoghi platonici, Neapel 1984 (zitiert nach dem Wortlaut des Manuskripts von Vorträgen in deutscher Sprache, die dem Buch zugrundeliegen und mir in Auszügen vom Verfasser dankenswerterweise zur Verfügung gestellt wurden – W. S.).

Gay, Peter: Erziehung der Sinne. Sexualität im bürgerlichen Zeitalter, München 1986.

Godel, R.: Socrate et Diotime, in: Bulletin de l'Association Guillaume Budé 4,4 (1954), S. 3-30.

Gundert, Hermann: Enthusiasmos und Logos bei Platon (1949), in: Das Platonbild. Zehn Beiträge zum Platonverständnis, hg. v. Konrad Gaiser, Hildesheim 1969, S. 176-197.

Hadot, Pierre: Exercices spirituels et philosophie antique, Paris 1981.

Hoffmann, Ernst: Über Platons Symposion (1941), Heidelberg 1947.

Jaeger, Werner: Paideia. Die Formung des griechischen Menschen, zweiter Band, Berlin ²1954.

Joly, Henri: Le renversement platonicien. Logos, episteme, polis, Paris 1974.

Retour aux Grecs. Réflexions sur les »pratiques de soi« dans ›L'usage des plaisirs‹, in: Le Débat 41 (1986), S. 100-120.

Kerényi, Karl: Der große Daimon des Symposion, Amsterdam 1942.

Kienzl, Paul: Die Theorie der Liebe und Freundschaft bei Platon, Diss. masch. Wien 1941.

Krämer, Hans Joachim: »Antike und moderne Ethik?« In: Zeitschrift für Theologie und Kirche 80 (1983), S. 184-203.

Arete bei Platon und Aristoteles. Zum Wesen und zur Geschichte der platonischen Ontologie, Heidelberg 1959 (phil. Diss. Tübingen 1957).

Plädoyer für eine Rehabilitierung der Individualethik, Amsterdam 1983 (siehe auch Besprechung v. Hans-Georg Gadamer, in: Philosophische Rundschau 32 (1985), S. 14-18).

Zum neuen Platon-Bild, in: Deutsche Vierteljahrsschrift für Literaturwissenschaft und Geistesgeschichte 55 (1981), S. 1-18.

Kranz, Walther: Diotima von Mantineia, in: Hermes 61 (1926), S. 437-447.

Krüger, Gerhard: Einsicht und Leidenschaft. Das Wesen des platonischen Denkens (1939), Frankfurt/M. ^{3}1963.

Lesky, Albin: Vom Eros der Hellenen, Göttingen 1976.

Lesky, Erna: Die Zeugungs- und Vererbungslehren der Antike und ihr Nachwirken, in: Akademie der Wissenschaften und der Literatur, Abhandlungen der geistes- und sozialwissenschaftlichen Klasse 19 (1950).

North, Helen: Sophrosyne. Self-Knowledge and Self-Restraint in Greek Literature, Ithaka-New York 1966 (= Cornell Studies in Classical Philology, Bd. 35).

Patzer, Harald: Die griechische Knabenliebe, Wiesbaden 1982.

Pingiatoglou, Semeli: Eileithyia, Würzburg 1981.

Pomeroy, Sarah B.: Goddesses, Whores, Wives, and Slaves. Women in Classical Antiquity, New York 1975.

Proclus: Sur le premier Alcibiade de Platon (Eis Ton Platōnos Prōton Alkibiadēn), hg. u. übers. v. Alain Ph. Segonds, Paris 1985.

Robin, Léon: La théorie platonicienne de l'amour, Paris ^{3}1964.

Ross, Werner: Tod der Erotik – Versuch einer Bilanz der sexuellen Revolution, Graz 1986.

Schadewaldt, Wolfgang: Unverwüstliche Antike. Lebenswerte des Griechischen, in: Stuttgarter Zeitung 4. 3. 1972.

Scheier, Claus-Artur: Schein und Erscheinung im platonischen »Symposion«, in: Philosophisches Jahrbuch 90 (1983), S. 363-375. Replik hierauf v. Ludger Oeing-Hanhoff: Systematisch erzeugter Schein in einer spekulativen Deutung von Platons »Symposion«, ebd., S. 375-381. Duplik hierzu von Claus-Artur Scheier: Fußnotenplatonismus, ebd., S. 382 f.

Schmid, Wilhelm u. Otto Stählin: Geschichte der griechischen Literatur, Bd. I, 3: Die griechische Literatur zur Zeit der attischen Hegemonie nach dem Eingreifen der Sophistik, von Wilhelm Schmid, München 1940.

Schmitz, Hermann: Die Ideenlehre des Aristoteles, Bd. II: Platon und Aristoteles, Bonn 1985.

Sergent, Bernard: L'homosexualité initiatique dans l'Europe ancienne, Paris 1986.

Simon, Erika: Die Geburt der Aphrodite, Berlin 1959.
Die Götter der Griechen, München ²1980.

Slater, Philipp, E.: The Glory of Hera. Greek Mythology and the Greek Family, Boston 1968.

Szlezàk, Thomas Alexander: Platon und die Schriftlichkeit der Philosophie, Berlin 1985 (siehe hierzu auch Jürgen Busche, Dialog und/oder System? In: Frankfurter Allgemeine Zeitung 3. 2. 1986, S. 10).

Thompson, William Irwin: Der Fall in die Zeit – Mythologie, Sexualität und der Ursprung der Kultur (1981), aus d. Amerik. v. Knut Pflughaupt, Stuttgart 1985.

Wilamowitz-Moellendorff, Ulrich von: Platon, Zweiter Band, Berlin 1919.

Wippern, Jürgen: Eros und Unsterblichkeit in der Diotima-Rede des Symposions, in: Synusia, Festgabe für Wolfgang Schadewaldt, Pfullingen 1965, S. 123-159.

Zinn, Ernst: Art. »Erotik«, in: Lexikon der Alten Welt, Zürich-Stuttgart 1965, Sp. 867-873.